Feminististisch gelesen

A. Köhler

Feministisch gelesen

Band 1

32 ausgewählte Bibeltexte
für Gruppen, Gemeinden
und Gottesdienste

herausgegeben
von Eva Renate Schmidt,
Mieke Korenhof
und Renate Jost

Kreuz Verlag

3. Auflage 1990
Kreuz Verlag Stuttgart 1988
Umschlaggestaltung: HF Ottmann
Satz: Clausen & Bosse, Leck
Druck und buchbinderische Verarbeitung: Clausen & Bosse, Leck
ISBN 3 7831 0909 4

Inhalt

Vorwort

Immer mehr Frauen machen sich auf die Suche nach den eigenen Wurzeln in der biblischen Tradition. Sie suchen nach der Geschichte der Vormütter des Glaubens, nach Frauen, mit denen sie sich identifizieren können, und entdecken dabei Frauen, die in besonderer Weise die Botschaft von der Rechtfertigung, der Versöhnung und der Befreiung weitergegeben haben. Sie fangen an, die Bibel grundsätzlich mit dem Verdacht zu lesen, die Frauen-Geschichte des Glaubens sei durch männliche Autoren, Redaktoren und Ausleger nicht beachtet, verfälscht oder an den Rand gedrängt worden.

Die Idee zu diesem Buch hat eine Geschichte. Begonnen hat sie mit Anfragen von Frauen aus unseren Gemeinden. Sie haben uns gefragt: Warum predigt ihr eigentlich nicht über die Texte, die ihr mit uns in Seminaren und Werkstätten zur Feministischen Theologie bearbeitet? Wir hören immer wieder Predigten über Texte und Geschichten, die uns aus Konfirmanden- und Religionsunterricht längst vertraut sind. Warum erscheinen in Sonntagspredigten so wenig Texte, in denen Frauen vorkommen? Warum wurde uns bisher Gott vor allem in männlichen Bildern vermittelt?

Angeregt durch diese Fragen, lud die Gemeindeberatung eine Projektgruppe von neun Frauen und Männern ein, über eine feministische Perikopenreihe nachzudenken. Zu dieser Gruppe gehören: Renate Ellmenreich, Barbara Georgi, Bernd Giehl, Renate Jost, Hanne Köhler, Mieke Korenhof, Franz Reike, Heidi Rosenstock, Eva Renate Schmidt. Wir begannen damit, biblische Texte aufzulisten, die uns von feministisch-theologischen Gesichtspunkten wichtig erschienen, in den sechs Perikopenreihen aber fehlten. Wir fingen an, über diese Texte in Gemeindegottesdiensten zu predigen und sie in Fortbildungs- und Gemeindegruppen zu bearbeiten. Dabei wurde uns der große Mangel an feministisch-theologischer Fachliteratur bewußt. Wir vermißten Informationen zu exegetischen, systematischen, historischen und praktisch-theologischen Fragen. Wir bekamen Lust, das Ganze etwas systematischer, gründlicher und erfahrungsbezogener anzugehen. Eine »siebte« –

nun feministische – Perikopenreihe herzustellen würde nicht genügen. Wir müßten Exegesen und Auslegungshilfen liefern, wenn wir erreichen wollten, daß über diese Texte gepredigt und in Gruppen gearbeitet würde. Für eine solche Arbeit war unsere Gruppe zu klein. Wir schrieben deshalb an etwa achtzig Frauen und Männer im In- und Ausland, die in Gemeinde- und Gruppenarbeit, Lehrtätigkeit und Fortbildung als Laien oder Theologen und Theologinnen engagiert waren. Wir baten sie, uns Texte zu nennen, die sie aus feministischer Perspektive für wünschenswert hielten, und uns gleichzeitig mitzuteilen, ob sie bereit wären, einen oder zwei dieser Texte neu zu interpretieren. Bei der Auswahl der Texte legten wir folgende Gesichtspunkte zugrunde:

* Texte, die in den bisherigen Perikopenreihen nicht berücksichtigt oder durch die Auslegungs- und Wirkungsgeschichte entstellt sind;
* Texte, in denen Frauen vorkommen;
* Texte, in denen Frauen durch Nicht-Erwähnung wichtig werden;
* Texte, die auf Frauen umgeschrieben werden können;
* Texte, die ein ganzheitliches Gottesverständnis nahelegen und für eine Patriarchatskritik wichtig sind.

Wir baten die Autorinnen und Autoren um folgende Gliederung:

1. Exegese und kritische Rezeption der Auslegungs- und Wirkungsgeschichte.
2. Reflexion der feministischen Dimension des Textes. Was sagt der Text über Unterdrückungsstrukturen und Befreiung aus? Wie stellt sich der soziale Kontext im Licht einer Patriarchatskritik dar? Welche neuen Übersetzungen mit inklusiver Sprache sind nötig?
3. Folgerungen für Kirche, Gesellschaft und politisches Handeln.
4. Impulse für Predigt, Gottesdienst, Bibel- und Gruppenarbeit (Materialien oder entsprechende Literaturhinweise).

Von den 32 Texten, die wir im ersten Band vorlegen, kommen nur neun in den sechs Perikopenreihen vor, sechs sind sogenannte Marginaltexte (also zusätzlich angebotene), siebzehn Texte sind bisher nicht aufgenommen. Wir hoffen, daß sie bei einer künftigen Revision berücksichtigt werden. Vielleicht können sie der Anfang für eine feministische Perikopenreihe VII sein.

Dieser Band spiegelt die Vielfalt feministisch-theologischer Arbeit wider. Manche Frauen und Männer wählten eher den historisch-kritischen und sozialgeschichtlichen Zugang zum Text; andere bevorzugten einen tiefenpsychologischen und psychoanalytischen Ansatz, wieder andere einen erzählenden oder von der Praxis herkommenden Weg. Allen Auslegungen ist die Absicht gemeinsam, auf die feministische Dimension der Texte aufmerksam und entsprechendes Arbeitsmaterial zugänglich zu machen.

Zum *Gebrauch des Buches:* Die einzelnen Beiträge sind jeweils mit einem Vorschlag versehen, für welchen Sonntag oder Anlaß sie sich eignen. Dabei ist keineswegs nur an die Vorbereitung von Predigten und Andachten, sondern auch an Gruppengespräche, Bibelarbeiten, Bibliodrama und andere Formen der Verkündigung gedacht. Einige Auslegungen sind deshalb auch methodisch mit entsprechenden Hinweisen verbunden.

Frankfurt/Main, Heidelberg, Oktober 1987

Eva Renate Schmidt
Mieke Korenhof
Renate Jost

Mögliche Kriterien für eine feministische Bibelauslegung

Immer schon haben gesellschaftliche Situationen und brennende menschliche Fragen das Interesse auf bestimmte Texte gelenkt und deren Auslegung beeinflußt. Die theologische Diskussion wird derzeit vor allem durch eine Auseinandersetzung mit der Benachteiligung von Mensch und Natur bestimmt. Für eine biblische Hermeneutik liefern in diesem Zusammenhang vor allem die Befreiungstheologie und die Feministische Theologie neue Parameter. Geht es in der Befreiungstheologie um die Unterdrückten und Benachteiligten, die in besonderer Weise dazu berufen sind, das Evangelium auszulegen, so sind es in der Feministischen Theologie die Frauen und ihre Erfahrungen, die als Trägerinnen und Zeuginnen der biblischen Verheißung zu Wort kommen sollen. Erfahrung ist keine neue theologische Kategorie, denn alle religiöse Tradition beginnt mit Erfahrung. Jedoch geht es hier um die Erfahrung von *Frauen*. Frauen waren über Jahrhunderte an der öffentlichen Formulierung der kirchlichen Tradition nicht beteiligt; ja wir wissen heute, daß theologische Traditionen in der Absicht formuliert wurden, Frauen auszuschließen oder ihren Ausschluß nachträglich zu rechtfertigen (Radford-Ruether). Erfahrungen von Frauen vermitteln Einsicht in Machtstrukturen aus der Perspektive derer, denen Macht versagt ist.

Eine feministische Hermeneutik hat die Aufgabe, die biblischen Traditionen zu hinterfragen, das biblische Erbe der Frauen zu vergegenwärtigen und zu transformieren. Zwischen Überlieferung und Botschaft ist zu unterscheiden. Feministische Hermeneutik versucht die patriarchalen Überlagerungen aufzudecken und zu den befreienden Fundamenten des Evangeliums vorzudringen. Wir müssen zwischen befreienden und unterdrückenden Traditionen der Bibel wählen; der Einwand, die Bibel entweder als ganze zu akzeptieren oder als ganze zu verwerfen, fällt in ein vorkritisches Verständnis der Texte zurück.

Es ist die erklärte Absicht dieses Buches, Fragestellungen und Einsichten Feministischer Theologie aufzunehmen und durch die Interpretation der vorliegenden biblischen Texte vergessene Frauengeschichten und -traditionen lebendig werden zu lassen.

Warum ist eine feministische Bibelauslegung notwendig?

Die Glaubenserfahrungen von Frauen sind in den uns vorliegenden Urtexten der Hebräischen Bibel und des Neuen Testaments, in ihren Übersetzungen und Auslegungen weithin unerwähnt geblieben, verdrängt, marginalisiert oder verfälscht worden.

Beispiele:

a) In den biblischen Texten selbst:
   Mark. 15, 40–41: Erst hier wird berichtet, daß Frauen Jesus den ganzen Weg von Galiläa bis Jerusalem, vom Beginn seines Wirkens bis zu seiner Passion als Jüngerinnen nachgefolgt sind (Schottroff).
   Paulus erwähnt in 1. Kor. 15, 3ff die Frauen als Auferstehungszeuginnen nicht, obwohl dies in allen Evangelien belegt ist.
b) In Übersetzungen:
   Seit dem 12. Jahrhundert wird in Röm. 16, 7 der Name der Apostolin Junia in die männliche Form Junias verändert; in unseren Bibelübersetzungen seit Luther bis heute.
c) In der Auslegung:
   Die Verheißung Jesu in Mark. 14, 9 bei der Salbungsgeschichte »Man wird ihrer gedenken«, ist nicht nur vergessen worden, sondern hat in den theologischen Kommentaren von Adolf Schlatter bis Ernst Lohmeyer zu Sätzen geführt wie: »Sie wußte nicht, was sie tat.«
   Die verhängnisvolle Auslegungs- und Wirkungsgeschichte von 1. Mose 2 und 3 hat die Unterdrückung und Benachteiligung von Frauen legitimiert.

Der Zuschnitt unserer Predigtperikopen verrät manches über die Verdrängung von Frauenerfahrungen. In 2. Tim. 1, 7–10, dem Predigttext für den 16. Sonntag nach Trinitatis, wird der Bezug auf Lois und Eunike, die Mütter des Glaubens für Timotheus, ausgegliedert. Obwohl der Verfasser des Briefes erst an dritter Stelle nach den Müttern Paulus als Glaubenslehrer nennt, lassen katholische Kommentare die apostolische Sukzession mit Paulus beginnen; wenn überhaupt apostolische Sukzession, dann beginnt sie mit der Mutter und der Großmutter in 2. Tim. 1,3 (Schmidt).

Bis hinein in unsere theologischen Wörterbücher wirkt die Verfälschung von Frauenerfahrungen nach. Im Wörterbuch zum Neuen Testament von Walter Bauer wird »dienen« (diakonein) anders interpretiert, wenn es auf Frauen bezogen ist; im Neuen Testament selbst werden keine Unterschiede zwischen Frauen und Männern gemacht.

Angesichts dieser Befunde lassen sich für das hermeneutische Vorgehen folgende Kriterien angeben:

1. Alle biblischen Texte und deren Auslegung sind unter dem Verdacht der patriarchalen Verfälschung zu lesen: Werden die Erfahrungen von Frauen geleugnet, verringert oder verzerrt (Schüssler-Fiorenza)? Die eigentliche Testfrage für jeden biblischen Text und seine kirchliche Rezeption sollte deshalb heißen: Trägt dieser Text dazu bei, Unrechts- und Unterdrückungsstrukturen des Patriarchats aufzudecken und zu beenden?
2. Biblische Texte, die das Patriarchat stützen, werden durch patriarchatskritische Texte korrigiert. Die Schrift wird durch die Schrift ausgelegt, das heißt: korrigiert und gegebenenfalls befreit (Trible). Eine sozialgeschichtliche Exegese ist vonnöten, um das patriarchale Bezugssystem kritisch zu überprüfen.
   Beispiel:
   Eph. 5,21–23 wird durch Gal. 3,28 ausgelegt und korrigiert.
3. Die unter dem Einfluß einer patriarchalen Kultur vernachlässigten Texte sollen wieder ins Bewußtsein gerufen und altbekannte Texte neu interpretiert werden.
   Beispiel:
   Von den drei Gleichnissen in Luk. 15 sind der gute Hirte und der verlorene Sohn in Auslegung und künstlerischer Darstellung ungleich viel häufiger aufgenommen als die Frau mit der verlorenen Drachme.
4. Feministische Exegese erinnert an die Leiden und Kämpfe der Mütter und Schwestern und an ihre Vollmacht. Sie leistet damit einen Beitrag zur Rekonstruktion der Frauengeschichte. Die memoria passionis ist immer schon Tradition in der Kirche gewesen: Erinnert euch an den Auszug, an die

Auferstehung, an den Glauben der Väter usw. Aber die Erinnerung an Frauen ist in der biblischen Tradition verschüttet. Deshalb gehört das Erinnern an Leiden, Kämpfe und Vollmacht unserer Mütter und Schwestern zu dieser Hermeneutik.
Beispiele:
Thamar, der als sogenannter Tempeldirne die Wiederherstellung der Gerechtigkeit zugesprochen wird (1. Mose 38, 26).
Rizpa, die den Todeskreislauf von Schuld und Vergeltung durchbricht (2. Sam. 21).

5. Eine feministische Auslegung liest die Bibel aus der Perspektive der Unterdrückten; dies hat sie mit der Befreiungstheologie gemeinsam. Bibel, Theologie und Kirche sollen aus ihrer androzentrischen, patriarchalen Gefangenschaft befreit werden. Dies muß auch ihre Ablösung von der Prägung durch eine weiße, mittelschichtsorientierte, europäische Gesellschaft einschließen (Russell).
Beispiel:
Die Abrahamsgeschichte aus der Perspektive der Hagar lesen (1. Mose 16 und 21).
6. Feministisch orientierte biblische Hermeneutik weiß sich dem prophetischen Auftrag verpflichtet, die »Vergötzung des Männlichen« aufzudecken.
Beispiele:
Die fast ausschließliche Gleichsetzung Gottes mit männlichen Bildern wird durch die Vielfalt anderer biblischer Metaphern in Frage gestellt.
Die Kritik Jesu und der Propheten an Privilegien und Rangordnungen; an allen Versuchen, eine Gruppe über die andere zu erheben oder bestimmte Gottesbilder zur Rechtfertigung sozialer Dominanz zu mißbrauchen (Phil. 2, 5–11; Matth. 20, 20–28; Matth. 23).

Feministische Bibelauslegung setzt mit den Erfahrungen von Frauen ein. Dabei geht es darum, die Entfremdung, den Zorn, den Schmerz und die Entmenschlichung, die durch einen Sexismus in Kirche und Gesellschaft ausgelöst wurden, zu benennen und an einer Vision von Befreiung zu arbeiten.

Feministische Auslegung leistet mehr als eine Aktualisierung der biblischen Tradition. Mit Hilfe der genannten Kriterien wird ein Bewertungsprozeß eingeleitet. Der Horizont dieser Bewertung ist das Evangelium von der Befreiung, das die grundsätzliche Umkehrung der Verhältnisse ankündigt. Umkehrung heißt nicht: auf den Kopf stellen. Wenn die Letzten die Ersten werden, sind nicht einfach die Verhältnisse umgedreht, sondern es wird eine neue Gemeinschaft begründet, die auf Gleichheit und Wechselseitigkeit beruht. Die Systeme von Herrschaft und Privilegien sollen nicht einfach verkehrt werden. Sie brauchen eine neue Vision, die Vision eines revolutionären Umwandlungsprozesses, der neue Beziehungsstrukturen ermöglicht, die sich nicht mehr an Macht, die unterdrückt oder entmächtigt, orientieren, sondern an Macht, die bevollmächtigt.

Durch das ganze Neue Testament ziehen sich Bilder dieser Umkehrung. Gott im Bild des Großgrundbesitzers: Er gibt den Letzten den gleichen Lohn. Der Vater im Gleichnis läuft dem verlorenen Sohn entgegen. Der Gottessohn in Phil. 2 macht sich zum Niedrigsten, den alle anbeten. In patriarchalen Bildern wird die Aufhebung des Patriarchats beschrieben. Gott wird verstanden als der Prozeß der Umkehrung. Glaube heißt dann, am Prozeß dieser Umkehr und Rechtfertigung teilzunehmen.

EVA RENATE SCHMIDT

Verwendete Literatur

ROSEMARY RADFORD-RUETHER, Sexismus und die Rede von Gott, Gütersloh 1985, S.46ff.

LETTY M. RUSSELL, Liberating the Word, in: Feminist Interpretation of the Bible, Philadelphia 1985, S. 11ff.

EVA RENATE SCHMIDT, »Die Mutter des Glaubens«, in: Predigtstudien zur Perikopenreihe II, Stuttgart 1986, S. 221ff.

LUISE SCHOTTROFF, »Frauen in der Nachfolge Jesu in der neutestamentlichen Zeit«, in: Traditionen der Befreiung, Bd. 2, München 1980, S. 91–133.

ELISABETH SCHÜSSLER-FIORENZA, Bread not Stone, Boston 1984, S. 15ff.

PHYLLIS TRIBLE, »Gegen das patriarchalische Prinzip in Bibeltraditionen«, in: Elisabeth Moltmann-Wendel, Frauenbefreiung, München 1978, S. 93ff.

1. Mose 2, 4b–3, 24

Die Erdkreatur

Abendmahlsgottesdienst im Sommer

Hanne Köhler

Zur Exegese im allgemeinen

Die ältere Schöpfungserzählung 1. Mose 2, 4b–3, 24 ist einer der bekanntesten und vielleicht folgenreichsten Abschnitte der Bibel. Diese Erzählung wird und wurde (vgl. 1. Tim. 2, 11–15) dazu benutzt, Frauen auf die Rolle der sich unterordnenden Ehefrau und Mutter festzulegen. Die Auslegungen spiegeln besonders deutlich, wie sich die Autorin oder der Autor das Leben von Frau und Mann vorstellt. Als ein Schlaglicht zitiere ich Claus Westermann (S. 357): »Es ist durch die Strafe nichts daran geändert, daß die Frau in ihrer Zugehörigkeit zum Mann und in ihrer Mutterschaft die Erfüllung ihres Daseins und ihre Ehre in der Gemeinschaft hat... Ebenso ist das Herrsein des Mannes bzw. die Unterordnung der Frau... ein menschheitliches Phänomen, das mit der körperlichen Beschaffenheit von Mann und Frau zusammenhängt.« Solche Auslegungen schwingen in unseren Köpfen mit, wenn wir diese bekannte Erzählung hören. Es ist unendlich schwer, unter diesem Putz die eigentliche Erzählung zu entdecken.

Die Schöpfungserzählung 1. Mose 2–3 ist nach allgemeiner Auffassung Teil des sogenannten jahwistischen Geschichtswerks. Die Datierungen für die schriftliche Fixierung der Urgeschichte schwanken vom 10. bis zum 7. Jahrhundert. Meistens wird vermutet, daß das jahwistische Geschichtswerk in der frühen Königszeit in Kreisen, die dem Jerusalemer Hof nahestanden, niedergeschrieben wurde. In jedem Fall geht die Paradies- und Sündenfallerzählung auf alte mündliche Traditionen zurück. Religionsgeschichtliche Parallelen zu vielen einzelnen Zügen der Erzählung sind bekannt. Nach Elga Sorge ist die jahwistische Urgeschichte der Versuch, die natürlichen Verhältnisse umzukehren, neu entstandene patriarchale Strukturen zu legitimieren und die vorgefundene matriachale Mythologie in ihr Gegenteil zu verkehren.

Exegetische Einzelbeobachtungen. Zentral für den Text ist das Wortspiel Erde – Erdkreatur. Gott formt aus der Erde (ha adama) die Erdkreatur (ha adam). Die Erdkreatur ist weder Frau noch Mann, noch beides, sondern zunächst undifferenziert und der gemeinsame Ursprung beider Geschlechter. Erst als Gott erneut eingreift und aus einem Teil der Erdkreatur die Frau formt, wird der Rest der Erdkreatur zum Mann. Im Text ist die Frau (issa) zuerst genannt, und erst im Gegenüber zur Frau erkennt der Mann sich selbst und benennt sich in Anlehnung an das Wort für Frau als Mann (is). Vielleicht läßt sich dieses Wortspiel im Deutschen mit Frau – Frauerich andeuten.

Frau und Mann sind durch göttliche Kreativität und Arbeit gleichzeitig entstanden. In der Schöpfungserzählung ist eine Rangfolge von Frau und Mann nicht zu erkennen. Aus der Tatsache, daß die Frau aus einem Teil der Erdkreatur (nicht des Mannes!) gebaut wird, läßt sich keine geringere Stellung der Frau ableiten. Schließlich ist die aus Erde geformte Erdkreatur ja auch nicht der Erde untergeordnet.

Da es für die Erdkreatur nicht gut ist, allein zu sein, will Gott ihr eine Hilfe (»ezer«) schaffen, die zu ihr paßt. Hilfe (»ezer«) ist im Hebräischen ein Wort, das vor allem für die umfassende Hilfe Gottes verwendet wird (2. Mose 18, 4; 5. Mose 33, 7. 26. 29; Psalm 33, 20; 115, 9–11, 121, 2; 124, 8; 146, 5). Es bezeichnet gerade nicht eine untergeordnete Tätigkeit, sondern die Frau wird »ezer« des Mannes, wie Gott »ezer« für die Menschen ist.

Diese herausgehobene Stellung der Frau, Hilfe zu sein, wie Gott Hilfe ist, wird allerdings eingeschränkt durch die Aussage, daß die Hilfe der Erdkreatur entsprechen soll, ihr ein Gegenüber sein soll. Dies betont die Wechselseitigkeit und Gleichrangigkeit von Frau und Mann, die durch Gottes Eingriff beide aus der einen Erdkreatur geschaffen werden. Nach der Erschaffung der Frau erkennt der Mann in einem Jubelruf, der sogenannten Verwandtschaftsformel (1. Mose 2, 23), wie sehr Frau und Mann sich gleichen. Wenn gesagt wird, Mann und Frau werden »ein Fleisch«, heißt dies, es entsteht eine zweckfreie, nicht nur sexuelle Gemeinschaft zwischen Frau und Mann.

Die Schlange, im Hebräischen grammatikalisch männlichen Geschlechts, ist ein Geschöpf Gottes. Daß von einer Versuchung durch die Schlange erzählt wird, ist zu verstehen als Teil der damaligen Auseinandersetzung mit einer benachbarten Religion, in der die Schlange einer Göttin als Symbol weiblicher Fruchtbarkeit, Klugheit und ewiger Wiederkehr des Lebens galt. Die Schlange, die für Heil und Leben steht, ist zum Beispiel noch aufbewahrt in 4. Mose 21, 9 (und im Äskulapstab).

Es wird keine Verführung des Mannes durch die Frau berichtet. Allerdings ist die Frau im theologischen Gespräch mit der Schlange die aktivere und Sprecherin beider Geschlechter. Die Frau behält ihre neue Erkenntnis nicht für sich, sondern ist ohne zu zögern bereit, diese mit dem Mann zu teilen. Sie gibt ihm von der Frucht, und er nimmt sie in eigener Verantwortung. So übertreten beide das Gebot Gottes, nicht vom Baum der Erkenntnis zu essen, ein Gebot, das Gott aussprach, bevor aus der einen Erdkreatur Frau und Mann wurden. Beide müssen anschließend die Konsequenzen tragen. Verflucht werden Frau und Mann jedoch nicht, sondern Schlange und Erde. So wird wie nebenbei erklärt, warum ein so kluges Tier wie die Schlange im Staub kriecht.

Frau und Mann werden von Gott nicht bestraft, sondern Gott benennt nur die von Gott nicht gewollten Konsequenzen des menschlichen Strebens, selbst entscheiden zu wollen, was heilsam und schädlich ist. Daß der Mann über die Frau herrscht, ist nicht von Gott gewollt, sondern Folge menschlichen Verschuldens. Die Konsequenz des menschlichen Strebens ist ein Riß quer durch die Schöpfung. Die Schlange wird als Gefahr für Frau und Mann von der Nachkommenschaft der Frau zertreten werden. Diese Nachkommenschaft wird eine Frau nur unter Schmerzen gebären. Die Frau wird sich nach Gemeinschaft mit dem Mann sehnen, aber von ihm beherrscht werden. Der Mann kann sich nur unter Schmerzen von der Erde ernähren, bis er zurückkehrt zur Erde. Am Ende wird er zu dem Staub, den die Schlange ihr Leben lang frißt.

Die von Gott nicht gewollte Herrschaft des Mannes über die Frau zeigt sich nun auch in der Sprache. Das Wort, das am Anfang die Erdkreatur meinte und später das männliche Wesen im Gegenüber zur Frau, bedeutet nun Mann/Mensch, es schließt (zuweilen) die Frau ein und macht sie so unsichtbar. Schließlich wird auch die Frau unter Mühen die Erde bearbeiten und am Ende zu Staub werden. Es zeichnet sich eine Sprachstruktur ab, unter der Frauen noch heute zu leiden haben. Der Mensch wird als Mann gedacht, der (je nach Einzelfall) die Frau einschließt. Formulierungen wie »der Mensch und seine Frau« werden möglich. Nur wenn eine Frau für Männer zum Problem wird, wird sie noch extra genannt. Ansonsten wird sie gezwungen, sich mit männlichen Ausdrücken zu identifizieren.

Übersetzung in Ausschnitten. Um diese Erzählung neu hören zu können, ist eine frauengerechte Übersetzung unerläßlich. Ich schlage folgende Textauswahl vor (evtl. können Zwischenstücke erzählt werden):

1. Mose 2, 4b–9:
Es war zu der Zeit, da Gott Erde und Himmel machte – noch gab es kein Gesträuch des Feldes auf Erden, und das Kraut auf dem Felde war noch nicht gewachsen, denn Gott hatte noch nicht regnen lassen auf der Erde, und niemand war da, die Erde zu bebauen. Aber Feuchtigkeit stieg aus der Erde auf und wässerte die ganze Fläche der Erde.

Da formte Gott die Erdkreatur aus dem Staub der Erde und blies in ihre Nase den Atem des Lebens. So wurde die Erdkreatur zu einem lebendigen Wesen. Dann legte Gott in Eden, im Osten, einen Garten an und setzte die Erdkreatur, die Gott geformt hatte, hinein. Und Gott ließ aus der Erde allerlei Bäume wachsen, lieblich anzusehen und gut zu essen, den Baum des Lebens in der Mitte des Gartens und den Baum der Erkenntnis des Guten und des Bösen.

1. Mose 2, 15–18:
Und Gott nahm die Erdkreatur und setzte sie in den Garten Eden, um diesen zu bebauen und zu bewahren. Und Gott gebot der Erdkreatur und sprach: Von allen Bäumen des Gartens darfst du essen, doch von dem Baum der Erkenntnis des Guten und des Bösen darfst du nicht essen, denn an dem Tage, an dem du davon ißt, mußt du sterben.

Und Gott sprach: Es ist nicht gut für die Erdkreatur, allein zu sein. Ich will ihr eine Hilfe schaffen, die zu ihr paßt.

1. Mose 2, 21–25:
Da ließ Gott einen tiefen Schlaf auf die Erdkreatur fallen, und sie schlief ein. Und Gott entnahm eine ihrer Rippen und schloß die Stelle mit Fleisch. Und Gott baute aus der Rippe, die Gott von der Erdkreatur genommen hatte, eine Frau und brachte sie zu dem Mann. Da sprach der Mann: Das ist doch Gebein von meinem Gebein und Fleisch von meinem Fleisch. Diese wird Frau genannt werden, denn vom Mann ist sie genommen. Deswegen verläßt ein Mann seinen Vater und seine Mutter und hängt an seiner Frau, und sie werden ein Fleisch. Und sie waren beide nackt, der Mann und die Frau, und schämten sich nicht.

1. Mose 3, 1–6:
Aber die Schlange war das klügste aller Tiere auf dem Felde, die Gott gemacht hatte. Sie sprach zur Frau: Hat Gott wirklich gesagt, ihr dürft von keinem Baum des Gartens essen? Da sprach die Frau zur Schlange: Wir essen von den Früchten der Bäume im Garten. Nur von den Früchten des Baumes mitten im Garten hat Gott gesagt: Eßt nicht davon, rührt sie auch nicht an, daß ihr nicht sterbt. Da sprach die Schlange zur Frau: Auf keinen Fall werdet ihr sterben. Sondern Gott weiß, daß euch, sobald ihr davon eßt, die Augen aufgehen und ihr wie Gott sein und Gut und Böse erkennen werdet. Und die Frau sah, daß von dem Baum gut zu essen wäre und daß er lieblich anzusehen sei und begehrenswert, um weise zu sein. Und sie nahm von der Frucht und aß und gab ihrem Mann, der mit ihr war, auch davon, und er aß. Da gingen beider Augen auf, und sie erkannten, daß sie nackt waren, und sie flochten Feigenblätter zusammen und machten sich Schurze.

1. Mose 3, 14–18:
Und Gott sprach zur Schlange: Weil du das getan hast, sei verflucht aus allem Vieh und allem Tier des Feldes. Auf deinem Bauch sollst du kriechen und Staub fressen dein Leben lang. Feindschaft setze ich zwischen dir und der Frau, zwischen deinem Nachwuchs und ihrem Nachwuchs. Er wird dir den Kopf zertreten, und du wirst ihm nach der Ferse schnappen.

Zur Frau sprach Gott: Ich werde deine Schmerzen und die Schmerzen deiner Schwangerschaft sehr vermehren. Unter Schmerzen wirst du Kinder gebären. Nach deinem Mann ist dein Verlangen, und er wird über dich herrschen.

Und zum Mann sprach Gott: Weil du auf die Stimme deiner Frau gehört hast und von dem Baum gegessen hast, von dem zu essen ich dir streng verboten habe, darum ist die Erde verflucht um deinetwillen. Unter Schmerzen wirst du dich von ihr ernähren dein Leben lang. Dornen und Disteln wird sie dir tragen, und Kraut des Feldes wirst du essen. Im Schweiße deines Angesichts wirst du dein Brot essen, bis du zurückkehrst zur Erde, von der du genommen bist. Denn Staub bist du, und zu Staub wirst du zurückkehren.

Feministisch-theologische Gedankensplitter

Das Patriarchat ist sich nicht selbstverständlich. Selbst in dieser uralten Schöpfungserzählung gehört das Verhältnis von Frau und Mann zu dem, was erklärt werden muß. Interessanterweise sucht die Schöpfungserzählung die Ursache für die Herrschaft des Mannes über die Frau gerade nicht in der Schöpfungsordnung Gottes, sondern in menschlicher Aktivität (auch wenn dies in der Auslegungsgeschichte dieses Abschnittes gern übersehen wurde). Warum wird das Patriarchat nicht einfach als gottgegeben überhöht? War die Erinnerung an matriarchale Reste oder die Begegnung mit matriarchalen Religionen in der Umwelt als gedankliche Alternative zu stark? Oder verträgt sich die Herrschaft von Menschen über Menschen, hier die Herrschaft des Mannes über die Frau, letztlich wirklich nicht mit den schöpferischen und befreienden Qualitäten Gottes? Und nimmt die Hebräische Bibel an dieser Stelle vorweg, was Paulus sich in Gal. 3, 28 erst wieder mühsam wie eine neue Erkenntnis abgewinnen muß: Menschliche Machtausübung auf Kosten anderer (sei es aufgrund der Religion, der sozialen Stellung oder des Geschlechts) hat in Gott keine Existenzberechtigung.

Gott ist kreativ. Nicht nur die Erde wird als für unser Denken ungewohnt aktiv beschrieben (das Urlebenselement Wasser entspringt ohne Gottes Zutun aus der Erde), auch Gott wird uns auf vielfältige Weise schöpferisch-sinnlich vor Augen gemalt. Gott töpfert, haucht, berührt, redet, operiert, baut, geht in der Abendkühle spazieren, fragt, entwirft und fertigt Bekleidung und legt sie Frau und Mann um. Wie verhalten sich Menschen, die begreifen, daß Gott in dieser schöpferisch-sinnlichen Kunst-Arbeit Gott ist?

Frauen sind doppelt gestraft. Die Schöpfungserzählung macht auf der einfachsten Ebene deutlich, daß von Lebensminderungen immer diejenigen auf der untersten Stufe der gesellschaftlichen Hierarchie am meisten getroffen wurden. Der Riß durch die Schöpfung verändert das Leben aller. Ganzheitliches Leben in Übereinstimmung mit sich selbst und mit Gott ist in den Herrschaftsstrukturen nicht mehr möglich. Das Herrschaftsverhältnis von Mann und Frau läßt beide hinter ihren Lebensmöglichkeiten zurückbleiben, allerdings in charakteristisch verschiedener Weise: als Unterdrücker und Unterdrückte. Solidarität zwischen diesen Unterdrückten und Unterdrückern wird ohne vorherige Gerechtigkeit immer das Herrschaftssystem stabilisieren. Die (weiße, heterosexuelle, Mittelklasse-)Frauenbewegung ist mühsam dabei, diese Wahrheit in bezug auf schwarze, lesbische und arme Frauen zu lernen.

Teilen ist gefährlich. Die Frau verhält sich in dieser Schöpfungserzählung entsprechend den üblichen Maximen der christlichen Ethik. Sie will unterscheiden zwischen dem, was heilsam, und dem, was schädlich ist. Und sie behält ihr durch eigene Aktivität und Entscheidung erworbenes Wissen nicht für sich, sondern teilt wie selbstverständlich Frucht, Wissen und damit Macht mit ihrem Gegenüber. Es wird ihr schlecht gelohnt. Später werden Mariendarstellungen, in denen Maria den matriarchalen Apfel der Weisheit ihrem Sohn und damit einem Mann übergibt, den Herrschaftswechsel deutlich machen. Frauen, die sich heute ungeschützt verhalten wie die Frau in der Schöpfungserzählung, liefern sich und ihr Wissen aus an Interessen, die nicht die ihren sein müssen. Einmal Mit-geteiltes läßt sich nicht wieder zurücknehmen. Viele Frauen müssen heute erleben, wie ihre Forschungsergebnisse und Erkenntnisse, besonders auf dem Gebiet der Psychologie und Sexualwissenschaft, gegen sie verwandt werden.

Gottesdienstimpulse

Lieder: EKG 190; EKG 371, 1–4. 7–8. 13–14; Gib uns Frieden jeden Tag (Mein Liederbuch, DTV 17).

Votum: Wir feiern diesen Gottesdienst im Namen Gottes. Gott ist die Quelle unseres Lebens. Gott lädt uns in Jesus Christus ein, die Früchte der Schöpfung zu teilen. Gott schenkt uns die Gemeinschaft, die in Gottes Geist ihren Ursprung hat. Amen.

Eingangspsalm: Ps. 33, 1–15. 20–22 im Wechsel mit Gemeinde.

Gnadenzuspruch: Friedrich Karl Barth, Gottesdienst menschlich 2, Wuppertal 1984, S. 86 C 8.

Fürbitte: Eine Frau und ein Mann teilten das erste Paradies, und heute teilen Frauen und Männer die Freude und die Sorge, den Mut und die Angst, den Glauben und die Unsicherheit, die Hoffnung und die Verzweiflung. Beide in Gemeinsamkeit teilen sie die Menschlichkeit. Darum laß keinen Mann sich selbst für vollkommen halten. Laß keine Frau vor Verantwortung zurückschrecken. Hilf zur Ganzheit der Gemeinschaft. Mit klarem Verstand und Einigkeit, nicht aus Furcht und Feindschaft – aber mit Freude und Lebenskraft (nach: EMW, Von allen Seiten umgibst du mich, Herr, Hamburg 1985, S. 69).

Segen: Die Gnade Jesu Christi und die Liebe Gottes und die Gemeinschaft, die in Gottes Geist ihren Ursprung hat, sei mit uns allen.

Verwendete Literatur

FRANK CRÜSEMANN, »...er soll dein Herr sein.« Die Frau in der patriarchalischen Welt des Alten Testaments, in: F. CRÜSEMANN und H. THYEN, Als Mann und Frau geschaffen. Exegetische Studien zur Rolle der Frau, Kennzeichen 2, Gelnhausen, Berlin, Stein 1978.

ELISABETH MOLTMANN-WENDEL, Das Land, wo Milch und Honig fließt, Gütersloh 1985.

ELGA SORGE, Religion und Frau. Weibliche Spiritualität im Christentum, Stuttgart, Berlin, Köln, Mainz 1987[2].

PHYLLIS TRIBLE, God and the Rhetoric of Sexuality, Philadelphia 1978.

CLARENCE VOS, Women in Old Testament Worship, Amsterdam o. J.

CLAUS WESTERMANN, Genesis (BKAT I), Neukirchen-Vluyn 1976.

1. Mose 16 und 21

Hagar – die Befreite

Weltgebetstag der Frauen und wöchentlicher Gottesdienst der Frauengemeinschaft

Marie-Theres Wacker

Exegetisch-hermeneutische Vorbemerkungen

Zur Datierung der Geschichten in 1. Mose 12–36 bzw. zu ihrer Verortung in einem bestimmten soziokulturellen Kontext hat die neuere Exegese eine Vielzahl von Vorschlägen angeboten (vgl. Westermann, 1. Mose 12–50). Heute gibt es keine zwingenden Gründe mehr (weder rechtlicher noch archäologischer noch religionsgeschichtlicher Art), diese Überlieferungen weit vor die Staatenbildung in Israel zu datieren, und auch ihr Kontext kann nicht scharf als der einer eigenen Lebenswelt ausgegrenzt werden: Das vorausgesetzte Milieu von Kleinviehnomaden ist geographisch und kulturell verwoben mit festen Ansiedlungen. Am ehesten gelingt die Zuordnung zu bestimmten Regionen und den dort anzutreffenden Gruppen für die Hagarüberlieferung der nordwestliche Negev (Südjuda) und die mit Ägypten in Verbindung stehenden Ismaeliten.

Die Geschichten in 1. Mose 12–36, von der traditionellen Exegese durchweg als »Patriarchengeschichten« bezeichnet, heißen mit ebensoviel Recht Matriarchen- oder Erzmüttergeschichten: Ohne Sara und Rebekka, Lea und Rachel fielen die Geschichten, fiele der Handlungsaufbau in sich zusammen. Anders ist es mit der Gestalt der Hagar: Hinter der bildschönen, tatkräftigen Sara bleibt Hagar, die ägyptische Sklavin, im Schatten. Nur zwei Geschichten lassen sie für einige Augenblicke hervortreten, dann verliert sich ihre Gestalt wieder hinter den Ereignissen um Sara und ihren Sohn Isaak, den Erben der Verheißungen an Abraham. Und für Christen scheint Hagar damit abgetan, daß Paulus sie im Galaterbrief (4,21 ff) als Repräsentantin des unter dem Gesetz verharrenden Judentums sieht, während Sara, die Freie, Mutter auch des Neuen Israel, der Kirche, sei. Hagar, eine Frau am Rande des Verheißungsstromes, am Rande der Heilsgeschichte, eine Frau, die wir vergessen können? Gerade *weil* Frauen heute entdecken, wie sehr man(n) sie (auch in den Kirchen) an den Rand gedrängt hat und weiterhin zu drängen versucht, gerade deshalb können Frauen in solchen Rand-Existenzen wie Hagar vielleicht erst recht einen Zugang zur Deutung ihres eigenen Lebens vor Gott und den Mitmenschen finden.

Feministische Exegese – 1. Mose 16

Hagar, die Leibmagd Saras, wird – wie im Alten Orient rechtlich erlaubt und üblich – von ihrer Herrin als eine Art Leihmutter benutzt: Über das Kind, das Hagar von Abraham erwartet, will Sara als ihr eigenes verfügen. Hagar, die Sklavin, wird nicht gefragt; sie ist buchstäblich mit Haut und Haaren, mit Leib und Leben in der Hand ihrer Herrin, gänzlich zum Objekt erniedrigt. Ihre Reaktion überrascht daher nicht: Sie hat mit dem Kind in ihrem Leib etwas, das Sara, die Mächtige, sich nicht selbst beschaffen konnte; Sara »wird leicht in ihren Augen«, sagt der Text (1. Mose 16, 4 so übersetzen!). Das Kind ist Hagars ganze Würde und ihre ganze Kraft, mit der sie jetzt beginnt, gegen ihre Herrin aufzubegehren, und sogar den Mut hat zu fliehen, als Sara versucht, sie durch Demütigungen wieder in die Schranken zu weisen.

Der Widerstand gegen ein Leben in Fremdbestimmung ist erwacht – erst jetzt führt der Text eine andere Wirklichkeitsebene ein, die Begegnung mit der Welt Gottes. Der Engel Gottes sucht Hagar dort auf, wo sie auf ihrer Flucht rastet (nicht etwa am Ende der Kraft, scheint mir!), an einer Wasserquelle in der Wüste (16, 7). Ohne Umschweife wird in ihrem kurzen Zwiegespräch der Konflikt noch einmal auf einen Nenner gebracht (16, 8): Hagar, die *Sklavin* Saras, ist vor Sara, ihrer *Herrin*, auf der Flucht. Um so niederschmetternder muß die Reaktion des Engels wirken, die wörtlich die Beschreibung von Hagars Elend aufnimmt: So wie Abraham die Hagar ganz in die *Hand* Saras gegeben hat und diese sie *demütigte*, so daß sie floh (16, 6), so soll Hagar zurückkehren und sich unter die *Hand* ihrer Herrin *demütig* beugen (16, 9: diese wörtlichen Wiederholungen im hebräischen Text sollten wir in unsere gängigen

Übersetzungen hineinkorrigieren). Der Versuch Hagars, auf eigenen Füßen zu stehen, wird jäh abgebrochen – klägliches Ende des verzweifelten Aufstandes einer erniedrigten Sklavin? Gott auf seiten derer, die ohnehin die Macht haben – und sei es auch eine mächtige Frau?

Es folgt aber ein weiteres Wort des Engels, das die Situation noch einmal neu aufreißt: Hagars Nachkommen sollen so zahlreich sein, daß man sie nicht zählen kann (16, 10). Dies erinnert an eine ähnliche Aussage über Israel in Ägypten: Es wurde immer zahlreicher und wuchs, so der Bericht, allmählich zu einer Bedrohung für seine ägyptischen Beherrscher heran (2. Mose 1, 7–11). Wirkungsvoll beherrschen kann man nur Schwächere; Hagars Nachkommen werden sich durch ihre große Zahl dem Beherrschtwerden entziehen. Insofern stellt dieses zweite Engelwort das erste, jedenfalls für die Nachkommen der Hagar, wieder in Frage. Vollends gilt dies für das dritte, wiederum neu und gleich eingeleitete Engelwort (16, 11: auch hier sollten wir die gängigen Übersetzungen präzisieren und die Verse 9, 10 und 11 jeweils gleichlautend beginnen lassen: »Da sprach der Engel JHWHs zu ihr«). Es bestätigt für Hagars Nachkommen, was sich bereits aus dem zweiten Wort ergab: Ismael entzieht sich der Herrschaft seiner Brüder, er läßt sich als Wildeselmensch nicht in knechtische Fesseln legen.

Dies dritte Engelwort stellt aber auch das erste Wort über Hagar selbst in Frage: Der Name Ismael, den Hagar ihrem Sohn geben soll und der bedeutet »Gott hört«, weist darauf hin, so sagt es der Text ausdrücklich, daß Gott die Demütigung der *Hagar* gehört hat (16, 11 b). Auch hier ist der Anklang an die Beschreibung von Hagars Elend unüberhörbar: Sara *demütigt* Hagar (16, 6), aber Gott hat ihre *Demütigung* gehört (16, 11 b entsprechend übersetzen). Wie aber sollen wir damit die Aufforderung zusammendenken, daß Hagar in die Situation der Demütigung zurückzukehren hat? Hier können wir uns die Einsicht der heutigen Exegese zunutze machen, daß die Geschichten in 1. Mose 12–36 nicht von vornherein im jetzigen großen Erzählzusammenhang standen und insbesondere die beiden Hagargeschichten aus verschiedenen Erzählerkreisen stammen. Wer aber 1. Mose 16 und 21 hintereinander erzählt, muß Hagar in das Haus Abrahams zurückkehren lassen, denn nach 1. Mose 21 wird sie ja abermals von dort vertrieben.

Wie also, wenn es eine Hagargeschichte ohne die Aufforderung zur Rückkehr und entsprechend natürlich auch ohne Hagars Gehorsam (16, 15) gegeben hat? Dann wäre diese Hagargeschichte ursprünglich eine wirkliche Befreiungsgeschichte gewesen, eine Befreiungsgeschichte, an der ich drei Aspekte heraushebe: Hagar wird befreit als *Rechtlose* (unfrei; vgl. die Rechte der Sklavin, 2. Mose 21, 1–6; 5. Mose 15, 12–18), als *Nicht-Israelitin*, als *Frau*. Hagar wird befreit als *Rechtlose:* Im Mittelpunkt der Geschichte steht eine an Leib und Leben ausgebeutete Frau. Gerade ihr, der Rechtlosen und Unfreien, begegnet der Engel Gottes und enthüllt ihr, daß Gott auf ihrer Seite ist. Hagar wird befreit als *Nicht-Israelitin:* Die Erscheinung eines Engels wird hier zum ersten Mal in der Bibel erzählt und sonst immer nur – Ausnahme: Bileam 4. Mose 22 – mit Angehörigen des Volkes Israel in Verbindung gebracht. Damit ist Hagar gerade als Nicht-Israelitin die Solidarität des Gottes Israels zugesagt – und dies durchaus mit einer kritischen Spitze gegen Israels Erwählungsglauben, der den Exodus Israels aus Ägypten feiert, aber zu vergessen droht, daß *Gott auch beim Exodus einer Ägypterin aus Israel* hilfreich anwesend ist. Eine spätere jüdische Überlieferung hat diese Spitze nicht mehr ertragen; sie erzählt gegen den Wortlaut der Schrift, daß es nicht Hagar war, der als erster ein Engel erschien, sondern daß vorher schon der Engel zu Sara gesprochen habe (Targum Neofiti I zu 1. Mose 16, 13). Hagar wird befreit als *Frau:* Hagar wird zur Gründerin einer heiligen Stätte, indem sie dem Ort der Engelerscheinung selbst einen Namen gibt. War nach der Paradiesgeschichte das Recht der Benennung dem Mann reserviert geblieben (1. Mose 2, 19 f), der später auch die Frau benennt (1. Mose 3, 20), so zeigt Hagar mit dieser Geste des Benennens, daß sie, die ägyptische Frau, mit Gottes Hilfe »ein eigener Mensch« geworden ist.

Die jetzige Fassung des Textes hat vor und hinter diese Befreiungsgeschichte gleichsam Brillengläser einer anderen Tönung eingeschoben (die redaktionelle Verknüpfung von Geschichten geschieht nie rein »technisch«!): Das Engelwort von der Erhörung aus der Not gerät an dritte Stelle, als erstes steht nun ein Wort, nach dem Hagar in ihre demütigende Ausgangssituation zurückkehren muß, und am Schluß der Geschichte wird ihr auch das vom Engel zugesprochene Recht, ihren Sohn selbst zu benennen, genommen; er wird zu Abrahams Sohn, und dieser gibt ihm auch den Namen Ismael (16, 15). Das heißt doch: Die bestehenden Klassenschranken sind affirmiert mitsamt ihrem patriarchalischen Überbau. Und so liest sich dann zunächst auch

1. Mose 21, die zweite Hagar-Geschichte.

Hagars Kind ist inzwischen geboren, aber auch Sara hat nun einen leiblichen Sohn von Abraham, den Isaak. Sara kann den Anblick der miteinander spielenden Kinder nicht ertragen und läßt ihre Magd mit dem Sohn durch Abraham wegjagen. Diesmal also keine Initiative von seiten Hagars, sondern reines Erleiden, reine Passivität. Dementsprechend auch kein gezieltes Rasten an einer Wasserstelle, sondern Wassersnot und drohender Tod des Kindes wie der Mutter. In diese Situation der äußersten Verzweiflung hinein der Ruf des Engels, der Hagar die Augen öffnet, so daß sie erst jetzt fähig wird, sich selbst zu helfen (21, 19). Hier wird gleichsam ein theologisches Grundproblem durchgespielt, das Problem des Verhältnisses von Natur und Gnade oder, anders formuliert, das Problem, inwieweit Menschen an ihrer Erlösung mitwirken können.

Die erste Hagar-Geschichte 1. Mose 16 läßt der menschlichen Mitwirkung Raum: Hagar ergreift in ihrer Not Eigeninitiative und wird darin von Gott bestätigt. In der zweiten Hagar-Geschichte lautet die Antwort: Menschliche Aktivität kann erst beginnen, wenn Gott zuvor die Augen geöffnet hat, oder: Die Natur muß erst durch die Gnade überhaupt auf den richtigen Weg gelenkt werden. Es wird also gewissermaßen jeglicher Drang nach eigener Leistung zunächst ausgelöscht und Gott allein Raum gegeben.

So bedenkenswert dieses Konzept von der »sola gratia« ist – was mich nachdenklich macht, ist seine Verknüpfung in 1. Mose 21 mit einer zweiten Form des Auslöschens: des Auslöschens der Mutter durch den Sohn. Denn der Ruf des Engels an Hagar erfolgt ja zur Rettung des Sohnes: *Er* soll ein starkes Volk werden; um *seinetwillen* öffnet Gott der Mutter die Augen, so daß sie ihm zu trinken geben kann; von *ihm* wird gesagt, daß er heranwächst und unter Gottes Schutz steht. Dieses Auslöschen der Person Hagars zugunsten ihres Sohnes, charakteristisch für 1. Mose 21, beginnt aber schon bei den Erweiterungen in 1. Mose 16: Hagars eigene Bestrebungen werden zurückgestutzt, und es geht am Ende nur noch um den Sohn des Vaters Abraham. Dies erinnert an die Gestalt der Maria: Auch ihre Züge sind im Neuen Testament fast ausgelöscht hinter ihrem Sohn Jesus und seinem himmlischen Vater. Sieg des Patriarchats also auf der ganzen Linie?

Vielleicht kann noch ein letzter Blick auf die zweite Hagar-Geschichte in 1. Mose 21 diesen Eindruck aufbrechen. Ausgelöscht zu werden von der Gestalt des Sohnes – dieser Prozeß hat Hagars Herrin Sara ironischerweise noch viel übler mitgespielt. Während am Schluß von 1. Mose 21 Ismael, fern von seinem Vater, auf seine Mutter Hagar bezogen bleibt (sie ist es, die ihm eine Frau bestimmt: 21, 21), verschieben sich die Erzählungen um Isaak gänzlich von der Mutter Sara weg. Die zentrale Handlung um die Bindung Isaaks etwa (1. Mose 22) findet völlig ohne Saras Beteiligung statt, es ist allein der Vater mit seinem Sohn, der in diesem Konflikt steht. Insofern jedoch rückt Hagar gerade in 1. Mose 21 überraschend nahe an Abraham heran: Wie er bei seinem Sohn Isaak erlebt sie die tödliche Bedrohung ihres Sohnes, eine Bedrohung, die beide Male nach der Erzählung von Gott selbst ins Werk gesetzt ist, in beiden Fällen aber »auf der Ebene Gottes« auch schon auf ein gutes Ende hin ausgerichtet ist. Beiden, Hagar wie Abraham, wird durch einen Engel Rettung angesagt, wobei die Errettung des Sohnes der Mutter sogar der Errettung des Sohnes des Vaters voraufgeht (1. Mose 21 und 22 sind von derselben »Erzählerschule«!). Hagar, die ägyptische Sklavin, und Abraham, der Vater Israels, also auf einer Stufe?

Die spätere jüdische Tradition weiß zu berichten, daß Hagar die Tochter des Pharao war (1. Mose 45, 1), frei geboren. Als Ägypterin aus einem Milieu des Götzendienstes stammend, hat sie sich zum wahren Gott bekehrt, ebenso wie auch Abraham, der Chaldäer, der späteren Legende nach aus dem Hause seines götzendienerischen Vaters wegging und dem wahren Gott folgte (Abrahamsapokalypse). Hagar, die freie Ägypterin, die sich einzig dem Dienst Gottes beugt wie Abraham – erinnert dies nicht an die Tauformel »nicht mehr Jude noch Grieche, nicht mehr Sklave noch Freier, nicht mehr Mann noch Frau, denn ihr alle seid eins in Christus« (Gal. 3,28)? Hagar, die Befreite, die sich einzig dem Dienst Gottes beugt, eines Gottes, »der« rassistische, ökonomische, sexistische Hierarchien aufbricht – ist sie es nicht wert, vom Rand der Bibel weggeholt und als Beispiel unseres eigenen Glaubens neu entdeckt zu werden?

Hinweise für Predigt, Gottesdienst, Bibelarbeit

Die Hagartexte zeigen die Versuchung, Gott zum Gott der Herrschenden zu machen, aber auch den Widerstand gegen diese Versuchung. Sie zeigen, daß Solidarität unter Frauen nicht ohne Analyse der ökonomischen Verhältnisse zu haben ist (es gibt Herrinnen und Mägde, bei uns selbst, in unserem Verhältnis zur Dritten Welt ...), aber auch nicht ohne Sensibilität für Rassismus und Ausländerfeindlichkeit.

Bei der Auslegung sollte darauf geachtet werden, nun nicht einseitig Sara als Repräsentantin des Negativen (Ausbeuterin, Rassistin, Eifersüchtige usw.) abzustempeln (ebensowenig wie wir ihr Verhalten krampfhaft rechtfertigen dürfen) – dies wäre eine subtile Form von Antijudaismus. Hilfreich ist die Aufforderung von Phyllis Trible: »Wir alle sind Erben Abrahams und Saras, im Fleisch oder im Geist, wir alle müssen uns dem Terror der Hagar-Geschichte stellen.«

Fürbitten

Gott, wir dürfen dich Vater und auch Mutter nennen und spüren doch, daß unsere Worte nur stammeln. Hilf uns, eine Sprache zu finden, mit der wir uns deine Frohbotschaft nahebringen können.

Gott Israels und unser Gott, du hast auch die ägyptische Sklavin nicht allein gelassen. Gib uns den Mut, Ausländerfeindlichkeit und Klassenhaß bei uns nicht zu übersehen, sondern uns auf die Seite derer zu stellen, denen ihr Recht verweigert wird.

Wir bitten dich für unsere Kinder. Steh du uns und ihnen bei im Mühen um eine menschenwürdige Zukunft.

Wir bitten für unsere getrennten Kirchen. Laß sie sich nicht, wie Sara und Hagar, das Erbe der Verheißung streitig machen, sondern gib uns die Phantasie und Unbefangenheit der Kinder Ismael und Isaak, spielend und feiernd Trennungen abzubauen.

Verwendete Literatur

Roger le Déaut (Hrsg.), Targume du Pentateuque, Bd. 1 (Genèse). Sources Chrétiennes 245, Paris 1978.

Elia Epstein Hallevy, Artikel »Hagar«, in: Encyclopedia Judaica 7, Jerusalem 1971, Sp. 1074–1076.

Arnold B. Ehrlich, Randglossen zur hebräischen Bibel, Bd. 1 (Genesis und Exodus), Leipzig 1908, Neudruck Hildesheim 1968.

Alfred Heitzer, Hagar. Eine kritische und exegetische Untersuchung zu Gen. 16 und 21, 1–21, Bonn 1934 (Diss. kath. theol.).

Vera Kubina, »Eine Frau im Schatten: Hagar«, in: Zeitschrift für die Praxis des Religionsunterrichts 11 (1981), S. 101–105.

Israel Salzer (Übers.), La Genèse accompagnée du commentaire de Rachi, Paris 1979[4].

Phyllis Trible, »The Other Woman. A Literary and Theological Study of the Hagar Narratives«, in: J. T. Butler u. a. (Hrsg.), Understanding the Word. Festschrift W. B. Anderson, Sheffield 1985, S. 221–246 (und etwas anders in: Dies., Mein Gott, warum hast Du mich vergessen! Frauenschicksale im Alten Testament, Gütersloh 1987 [englisch: Philadelphia 1984]).

Claus Westermann, Genesis 12–36. Bibl. Kommentar I, 2, 1981.

Ders., Genesis 12–50. Erträge der Forschung, Darmstadt 1975.

1. Mose 18, 1–15

Saras Lachen

Reformationssonntag

Melanie A. May

Lacht Sara aus Mangel an Glauben?

Diese Geschichte wird sehr häufig als Teil des Glaubensweges Abrahams gelesen. Ihm, der dazu erwählt ist, in Gottes Plan der Geschichte eine führende Rolle zu spielen, der gläubig auf Gottes Ruf antwortete, wird in diesem Abschnitt der Erzählung ein Sohn verheißen. Abraham erscheint als Inbegriff der Gastfreundlichkeit und, einmal wieder, als Musterbeispiel des Glaubens.

Als er sich beeilt, die Fremden zu begrüßen, ist Abraham in den Vordergrund dieser Szene gestellt. Sara steht im Hintergrund, hinter dem Vorhang am Zelteingang. Mit anderen Worten, Sara ist an den Platz gestellt, auf den das Patriarchat Frauen schon immer verwiesen hat und den es ihnen auch heute noch zuweist. Martin Luther (S. 371 f) untermauerte die Auffassung, dieser häusliche Rahmen sei der angemessene Platz für Frauen:

»Darum fragt er hier sogleich, wo Sara sei, und antwortet Abraham mit kurzen Worten: Sie ist drinnen in der Hütte. Wenn solche kurze Antwort ein faules und unfleißiges Herz lieset, lässet es dieselben hingehen, als sei nichts besonderes daran gelegen. Aber der heilige Geist hat mit solchen Worten ein Exempel vorstellen wollen allen Weibern, dem sie nachfolgen sollten, daß, gleichwie uns Abraham überall als eine Regel des Glaubens und guter Werke vorgebildet wird, wir also an Sara auch zu lernen hätten, was die höchsten und schönsten Tugenden wären einer heiligen und löblichen Hausmutter...

Also hat Moses mit sehr kurzen Worten entworfen und beschrieben alle Tugenden einer frommen Hausmutter, die gerne und am liebsten daheim in ihrem Hause ist, sich die Haushaltung lässet angelegen sein und mit dem, was der Mann erwirbt und in das Haus schaffet, recht umgeht und regieret.«

Ein anderer Kommentar weist Sara, wie allen Frauen unter dem Patriarchat, eine noch dürftigere Stellung zu: »Sara war im Zelt geblieben... nicht weil es Nomadenfrauen verboten war,

Fremden ihr Gesicht zu zeigen. ...sondern unter Nomaden wird die Frau für so gering geachtet, daß ihre Gegenwart nebensächlich ist« (Morgenstern, S. 121).

So wie Sara in den Hintergrund der Szene gestellt ist, in der Abraham die Hauptrolle spielt, so macht sie ihr Lachen über Gottes Verheißung eines Sohnes zur Folie für Abrahams Glauben. Viele Kommentatoren interpretieren Saras Lachen als Mangel an Glauben: »Dieses Lachen von seiten Saras war das Lachen der Ungläubigkeit und damit eine Form von Unglaube« (Leupold, S. 541). Ein anderer Kommentator spricht von »Saras heimlicher Sünde – ihr unausgesprochener Gedanke des Unglaubens« (Candlish, S. 295), und andere stellen fest: »Gott tadelt das Lachen, weil es Zweifel an seiner Macht verrieth« (Dillmann, S. 268). »Natürlich hat Sara nicht grundsätzlich und in bewußtem Unglauben JHWH abgesagt; ihr Lachen bleibt vielmehr eine psychologisch begreifliche Beiläufigkeit – gerade so, wie sich eben der Unglaube so oft äußert. Indessen führt diese so meisterlich psychologisch unterbaute Betrachtungsweise den Erzähler doch nicht dazu, die Sara wegen ihrer Unkenntnis über das Wesen der Gäste ganz zu entschuldigen« (von Rad, S. 162). Es ist interessant, zu bemerken, daß Luther in diesem Punkt ein wenig freundlicher zu Sara ist: »Sie ging nun in ihrem 89. Jahre und hatte so viel Jahre auf des Herrn Segen gewartet; da sie aber siehet, daß alle ihre Hoffnung umsonst ist, übergibt sie Gott alle ihre Sachen und verzweifelt dennoch nicht gar. Daher kommt es, daß der Herr mit ihrer Schwachheit Geduld hat und sich ihr Lachen, welches sie tut aus dem Gedanken der Unmöglichkeit, nicht zum Zorn bewegen läßt« (Luther, hrsg. v. Stiasny, Bd. I, S. 377).

Zumindest ein Kommentator ist jedoch strenger; er sieht Sara als Frau, die durch ihre Unfruchtbarkeit verbittert ist: »...die Tatsache, daß Sara *in sich hineinlachte*, weist vermutlich auf die angestaute Bitterkeit in ihren Gedanken hin. ... Lachen wäre die normale frohe Reaktion auf die Ankündigung der Geburt eines Kindes. Aber Saras Lachen hat einen bitteren Unterton. ...obwohl der Herr Abraham anspricht, bleibt Abraham schweigsam. Die bittere, ungläubige Antwort kam von Sara« (Davidson, S. 64f).

Lacht Abraham anders als Sara?

Nur ein Kommentator stellt Saras Lachen auf die gleiche Ebene wie das Lachen Abrahams in einer früheren Darstellung von Gottes Verheißung eines Sohnes in 1. Mose 17, 17 (Fritsch, S. 64). Viele andere kontrastieren das Lachen Abrahams mit dem Saras: »Ihr Lachen aber war Spott des Zweifels, Abrahams Lachen 17, 17 war Wonne des Staunens. Er bedurfte der Glaubensermutigung, sie der Zurückführung zur Glaubensdemut...« (Delitzsch, S. 298). »Obwohl Abraham auch lachte, als Gott ihm sagte, ›deine Frau Sara wird dir einen Sohn gebären‹, ist die Antwort doch: Abraham lachte nicht öffentlich vor dem Volk, sondern er ›fiel auf sein Gesicht nieder und lachte‹. Aber Sara ging unter den Menschen umher und lachte darüber...« (Hershon, S. 102). »...es wird uns erzählt, daß Sara in sich hineinlachte... als sie die Botschaft hörte. ... es gab eine weit bekannte abweichende Lesart... was ›unter ihren Verwandten‹ bedeutet. ... Aus keinem dieser Hinweise wird klar, welche Bedeutung der Akt des Sprechens mit Verwandten für jüdische Leserinnen und Leser gehabt haben könnte. Es ist möglich, daß das Bekanntmachen einer solchen göttlichen Verheißung in der Öffentlichkeit schlimmer ist, als heimliche Zweifel zu hegen. Schließlich hatte Abraham geheime Zweifel (1. Mose 17, 17) und zog – anders als es Sara hier ergeht – keinen Tadel auf sich« (Miller, S. 34). Durch diesen Gegensatz wird Sara noch eindeutiger zur Folie, von der sich Abrahams Glaube scharf abhebt.

Ein Kommentar führt jedoch einen anderen Vergleichspunkt an, durch den Saras Portrait langsam einige weichere Züge bekommt. Als er über Saras Lüge spricht, bemerkt Robert Davidson: »Sie konnte dem vortrefflichen Beispiel ihres Mannes folgen. Abraham hatte genau das gleiche getan; er hatte gelogen, weil er Angst hatte, als er Sara in Ägypten als seine Schwester ausgab (12, 10–20)« (Davidson, S. 65). Hier wird die Zwiespältigkeit, die Sara unterstellt wird, auch Abraham zugeschrieben.

Da Glaube und Unglaube in beiden eng miteinander verflochten sind, ist Saras Lachen der Schlüssel zum Sinn der Geschichte. Denn die Erklärung, in der die Erzählung ihren Höhepunkt findet, ist auch eine Frage: »Ist beim Herrn etwas unmöglich?« (18,14). Da die Frage unerbittlich durch die folgenden Jahrhunderte schallt, klingt ein Lachen wie das Lachen Saras als Erlösung.

Wenn Abraham auch um der Hoffnung auf das Unsichtbare willen gegen das Sichtbare aufstand, Sara tat dies nicht. Sie wußte, daß neues Leben aus dem Leib entsteht, der die Grundlage des Lebens ist. Und sie wußte, daß ihr Leib alt, unfruchtbar und so gut wie tot war. Unfähig, ihre Vorstellungskraft von ihrer physischen Verankerung zu lösen, lachte sie – von ihrem Platz hinter dem Zeltvorhang, vor dem die Männer redeten.

Vor dem Hintergrund der Geschichte des Christentums, in deren Lauf Frauen mit dem Körper identifiziert und so den Männern unterworfen wurden, während die Taten des Geistes über den Körper erhoben wurden und das Wort als Quelle und Kraft der Schöpfung gepredigt wurde, hat Saras Lachen einen blasphemischen Klang. Das Wort, das schöpferische Wort Gottes ist gekommen. Ein Sohn wird geboren werden.

Aber Saras Lachen über das Wort Gottes ist gerechtfertigt und bleibt zu Recht durch die Jahrhunderte hindurch vernehmbar. Die Geschichte des Christentums, vorwärtsgetrieben von Abrahams Vertrauen in Gottes Verheißung, ist übersät mit zerschlagenen Hoffnungen und Träumen, schmerzlichen Entwicklungen und stolzen Absichten, tragischem Leben und triumphierender Weltlichkeit. Der Glaube kann nicht vom schwachen Fleisch der menschlichen Realität getrennt werden. Der Glaube kann nicht die Schreie der Verzweifelten und der Sterbenden ausschließen, auch nicht die brennenden Klagen der Psalmisten und die wütende Rebellion eines Ijob. Christliche Geschichte ist eine Geschichte, in der sich Glaube und Unglaube unaufhörlich kreuzen und schneiden.

Lachen als Lob Gottes

Saras Lachen ist die überraschende Gefährtin des Glaubens. Es quillt herauf aus den physischen Tiefen des Menschen, die sich nicht zum Schweigen bringen lassen; es bricht hervor, wenn Wort und Fleisch zusammenprallen.

Sara gebar einen Sohn. Sie lachte wieder. Ihr Lachen war

ihre Dankeshymne; Gott war in ihrem hohen Alter zu ihr gekommen. Trotz ihres Alters waren Wort und Fleisch eins geworden. Wie das Magnificat, gesungen von Maria, der Mutter Jesu, war Saras Lied ein Lied des Frohlockens in Antwort auf den unerwarteten Wandel, den Gott bewirkt hatte. Alte Ordnungen waren auf den Kopf gestellt worden. Neues Leben war entstanden, wo es vom menschlichen Standpunkt her unmöglich gewesen war.

Saras Lachen ist der Schlüssel zum paulinischen Begriff der Rechtfertigung aus dem Glauben. Das fünfte Kapitel des Römerbriefes beginnt mit den Worten: »Gerecht gemacht aus Glauben, haben wir Frieden mit Gott durch Jesus Christus, unseren Herrn.« Vers 6 bietet uns den Schlüssel: »Christus ist schon zu der Zeit, da wir noch schwach und gottlos waren, für uns gestorben.« Paulus beginnt mit der Erklärung, daß die Feindschaft mit Gott beendet ist; der Friede wird verkündet. Dann erinnert Paulus daran, daß Gott der Gott der Gottlosen ist. Gott kam und kommt zu jenen, die schwach oder sündig oder ohne Hoffnung sind. Jesus Christus ging in die Welt der Gottlosen, zu den Verachteten und Beraubten, zu den Steuereintreibern und Sündern. Da er die Tabus der braven Leute seiner Zeit durchbrach, war Jesus unerträglich für sie. Er wurde gekreuzigt.

Gerechtfertigt zu sein bedeutet, daß der Schöpfer seinem Geschöpf trotz Schuld und Gottlosigkeit treu bleibt. Es bedeutet, daß Gott einen Anspruch erhebt, wo immer wir uns dazu bekennen, daß wir ganz menschlich, das heißt schwach und im Fleisch verwurzelt sind. Es bedeutet, daß Gott uns inmitten einer Welt der Sünde und des Todes zu neuen Geschöpfen formt. Rechtfertigung ist die Erweckung der Toten, Schöpfung aus dem Nichts.

Natürlich lachte Sara; warum nicht! Vom menschlichen Standpunkt aus ist diese Botschaft absurd. Vom Standpunkt der meisten westlichen Gesellschaften bzw. der Gesellschaften auf der Nordhalbkugel aus ist sie absurd. Gesellschaften, die auf der Erwartung basieren, daß harte Arbeit und gutes Leben Belohnungen und Reichtümer einbringen und sichern werden, verstehen Gottes Gnade als persönlichen Besitz und unterliegen der Macht der Sünde, die Gottes Verheißung in ein Privileg verwandelt. Sünde ist die Vermessenheit, mit der wir zwischen uns und den Gottlosen, den Verderbten und den Bösen in unserer Welt unterscheiden.

Lachen wie das Lachen Saras ist die überraschende Gefährtin des Glaubens. Die Gläubigen stehen in einer gerechten Beziehung zu Gott und inmitten einer Welt, die widerhallt von den Schreien der Unterdrückten und Beraubten, inmitten einer Welt, die erfüllt ist vom Schrecken der Bedrohung nuklearer Zerstörung, zum Wahnsinn getrieben vom Völkermord und zerrissen von Haß und Krieg. Wort und Fleisch prallen aufeinander.

Die Gläubigen können diesen Tatsachen nicht ausweichen. Gläubige Menschen kämpfen gegen Leid und Tod in sich selbst und in der Welt. Und die Gläubigen lachen mit Sara. Sie stehen dort, wo alles verloren scheint, bei denen, die schwach oder ohne Hoffnung sind, und hier wird das verblüffende Lachen derer, die es wagen, ihr eigenes schwaches und versagendes Fleisch zu enthüllen, in Gottes wundersame, unerwartete Erfüllung der Verheißung neuen Lebens transportiert.

Aus dem Englischen übersetzt von
HILDEGARD SCHNECK

Verwendete Literatur

ROBERT S. CANDLISH, Commentary on Genesis, Vol. 1, (Edinburgh 1868) Grand Rapids. Nachdruck: The Book of Genesis Expounded in a Series of Discourses, 1806–1873, Grand Rapids 1979.

ROBERT DAVIDSON, Genesis 12–50, Cambridge 1979.

FRANZ DELITZSCH, Neuer Commentar über die Genesis, Leipzig 1887[5].

AUGUST DILLMANN, Kurzgefaßtes exegetisches Handbuch zum Alten Testament, Die Genesis, Leipzig 1892[6].

CHARLES T. FRITSCH, The Layman's Bible Commentary, Vol. 2, The Book of Genesis, Richmond 1960.

PAUL ISAAC HERSHON, A Rabbinical Commentary on Genesis, London 1885.

HERBERT CARL LEUPOLD, Exposition of Genesis, Columbus/Ohio 1942.

Dr. Martin Luthers Auslegung des ersten Buches Mosis. Im Auszug wiedergegeben und bearbeitet von LIC. TH. STIASNY, Band 1, Duisburg-Meiderich 1926.

WILLIAM T. MILLER, Mysterious Encounters at Mamre and Jabbok, Brown Judaic Studies 50, Chicago 1984.

JULIAN MORGENSTERN, The Book of Genesis: A Jewish Interpretation, New York, 1905, 1965[2].

GERHARD VON RAD, Das erste Buch Mose (Genesis), ATD, Göttingen 1981.

2. Mose 1, 15–21

Pua und Schiphra – zwei Frauen im Widerstand

Quasimodogeniti oder Taufgottesdienst

Renate Ellmenreich

Vorbemerkungen

Die Geschichte der beiden hebräischen Hebammen, die dem Pharao Widerstand leisten und das Leben bewahren, ist in der christlichen Tradition wenig aufgenommen worden. Sie kommt in keiner Perikopenreihe vor, und auch in literarischen Verarbeitungen des Mose-Themas wird sie nicht erwähnt. Neuerdings hat sie Ingeborg Kruse einbezogen.

Das absolute Übergehen dieses Textes ist zunächst das Auffälligste an ihm. Deshalb gilt ein besonderer Dank den australischen Frauen, die diesen Text als Grundlage für die Predigt zum Weltgebetstag 1986 vorschlugen. Pua und Schiphra teilen also das Schicksal so vieler Frauen – in der Hebräischen Bibel und heute –, sie werden übersehen, übergangen, sie sind nicht der Rede wert. Da empfinde ich meine erste Nähe zu ihnen.

Exegetische Überlegungen

Das erste Kapitel des 2. Buches Mose fungiert als Klammer zwischen dem »Väter«-Zyklus in 1. Mose, der mit dem Tode Josephs endet, und dem Mose-Zyklus, der in 2. Mose 2 beginnt. Es will eine Zwischenzeit beschreiben: 430 Jahre (2. Mose 12, 40) oder vier Generationen (1. Mose 15, 16), also zwischen den Lebensgeschichten bedeutender Männer, die Heldengeschichte machten. Wir erfahren über diese Zwischenzeit, daß das Volk der »Israeliten« (v. Rad, I, S. 20; s. auch Schottroff, S. 10) sich stark vermehrte. Alle drei Überlieferungsstränge in Kap. 1 berichten und betonen übereinstimmend das starke Anwachsen dieser Population (P: V. 1–5, J: V. 6–14, E: V. 15ff).

Von einem König ist die Rede (J: V. 8), dem Pharao von Ägypten, vermutlich Ramses II. (Noth, S. 223). Ihm macht das Bevölkerungswachstum der ausländischen Gastarbeiter-Sklaven angst. Es ist nicht so sehr die Angst vor »kultureller Überfremdung« (wie das heute genannt wird), als vielmehr die Furcht vor zu vielen potentiellen Soldaten, die im Ernstfall auf der anderen Seite kämpfen könnten (V. 10). Das Denken in militärischen Kategorien, das Zählen von Soldaten und Waffen, das Protzen mit der eigenen (militärischen) Stärke und Überlegenheit – getarnt als »Sicherheitsdenken« – bestimmt diesen König. Dieser militärische Aspekt wird auch belegt durch den Befehl, nur die männlichen Neugeborenen zu töten (V. 16 u. 22).

Pharao läßt sich eine List einfallen, um das Volk Israel zu dezimieren. Harte Schwerstarbeit soll das Bevölkerungswachstum stoppen. Aber der gegenteilige Effekt tritt ein. Das Volk wächst weiter an. Ist das nicht typisch für unterdrückte, abhängige Volksgruppen? Arbeitende Menschen wissen: Arbeit, die auf viele Schultern verteilt wird, schafft sich leichter. Gerade Unterdrückte und Ausgebeutete brauchen die Solidarität und menschliche Wärme vieler Mitleidender, wie schon der Volksmund sagt: Geteilte Last ist halbe Last (Schottroff, S. 8).

Eine Meditation über Schiphra, die »Schönheit«, und Pua, der »Glanz«

Seit alters stehen die alten weisen Frauen am Eingang und Ausgang des Lebens, helfen bei der Geburt und singen die Totenklage. Sie sind »Torhüterinnen des Lebens« (I. Kruse). Das macht ihre Mächtigkeit aus. Sie liegt darin begründet, daß sie Helferinnen Gottes sind, Mitarbeiterinnen der Schöpfungskraft.

Der Pharao will Herr über Leben und Tod sein. Aber er kann es nicht. Er verhält sich wie einer der Götter, er will offensichtlich etwas für seine absolute Sicherheit und seine Unsterblichkeit tun. Er vermeint, diesem Ziel ein Stück näher zu kommen, wenn er potentielle Feinde ausschaltet. Das ist ein beliebtes Motiv machtbesessener Herrscher zu allen Zeiten – von David über Herodes und die römischen Cäsaren bis zu den Diktatoren unserer Tage. Aber »Sicher-leben-Können« ist nicht eine Frage von größerer militärischer Stärke. Das göttliche Grundgesetz der Natur, ewiges Leben durch Vergehen und Neuwerden zu erhalten, wird von keinem Gewaltherrscher außer Kraft gesetzt, so allmächtig er sich auch fühlen und so brutal er sich auch gebärden mag.

Die Hebammen, die in weiser weiblicher Tradition zu zweit auftreten, sind die Mächtigen in den Fragen von Leben und Tod. Das erweist sich durch die ganze Geschichte hindurch. Auch der Pharao braucht ihre Hilfe; er bleibt auf sie angewiesen. Aber Pua und Schiphra ignorieren den Befehl des Pharao: Ziviler Ungehorsam durch schlichte Nichtbeachtung lebensfeindlicher Anordnungen. Sie bleiben dadurch verbunden mit allen Frauen und dem ganzen unterdrückten Volk und wissen sich auf der Seite der lebenschaffenden Gottheit.

Doch der kompromißlose Einsatz für das Leben wird in einer Gesellschaft mit Todesstrukturen immer Konsequenzen haben. Der Pharao stellt sie zur Rede: »Warum laßt ihr die Kinder leben?« Die Perversion dieser Frage ist nicht zu überbieten! Kinder werden geboren, um zu leben! Die eigentliche Frage, die hier zu stellen wäre, lautet: Warum sollen geborene Kinder getötet werden?

Pua und Schiphra kehren die Frage nicht um. Sie sind bei aller inneren Mächtigkeit äußerlich abhängige Frauen. Wem würde es nützen, wenn der Pharao sie wegen Befehlsverweigerung umbringen ließe? Ihr Widerstand ist subversiver Natur (»klug wie die Schlangen«, Matth. 10,16), und gleichzeitig schwingt darin etwas von Ironie und Spott mit. »Die hebräischen Frauen sind stärker, kräftiger (abgehärteter?) beim Arbeiten als die ägyptischen Frauen.« Eine »typisch weibliche« Ausrede? Die Hebammen nehmen ihre Wichtigkeit selbst zurück: »Die Hebräerinnen haben schon geboren, wenn wir kommen.« Es würde ihnen nichts nützen, sich und ihre Macht darzustellen; es würde nur Kampf herausfordern. Die Macht ist in *ihnen*. An die hebräischen Frauen ist nicht heranzukommen. Sie, die Unterdrückten, sind stark, sind körperlich kräftig und geistig wendig, so entziehen sie sich dem Herrschaftsanspruch und Machtbereich des Pharao.

Muß dieser dann nicht noch mehr Angst bekommen, zumal in der Antwort der Hebammen ein gewisses Zusammenstehen *aller* Frauen hindurchschimmert? Denn wenn sie zwischen ägyptischen und hebräischen Frauen vergleichen können, müssen sie ja wohl in beiden Volksgruppen ihren Dienst getan haben. Haben vielleicht alle Frauen in stiller Einigkeit an diesem Argument mitgestrickt, es durch ihr Verhalten bestätigt? Auch im folgenden Kapitel, 2. Mose 2, 1–10, arbeiten eine hebräische Mutter, deren Tochter, eine ägyptische Prinzessin und deren Gespielinnen zusammen, um das Leben eines Kindes zu retten.

Und Gott, die Verkörperung des Lebens, des ewigen, segnete ihre Häuser und tat ihnen Gutes (V. 20–21). Hier wird ein Bild von Gott vorgestellt, in dem es um Fürsorge und Erhaltung des Lebens kleiner Kinder geht, im Gegensatz zu dem Gott von 1. Mose 22, 2 etwa, oder zum Beispiel Ijob 1, 18 f; 2. Mose 11, 5. Ich kann mir gut vorstellen, wie dieses Gottesbild Generationen von Müttern – nicht nur im alten Israel – Trost und Hilfe gab, wenn sie um ihre toten Kinder weinen mußten. Gott war an ihrer Seite!

Ich beende meine Meditation mit dem Gottesbild von Vers 21 und schlage dies auch für die Predigt vor. Vers 22 beschreibt die nachfolgenden Reaktionen des Pharao als eine Ausgeburt seiner sich steigernden Angst. Er läßt seine Soldaten das Werk vollbringen, das die Frauen verhindert haben. Dies ist nicht mehr Teil der Geschichte von Pua und Schiphra. Die Todesstruktur wird nicht das letzte Wort haben. Wir predigen *nach* Ostern.

Zwei Hauptaussagen gehören in dieser Meditation zusammen:

– Gott gibt nicht nur Leben, sondern liebt es auch und will, daß wir es erhalten. Alle Menschen haben ein Recht auf ein unverletztes (= heiles) Leben bis zu ihrem natürlichen Tod.

– Frauen leisten Widerstand gegen Todesstrukturen, denn sie haben etwas zu tun mit »Leben geben«.

Anregungen zur Aktualisierung in der Predigt

Frauen und auch Männer setzen sich ein, riskieren ihr Leben für das Überleben ihrer (und aller) Kinder. Frauen und Männer leisten Widerstand gegen Todesstrukturen. Das hat Tradition, darauf liegt Gottes Segen. – Beispiele lassen sich genug finden, in der Bibel, in der Kirchengeschichte, in unserer Zeit. Ich denke an die Frau, neulich im Trauergespräch, die mir erzählte, wie sie im Krieg ein jüdisches Kind in ihrer Gartenlaube versteckte und versorgte. Ich denke an Grigolito in Siuna/Nicaragua, der im Alter von sechs Tagen in einer Nacht Vollwaise wurde, als seine Familie bei einem Contra-Überfall brutal ermordet wurde. Seine achtjährige Cousine versteckte ihn vor den Söldnern, Nachbarinnen versorgten das Kind und übergaben es dann den Schwestern eines Ordens, die ihn adoptierten. Das Kinderhilfswerk »Terre des Hommes«, der Kinderschutzbund und viele andere Organisationen können uns leider genug Material liefern, das aufzeigt, wie wichtig der Einsatz für den Schutz des Lebens auch heute ist.

Heute heißen die Pharaonen: Krieg, ungerechte Weltwirtschaftsordnung, Verhungernlassen, fehlende medizinische Hilfe, Anhäufung von Wahnsinnswaffen, Atom- und Chemieverseuchung, Gentechnologie.

Dagegen schließen sich Frauen auch heute noch öffentlich oder auch subversiv zusammen, um gegen alle Bedrohungen des Lebens Widerstand zu leisten – die Frauen von Greenham Common, die vor den Camps der Raketen Wurzeln schlagen, die Südafrika-Boykott-Frauen, die Mütter des Pazifik mit ihren Jelly-fish-Babys, die schreien: »Testet eure Bomben in Paris, lagert sie in Washington, vergrabt euern Atommüll in Bonn, wenn das so sicher ist!« Die Frauen Kenias, die Bäume pflanzen und Gärten anlegen gegen den ökologischen und ökonomischen Ausverkauf ihres Landes; die Mütter der Plaza de Mayo, die Iranerinnen, die ihre zwölfjährigen Söhne außer Landes bringen, um dem blutgierigen Krieg nicht noch mehr Nahrung zu geben (Beispiele bei Bärbel von Wartenberg-Potter).

Denn auch nach Ostern, dem Sieg des Lebens über den Tod, ist die Herrschaft lebensfeindlicher Mächte auf Erden nicht gebrochen, braucht Gott unsere Mitarbeit beim Aufbau seines Reiches, in dem das Leben ewig ist.

Dafür können wir lernen von unseren Vorschwestern Pua und Schiphra – in der Besinnung auf weibliche Mächtigkeit –, von ihrem Mut, ihrer Schlauheit und der kompromißlosen Geradlinigkeit im Einsatz für die Bewahrung des Lebens, eines lebenswerten Lebens, der ganzen Schöpfung. Gottes segnende Gegenwart will uns darin erfahrbar werden.

Quasimodogeniti – neugeborene Kinder genießen in ganz besonderer Weise göttlichen Schutz und göttliche Zuneigung. Diese erfahren sie in der Liebe ihrer Mutter und der Fürsorge aller Menschen, die in Verbindung mit der das Leben liebenden Gottheit ihren Lebensweg von Anfang bis Ende wohlwollend begleiten. Dies scheint mir eine gute Predigtmotivation für diesen Text am ersten Sonntag im neuen »Reich der ganzen Menschen Gottes« zu sein, an dem wir traditionell gerne Kinder taufen und zur Kommunion einladen. Entsprechend einladend und ermutigend darf auch die Predigt sein.

Vorschläge zur Liturgie

Evangelienlesung: Mark. 10, 13–16 (Jesus segnet Kinder) oder Mark. 5, 35–43 (Gott will nicht, daß Kinder sterben)

Kontrasttext: Matth. 2, 16–18 (Herodes läßt Kinder in Bethlehem ermorden)

Lieder: »Gott gab uns Atem, damit wir leben ...« Peter Janssens, Musikzeitung; Mein Liederbuch, tvd, B 102.

»Ich lobe meinen Gott, der aus der Tiefe mich holt, damit ich lebe ...«

Verwendete Literatur

Ingeborg Kruse, Unter dem Schleier ein Lachen, Stuttgart 1986[2].

Martin Noth, Die Welt des AT, Berlin 1962.

Gerhard von Rad, Theologie des Alten Testamentes, Band 1, München 1966.

Luise Schottroff, Der Sieg des Lebens, München 1982.

Bärbel von Wartenberg-Potter, Wir werden unsere Harfen nicht an die Weiden hängen, Stuttgart 1986.

2. Mose 15,20f

Schlagt die Trommeln, tanzt und fürchtet euch nicht!

Gottesdienst am Internationalen Frauentag oder am Sonntag danach

Elisabeth Lüneburg

Das Tanzlied Mirjams

20 Und Mirjam, die Prophetin, eine Schwester Aarons, nahm eine Handtrommel in die Hand, und alle Frauen folgten ihr nach, hinaus mit den Handtrommeln und in Reigentänzen.
21 Singt Jahwe, denn hoch erhoben hat er sich, Pferd und Streitwagenfahrer hat er ins Meer geworfen!

Das Tanzlied der Mirjam in 2. Mose 15,21b ist das früheste erhaltene Zeugnis vom Meerwunder und nach Auffassung vieler Exeget/inn/en der älteste Text in der Hebräischen Bibel. Seine genaue Datierung ist umstritten; er gilt als »unmittelbare Antwort« auf die als Gottestat erlebte Rettungserfahrung und wird für die Zeit »vor Gründung des Stämmebundes ›Israel‹« oder auch in der »Frühzeit der Herrschaft Davids« angesetzt. Wahrscheinlich wurde der Hymnus im Zusammenhang einer Darstellung der Ereignisse überliefert, denn er setzt die besungene Rettungstat als bekannt voraus (Schüngel-Straumann, Fohrer, Kaiser, Noth). Der Vorgang wird nicht näher beschrieben, er bleibt undeutlich. Weder die zum Lobgesang aufgeforderten Adressatinnen noch die besiegten Verfolger werden namentlich genannt. Auf die realitätsgetreue Schilderung des Geschehens kommt es dem Mirjamlied auch gar nicht an. Es vernachlässigt das konkrete Wann, Wie und Wo. Entscheidend ist, daß dieses Tanzlied die Errettung aus einer ausweglosen Lage mit der Gegenwart Gottes in Zusammenhang bringt und sie als ausschließliches Handeln Gottes preist. Die Rettung selbst ist das Wunder! Erst in den späteren, ausführlicheren Fassungen des Liedes (2. Mose 14; 15,1–19) verlagert sich das Gewicht auf die Ausschmückung der wundersamen Begleitumstände eines außerordentlichen Ereignisses.

Das Mirjamlied ist die einfachste und wichtigste Grundform des israelitischen Hymnus. Es diente als Vorlage für die größere Dichtung 2. Mose 15, 1–18. Kennzeichnend für den Hymnus ist zum einen die imperativische Mahnung an die Kultteilnehmerinnen, JHWH zu loben, zum anderen das eigentliche Gotteslob, hier mit einem »ki«-Satz eingeleitet. Sein Sitz im Leben ist der Kult. Im Rahmen des kultischen Geschehens wurde das Lied weitergegeben, im Lobpreis des Gottesdienstes wurde es wiederholt.

Vers 21 b schlägt den Grundton an, »in dem Israel seine eigene Geschichte verstanden hat, es ist das hohe Lied der wunderbaren Führung Gottes« (Stählin, S. 48). Exodus und Meerwunder sind für die Heilsgeschichte Israels von grundlegender Bedeutung. »JHWH, der Israel aus Ägypten herausgeführt hat«, wurde zur feststehenden Bekenntnisaussage. Das Mirjamlied ist die älteste Fassung des Bekenntnisses zu JHWH. Schon von diesem frühesten Zeugnis an »scheint das Kernstück der Exodustradition ... die Vernichtung der Verfolger gewesen zu sein« (Schmidt, S. 39). In traditioneller exegetischer Literatur wird JHWH als »Kriegsgott« gesehen, als ein Gott, der die Verfolger »ins Meer wirft«. Die ausdrückliche Benennung von »Pferd und Streitwagenfahrer« läßt keinen Zweifel daran, daß von einer kriegerischen Auseinandersetzung die Rede ist. Die überlegene Kriegstechnik der Ägypter muß die Israelit/inn/en in Angst und Schrecken versetzt haben, daher die ausdrückliche Nennung des Kriegsgeräts.

Der Hymnus gehört in die Gattung der Siegestanzlieder. In der Rolle der Vorsängerin stimmte eine Frau ein Lied an, das die übrigen im Chor in stundenlangem, tranceartigem Gesang wiederholten. Nach Vers 21 b ist Mirjam die Vorsängerin, die »in ekstatischer Ergriffenheit auftritt« (Fohrer, S. 111).

Im Verlauf des Überlieferungsprozesses wurde der Hymnus mit der in Prosa abgefaßten Einleitung (V. 20) versehen. Sie geht auf die in Ri. 11, 31 und 1. Sam. 18, 6f überlieferte Sitte zurück, daß die Frauen den siegreich aus einer Schlacht heimkehrenden Männern entgegenzogen und sie mit Siegeslied und Tanz begrüßten (Schüngel-Straumann). Mit der Situation der Israelit/inn/en am Meer paßt diese Einleitung allerdings nicht zusammen. Auch wenn der Hymnus von den meisten Exeget/inn/en als Siegestanzlied klassifiziert wird, weicht er doch in einem ganz entscheidenden Punkt von der in Ri. 11 und 1. Sam. 18 beschriebenen Sitte ab. Nicht die siegreichen israelitischen Männer werden von Mirjam und den Frauen umjubelt (vgl. 1. Sam. 18, 7), weil sie die Feinde erschlagen haben. Das Lied der Mirjam lobt Gott! In erster Linie geht es also nicht um Sieger und Besiegte oder um die Freude über die gewonnene Schlacht, sondern um die Rettung aus Lebensgefahr und die Bewahrung vor erneuter Versklavung.

Die Rolle der Vorsängerin, Gesang, Musikinstrumente und Tänze sind Grundbestandteile der Liturgie und können als Hinweise auf die Aufgaben Mirjams im Rahmen des kultischen Geschehens verstanden werden (Burns). Vers 21 b, der älteste Text, in dem Mirjam erwähnt wird, nennt sie schlicht beim Namen, ohne nähere Erläuterung ihrer Herkunft oder ihrer Familienzugehörigkeit. Mirjam muß nach der Tradition dieses Textes eine allgemein bekannte Persönlichkeit gewesen sein. Erst der später hinzugefügte Vers 20 charakterisiert sie als Prophetin und als Schwester Aarons; »nebiah« ist einer der wenigen Ehrentitel in der Hebräischen Bibel, der auch Frauen zuerkannt wird (Schüngel-Straumann).

Siebenmal wird Mirjam in der Hebräischen Bibel namentlich erwähnt:

- als Prophetin und Vorsängerin, die mit Gesang und Tanz Gott für die Errettung dankt (2. Mose 15, 20 f),
- als Kritikerin des Mose, die für ihren Anspruch auf Anerkennung als von Gott legitimierte Führerin des Volkes neben Mose durch ein Gottesurteil für die Dauer von sieben Tagen mit Aussatz bestraft und aus der Gemeinschaft des Volkes ausgeschlossen wird (4. Mose 12, 9 f),
- als abschreckendes Beispiel, wie und warum frau mit Aussatz geschlagen wird (5. Mose 24, 9),
- als Tochter Jochebeds (4. Mose 26, 59),
- als »Sohn« Amrans neben Mose und Aaron in einer Genealogie vom Stamme Levi (1. Chr. 6, 3),
- als von Gott gesandte Führerin des Volkes beim Auszug aus Ägypten neben Mose und Aaron (Mi. 6, 4),
- als diejenige, die in Kadesch starb und dort begraben wurde (4. Mose 20, 1).

Über ihre Herkunft und ihren Familienstand ist nichts überliefert worden. Die Bedeutung Mirjams gründet sich nicht auf die klassische Frauenrolle der Ehefrau und Mutter, sonst würden Mann und Kinder sicherlich genannt. Die älteren Texte berichten von Mirjam, der Führerin des Volkes (Mi. 6), und von Mirjam, der Prophetin (2. Mose 15). Bei der Erörterung der Frage, ob Mirjam eine Schwester Aarons oder Moses gewesen oder erst in späteren Traditionen dazu gemacht worden sei, kommen die Exeget/inn/en zu unterschiedlichen Ergebnissen. Während Georg Fohrer und andere Mirjam für eine Schwester Aarons halten, sieht Martin Noth in der Verwandtschaftsbezeichnung einen späteren Zusatz; er nimmt an, daß »für Mirjam und Aaron einmal reichere Traditionen vorlagen«, die ursprünglich selbständige Rolle Mirjams jedoch kaum mehr zu erkennen sei.

Feministische Exegese

Hier setzt feministische Exegese ein und beginnt mit der Spurensicherung. Elisabeth Schüssler-Fiorenza geht davon aus, daß »Mirjam eine führende Persönlichkeit in der Vergangenheit Israels war« (Schüssler-Fiorenza, S. 42). Ihren Erkenntnissen zufolge gehört die Überlieferung über Mirjam einer sehr alten Quellenschicht an. Der Jahwist hat »Bruchstücke einer südpalästinensischen Mirjamtradition« (Schüngel-Straumann, S. 500) vorgefunden und in seine Erzählung aufgenommen, das heißt, die »Mirjam-Tradition« ist älter als der Jahwist.

In einem fortschreitenden androzentrischen Überlieferungsprozeß wurde Mirjams Bedeutung immer stärker reduziert, ihre Rolle einer Prophetin und Führerin der Exodus-Gemeinschaft in Frage gestellt und schließlich ganz ignoriert. Exeget/inn/en gilt das Mirjamlied zwar allgemein als »authentischste Überlieferung« und »Urbekenntnis«, dennoch konnte es wie Mirjam selbst in Vergessenheit geraten und von dem wesentlich jüngeren Moselied (2. Mose 15, 1–18) verdrängt und an Bekanntheit weit übertroffen werden. Diese androzentrische Auslegungstendenz, Mose auf Kosten Mirjams zum einzigen von Gott legitimierten Führer der »Moseschar« zu stilisieren, setzte sich in der Überlieferungs- und Auslegungsgeschichte bis in die Gegenwart fort, wie die Interpretation von Mi. 6, 4 im jüngsten Kommentar zum Michabuch demonstriert. So findet Wolff es »ganz ungewöhnlich«, daß neben Mose und Aaron auch Mirjam als Führerin erwähnt wird, und er erklärt sich in Anlehnung an die »gegenwärtig orientierende Tradition« nach dem Targum die Aufgabenverteilung der drei »Propheten« folgendermaßen: »Mose, um die Überlieferung und die Gesetze zu lehren, Aaron, um die Versöhnung auf das Volk zu legen, und Mirjam, um die Frauen zu unterweisen« (Wolff, S. 149).

Das Lied der Mirjam lobt Gott als den/die Befreier/in aus großer Bedrängnis und schreibt es Gott zu, daß die bewaffneten Verfolger die Fliehenden nicht mehr mit Gewalt festhalten können und der Terror ein Ende hat. Mirjam singt davon, wie die Waffen vernichtet werden. Es ist eine Frau, die ihre Erfahrung von Errettung und Befreiung mit Gott in Zusammenhang bringt und das älteste Loblied in der Hebräischen Bibel anstimmt auf Gott, die/der für die Unterdrückten Partei ergreift und bei ihnen ist in ihrem Kampf gegen diejenigen, die ihnen Gewalt antun. Die Frauen, die Mirjams Beispiel folgten, hatten allen Grund, dankbar zu sein, zu tanzen, zu singen und die Trommeln zu schlagen, denn im Fall einer Niederlage wären sie zur Beute der Sieger geworden, Vergewaltigung und Versklavung wären ihr Schicksal gewesen und die erzwungene Rückkehr in das Sklavinnenhaus Ägypten.

»Pferd und Streitwagenfahrer« symbolisieren nicht nur die militärische Gewalt, sondern den Männlichkeitswahn überhaupt, der bestrebt ist, sich die Erde und die Menschen, speziell die Frauen, zu unterwerfen, sie zu beherrschen und auszubeuten. »Pferd und Streitwagenfahrer« ist auch ein Bild für das patriarchalische Mißverständnis von »Männlichkeit«. »Nicht hat er Gefallen an des Rosses Stärke, keine Freude an den Schenkeln des Mannes«, singt der Psalm (147, 10; die Jerusalemer Bibel ersetzt »Mann« durch »Krieger«). Mirjam und die Frauen jubeln, weil dieses Standbild vom Meer davongespült wird.

Mirjams Lied ist ein Befreiungslied, auch für uns heute. Es singt gerade nicht von einem Kriegsgott, auch nicht von einem eingeschworenen Volksgott und unerbittlichen Gegner anderer Völker, sondern von Gott, die/der die Waffen vernichtet und der Herrschaft von Menschen über Menschen, von Männern über Frauen ein Ende macht.

»Die Rabbiner lehren, daß die Engel das große Loblied zusammen mit den Israelit/inn/en singen wollten, nachdem Israel gerettet war: ›Siehe doch, Herr: Deine Kinder sind gerettet!‹ Aber Gott zürnte und sagte: ›Meine Kinder Israel sind gerettet, aber meine Kinder Ägypten sterben! Wie könnt ihr Loblieder singen, wenn meine Kinder sterben!‹ Und der Engelchor schweigt« (Dietrich, S. 35). Der Exodus ist kein »Happy-End«, er ist der große Beginn eines langen Weges durch die Wüste.

In der Haggada, dem Gebetbuch des Auszugs, lautet ein Gebet für den Sederabend, im Blick auf Frauen umformuliert: In jeder Generation ist es Pflicht jeder Frau und jedes Mannes, sich selbst zu sehen, als ob sie/er selbst aus Ägypten wegzog. Du sollst deiner Tochter/deinem Sohn an jenem Tag erzählen: Das geschieht für das, was der Herr an mir getan hat, als ich aus Ägypten wegzog. Nicht unsere Mütter und Väter allein rettete die/der Heilige an jenem Tage – sie/er rettete auch uns (Chanoch).

Überall in der Welt, wo Menschen nicht länger bereit sind, »Ägypten« zu ertragen, und sich auf den Weg machen, heraus aus der Bequemlichkeit und Angepaßtheit in faulen Kompromissen, und die Gefahren und Schmerzen des Exodus auf sich nehmen, findet Mirjams Befreiungslied seinen heutigen Kontext. Wo Frauen und Männer heute sich einmischen und sich gegen Terror, Unterdrückung und Ausbeutung wehren, findet der Auszug aus Ägypten wieder statt, und Mirjams Lied stärkt die Hoffnung, daß Gott bei den Kämpfenden ist wie damals am Schilfmeer. Die Erinnerung an das geschichtliche Befreiungshandeln Gottes an den Israelit/inn/en ist in vielen Befreiungsbewegungen und Widerstandsgruppen lebendig.

Wenn Frauen heute in Mirjam eine große Schwester im Glauben wiederentdecken, können sie im Kampf gegen den herrschenden Sexismus ihr Befreiungslied für sich reklamieren und im Singen, Tanzen und Schlagen der Trommeln ihre Vision von Frauenbewegung feiern. Als Weiße und als Angehörige der Mittelklasse in einem der reichsten Länder der Erde müssen wir uns jedoch bewußtmachen, daß wir für andere »Ägypten« sind, weil wir durch unsere Lebensweise vom Wirtschaftskrieg gegen die Armen profitieren.

Impulse für die Gottesdienstgestaltung

Ein Gottesdienst, der der gegenseitigen Stärkung der Widerstandskraft dient, unter dem Motto: »Schlagt die Trommeln, tanzt und fürchtet euch nicht!« ergibt sich aus dem Gesagten.

Ich verstehe Mirjams Befreiungslied, das Tanzen der Frauen und ihr Schlagen der Trommeln als hoffnungsstiftendes Gegenbild zu der Geschichte von der »Trommel der Wüste«, die von Maltzan in ihrer Autobiographie erwähnt (Maltzan, S. 87). Von Karawanenreisenden wird erzählt, daß sie in tödlicher Furcht vor der Trommel der Wüste lebten; denn sie glaubten, wer in der Wüste eine Trommel vernehme, sei unweigerlich verloren und müsse noch vor Sonnenuntergang sterben.

Wenn wir die umfassende Gefährdung unserer Welt und unseres Lebens mit allen unseren Sinnen wahrnehmen, erfaßt uns ähnlich wie jene Karawanenreisenden Angst, lähmende Verzagtheit und Resignation, weil wir das Gefühl des Ausgeliefertseins und der eigenen Ohnmacht kaum ertragen können.

Im vergangenen Sommer tanzte am Frauentag in Wackersdorf eine Frauengruppe am Bauzaun »wider die Angst und für die Hoffnung«, und andere Frauen schlugen die Trommeln den ganzen Nachmittag hindurch. Im Tanzen und Trommeln konnte frau die eigene Widerstandskraft spüren und stärken. Auch in einem Gottesdienst mit der Liturgie in 2. Mose 15, 20.21 im Mittelpunkt kann es darum gehen, Tanzen und Trommeln als Ausdrucksformen unserer Widerstandskraft zu erleben und auf diese Weise in das Befreiungslied der Mirjam miteinzustimmen.

Konventioneller Predigtgottesdienst
Anliegen der Predigt könnte sein, eine der großen Frauengestalten in der Hebräischen Bibel aus der Vergessenheit herauszuholen und mit Hilfe der sieben Textstellen über Mirjam diese Prophetin und Führerin ihres Volkes beim Auszug in die Freiheit bekannt zu machen.

Alternative zum Predigtgottesdienst
»Mich selbst so sehen, als ob ich von Ägypten wegzog.« Gottesdienstgespräch in Kleingruppen zu folgenden Fragen: Was ist für mich »Ägypten«? Wovon will ich mich verabschieden? Was

sind die befreienden Augenblicke in meinem Leben? Wofür brauche ich die neu zu gewinnende Freiheit? In welcher Beziehung bin ich »Ägypter/in« und trage dazu bei, daß meine Lebensweise für andere zu »Ägypten« wird?

Liedvorschlag: »Wenn das Rote Meer grüne Welle hat...« (W. Willms/P. Janssens); »Mirjam-Lied« (C. Mitscha-Manheim, in: Schlangenbrut 12/86).

Gebet: »Frauen im Exodus reden mit Gott«, in: »Was meinst du dazu, Gott?« Susanne Kahl-Passoth, Gütersloh 1984.

Für eine Bibelarbeit: Heidemarie Langer, Herta Leistner und Elisabeth Moltmann-Wendel, Mit Mirjam durch das Schilfmeer, Stuttgart 1982.

Verwendete Literatur

RITA BURNS, Has the Lord Indeed Spoken Only Through Moses?, Maquette University 1982.

RABBI CHANOCH, »Das eigentliche Exil Israels in Ägypten war, daß sie es ertragen gelernt hatten«, in: MARTIN BUBER (Hrsg.), Die Erzählungen der Chassidim, Zürich 1949.

WOLFGANG DIETRICH (Hrsg.), Und Mirjam nahm die Pauke in die Hand, Eschbach 1985.

GEORG FOHRER, Überlieferung und Geschichte des Exodus, BZAW 91, Berlin 1964.

OTTO KAISER, Die mythische Bedeutung des Meeres in Ägypten, Ugarit und Israel, BZAW 78, Berlin (1959) 1962².

MARIA GRÄFIN VON MALTZAN, Schlage die Trommel und fürchte dich nicht, Berlin 1986.

MARTIN NOTH, Das zweite Buch Mose, ATD 5, Göttingen 1968.

WERNER H. SCHMIDT, Alttestamentlicher Glaube in seiner Geschichte, Neukirchen-Vluyn 1982⁴.

HELEN SCHÜNGEL-STRAUMANN, »Frauen im Alten Testament«, in: Evangelischer Erzieher 34, 1982.

ELISABETH SCHÜSSLER-FIORENZA, »Interpretation patriarchalischer Traditionen«, in: LETTY M. RUSSELL, Als Mann und Frau ruft er uns, München 1979.

WILHELM STÄHLIN, Predigthilfen Band 3, Kassel 1959.

HANS H. WOLFF, Micha, Neukirchen-Vluyn 1982.

Vgl. den folgenden Beitrag von ERHARD S. GERSTENBERGER zu 4. Mose 12, 1–15.

4. Mose 12, 1–15

Mirjam – eine Frau in der religiösen Opposition

Pfingsten; Ordination / Amtseinführung

Erhard S. Gerstenberger

Exegetische Überlegungen

Der Erzählfaden ist verworren, die Teilstücke stimmen sachlich und dramaturgisch nicht zusammen, Problemstellungen, theologische Aussagen und zugrundeliegende Interessen wechseln so abrupt wie der Eingriff Gottes in Vers 4. Wir stehen vor dem Überlieferungsgeröll vieler Jahrhunderte. Dennoch sind einige exegetische Probleme gut erkennbar und bemerkenswert.

Mit der kuschitischen (= schwarzen) Frau des Mose, die sonst nirgendwo erwähnt und nicht einfach mit der Midianiterin Zippora (2. Mose 2, 21; 4, 25) gleichzusetzen ist, erscheint das Thema Misch-, Fremdehe. Die Einheirat ausländischer Frauen gilt seit Esra / Nehemia (Esra 10; Neh. 13, 23–30) als große Gefahr für den Jahweglauben und für das israelitische Volk. Im Rückblick erheben alttestamentliche Schreiber gerade hierzu massive Vorwürfe gegen manche Könige, u. a. gegen Salomo (1. Kön. 11, 1–8) und Ahab (1. Kön. 16, 31). Eine Midianiterin und ihr Mann werden erschlagen, damit »die Plage« in Israel aufhöre (4. Mose 25, 6–15). Andere Texte (z. B. Ruth) widersprechen dieser Theologie.

Mirjam und Aaron machen sich zum Sprachrohr solcher, die den geistlichen Führungsanspruch des Mose in Frage stellen (12, 2). Seine Rolle als einziger Mittler steht offensichtlich zur Debatte (anders die Demokratisierungstendenzen, 2. Mose 18 und 4. Mose 11, 16–30; insbesondere Vers 14. 29). Es geht um die unmittelbare Begegnung mit JHWH im Offenbarungszelt. Ob die Opferdarbringung mit einbezogen ist, bleibt offen. Auf jeden Fall ist das *»Reden JHWHs durch Mose«* entscheidend; es geht also um die Mittlerfunktion gegenüber der Gemeinde. Da alle Mosegeschichten keine historischen Vorgänge wiedergeben, sondern spätere Rückprojektionen und Deutungen sind, gilt es nach den Kreisen zu fragen, die sich mit der Mittlerrolle des Mose identifizierten, um so Ansprüche anderer Gruppen abzuwehren. Es sind vermutlich frühe Schriftgelehrte, die in der exilisch-nachexilischen Zeit die Überlieferungen zur »Thora des Mose« zusammenstellten und damit dem gebrochenen und zerstreuten Volk ein neues Rückgrat gaben. Vielleicht fährt die Erzählung nach dem »JHWH hörte es« (12,2b) erst 12,9 fort (die Verse 12,3.4–8 haben einen anderen Tenor) – eventuell mit der Bestrafung Mirjams *und* Aarons?

Das »Heiligenbild« des Mose (12,3) ist in der Bibel einmalig. Saul und David wurden wegen ihrer Kraft und Schönheit gerühmt (1. Sam. 10,23; 16,12). »Niedrigkeit« hat nur im Höflichkeitszeremoniell (1. Sam. 18,23; Ri. 6,15) oder in der Kindererziehung Platz (Spr. 15,33; Sir. 2,17ff; 10). Bescheidenheit und Demut als rühmenswerte Eigenschaften einer Führungspersönlichkeit sind nur nach starken Leidenserfahrungen und infolge der Bildung von »Armengemeinden« anzunehmen (Michel, S. 72–76). Das Demutsideal ist polemisch gegen den Vorwurf des Machtmißbrauchs gerichtet und ist deshalb als Schutzbehauptung der interessierten Tradentenkreise verdächtig.

Die Verse 12,4–8 wirken eingeschoben. Die Szene wird genau lokalisiert. JHWH ruft die drei (12,4), dann die beiden, Mirjam und Aaron (12,5), zu sich an den Eingang des Zeltes – oder gar ins Zelt hinein? »Sie gingen hinaus« (12,5) sieht wie eine sinnleere Wiederholung aus. Der Zelteingang wie der innere Hof beim späteren Tempel (Ez. 40,6–47; 44,17–19) ist in der priesterlichen Tradition ein heiliger, ein für Laien und erst recht für Frauen gesperrter Ort (2. Mose 29,4.11.32.42; 33,7–11; 3. Mose 8,3f. 33–35). Allerdings gibt es eine wichtige, sehr alte Tradition von Frauen, die dort mit »Spiegeln« »Dienst taten« (2. Mose 38,8; 1. Sam. 2,22; Winter, S. 58–65 – ich komme darauf zurück). Am Zelt, an diesem heiligen Ort, bekommen Mirjam und Aaron in poetischer Form ihre Belehrung. Die Verse 6–8a unterscheiden qualitativ zwischen prophetischer und unmittelbar persönlicher Offenbarung. JHWH verkehrt mit Mose von »Du« zu »Du« (2. Mose 33,11; 5. Mose 34,10: »von Angesicht zu Angesicht«). 12,8 fügt steigernd und gegen 2. Mose 33,20 hinzu, daß Mose JHWH auch ungeschützt sehen darf. Damit ist wohl das Höchste über Gottesnähe und Gottangleichung ausgesagt (vgl. jedoch 2. Mose 24, 9f; Jes. 6, 1–5; Ez. 1, 26–28; Nötscher). Die Betonung der Ausschließlichkeit dieses intimen Verhältnisses macht aus dem Text eine Waffe gegen andere Mittlergestalten. Das prophetische Wort wird merklich abgewertet, es ist weniger klar als das durch Mose, das heißt durch die Thora vermittelte Wort. Dem Mose ist schließlich wegen seiner persönlichen Freundschaft mit JHWH wie einem Wesir die Verantwortung über »das ganze Haus« Gottes »anvertraut« (12, 7; 1. Sam. 3, 20). Er hat Vollmacht auch über die Propheten (Jer. 29, 26; Sach. 7, 12). Sollen die Propheten, die in 4. Mose 11, 29 gerade erst sanktioniert worden sind, an die Kandare genommen werden? Haben wir es 4. Mose 12 mit einer ausgesprochenen weiblichen Gegenbewegung wider die männliche Thoraauslegung zu tun?

Die ausführliche Belehrung über die verschiedenen Mitteilungsformen JHWHs, die ja Platz läßt für prophetisches Reden neben Mose, steht in Spannung zur Bestrafung der »Rebellen«.

Die Strafe konzentriert sich auf Mirjam, obwohl Aaron in seiner an Mose gerichteten Fürbitte ein gemeinsames Schuldbekenntnis ablegt (12, 11). Ist der Priester Aaron nur deshalb eingeführt, um für Mirjam Fürbitte zu leisten? Anders als in 1. Sam. 1f hat »frau« in späterer Zeit keinen Zugang mehr zu Kultritualen (3. Mose 14). In der Erzählung ist das Paar Mirjam-Aaron nicht sehr fest miteinander verbunden; »Mirjam« für einen späten Einschub zu halten wäre unbegründet. 12, 1 stellt Mirjam (fem. sing.) als Redende vor. Aaron tritt hinzu. Seit 12, 2 sind beide durch plurale (mask.) Verbformen erfaßt, sooft sie gemeinsam auftreten (12, 5f. 7. 9; der Singular des Propheten – 12, 6 – steht wohl im Gegenüber zum »Knecht Mose«, 12, 7). Von Vers 10 an tritt allein Mirjam immer stärker in den Vordergrund. Sie – nicht auch Aaron – wird bestraft. Der Vers spricht wiederholt von der *Erkrankung Mirjams*, entsprechend ergeht die Bitte um *ihre* Heilung, 12, 13. Es ist deshalb nicht abwegig, eine ältere Erzählung, in der nur Mirjam Mose herausfordert, vorauszusetzen. Im vorliegenden Text bestraft JHWH allein Mirjam – in Analogie zu den Priestersöhnen, die ebenfalls die Autorität des Mose anfechten (3. Mose 10; 4. Mose 16). Der Text gehört damit zu der sogenannten »Murrtradition« (Coats), die wahrscheinlich Auseinandersetzungen rivalisierender Gruppen im späteren Israel spiegeln. Eine Frau als Verkörperung einer kultischen Oppositionsgruppe? Warum bekommt sie den weißen Hautausschlag, die besondere Gottesstrafe (3. Mose 13f; 2. Kön. 5), während die männlichen Widersacher auf der Stelle in Hölle und Feuer vergehen?

Statt der zu erwartenden Heilungsnotiz folgt ein siebentägiges Reinigungszeremoniell draußen vor dem Lager (12, 14f; 3. Mose 14, 8; 15, 19–24). Dieser Abschnitt ist priesterlichem Denken zuzuschreiben, da die volkstümliche Erzählung eher von Tauchbädern oder magischen Praktiken spricht (2. Kön. 5, 10f). Priester jedoch legen Wert auf makellose kultische Reinheit, die nur durch Einhaltung längerer, genau kontrollierter Fristen, das heißt durch Unterordnung unter das geistliche Amt, erreicht werden kann.

Feministische Dimension

Das Kernproblem des Kapitels liegt darin, daß die religiöse Oppositon von einer Frau ausgeht. Israel pflegte, wie viele andere Völker auch, eine durch und durch »patriarchale« Religion, jedenfalls nachdem der exklusive Jahweglaube sich etwa seit 600 v. Chr. durchgesetzt hatte. Wer ist die Frau, die gegen eine glorifizierte Gründerfigur wie Mose auftritt?

Der Name Mirjam ist schwer deutbar. Er kann, je nachdem, von welchem Wortstamm er abgeleitet wird, Unterschiedliches meinen: »Trotzkopf«, »Dicksack«, »Geliebte«, »Geschenk (Gottes)« (HAL 601; gräzisiert und latinisiert: Maria). 1. Chr. 4, 17 ist es ein Männername. Die Figur der »Moseschwester« taucht im hebräischen Kanon siebenmal auf, wobei die familiäre Verbindung zwischen Mose, Aaron und Mirjam sicher sekundär ist. Die Späteren ordneten wichtige Figuren genealogisch zusammen (2. Mose 2, 1.7 und 4. Mose 26, 59; 1. Chr. 5, 29). 5. Mose 24, 9 scheint 4. Mose 12 schon vorauszusetzen, bietet aber keinen Anhaltspunkt für eine Chronologie. Die Berichte über Mirjam sind zwar spärlich (2. Mose 15, 20f; 4. Mose 20, 1; Mi. 6, 4), jedoch so authentisch, daß es eine langlebige Tradition über Mirjam gegeben haben muß. Im Rahmen des Pentateuchthemas »Murren in der Wüste« wird diese Tradition benutzt, um den Widerstand gegen die Mosetheologie der Spätzeit zum Ausdruck zu bringen.

Hinter Mirjam steht eine im einzelnen schwer erkennbare Frauenreligiosität mit Ansprüchen an den männlichen Kultbetrieb. Notizen über Frauen, die religiös aktiv waren, sind im hebräischen Kanon sehr spärlich, so etwa 1. Mose 31, 34; 2. Mose 4, 25; 1. Sam. 1, 10f; 19, 13; 28, 7ff; 2. Kön. 22, 14ff; Jer. 44, 15ff; Ez. 8, 14; 13, 17ff. In diesen Zusammenhang gehören auch die Texte 2. Mose 38, 8 und 1. Sam. 2, 22; sie berichten von Frauen, die »am Eingang des Heiligen Zeltes Dienst tun«. Welche Bedeutung den 2. Mose 38, 8 erwähnten Bronzespiegeln der dienenden Frauen zukam, ist bislang ungewiß. War Mirjam eine solche »Kultdienerin«? Gehörte sie zu diesen heiligen Frauen, ist sie Schutzpatronin und Ahnfrau wie Mose? Hier gibt es nur Vermutungen, festzuhalten gilt: Die 4. Mose 12 beschriebene Mirjam ist im Zusammenhang mit der aktiven Kultausübung israelitischer Frauen zu sehen. Daß Frauen für JHWH reden, klingt auch Ez. 13, 17 an – dort allerdings werden Frauen als »Prophetinnen ihrer eigenen Gedanken« weitaus schärfer als hier zurückgewiesen unter dem Vorwurf, magische Praktiken auszuüben (Ez. 13, 18–23).

Predigtimpulse

4. Mose 12 zielt auf die Mitverantwortung von Frauen im religiösen Leben. Der vorliegende Text ist (wie z. B. Ez. 13, 17–23; 1. Kor. 14, 34–36) eine brüske Abwehr weiblicher Forderungen nach Führungsansprüchen auf Grund bestehender Praxis. 12, 6 läßt eine verschämte Kompromißbereitschaft durchschimmern. Wie immer diese frauenfeindliche Haltung der geistlichen Führungsschichten zustande gekommen sein mag (anders Ri. 4, 4; 2. Kön. 22, 14; Jes. 8, 3; sogar noch Neh. 6, 14; 2. Chr. 43, 22 redet unbefangen von Prophetinnen; 2. Mose 15, 20 erwähnt ausdrücklich Mirjam; Winter, S. 51–57) – sie ist unhaltbar und theologisch nicht zu rechtfertigen.

So bleibt uns nur, *gegen diesen Text zu predigen*, wenn wir das befreiende Evangelium der biblischen Schriften heute verkündigen wollen. Nach allem, was wir über die gesellschaftliche

Situation der Gegenwart wissen, dürfen Frauen nicht im Gefolge antiquierter Geschlechtsrollenzuweisungen aus der geistlichen Verantwortung herausgehalten oder -gedrängt werden. Frauen müssen den ihnen zukommenden Teil von Leistungsaufgaben in Kirche und Theologie frei übernehmen können. Statistiken beweisen, daß in der Kirche oft noch in erschrekkender Weise die Mosetradition vorherrscht und das Anliegen der Mirjam mehr oder weniger hart zurückgewiesen wird. Zum Glück steigt die Zahl der Pfarrerinnen in vielen evangelischen Kirchen. Vielerorts ist es schon selbstverständlich, daß Gott auch durch Frauen redet. Manche anglikanische Kirchen, die orthodoxe und die römisch-katholische Kirche verwehren Frauen den Zugang zum Priesteramt mit haltlosen Argumenten. Eine »befreiende« Lektüre der Bibel zeigt, daß es heute keine biblischen Gründe für die religiöse Diskriminierung von Frauen geben kann.

Eine Predigt oder eine Bibelarbeit über den Text könnte durchaus von der Frage nach der Zulassung von Frauen zum geistlichen Amt (Priesteramt) ausgehen und daran den Unterschied zwischen der heutigen und der damaligen Situation klarmachen. Es ist ja erstaunlich, daß die hebräische Schrift das Problem schon in Ansätzen erkennt, auch wenn sie es in den späten Belegen ganz anders löst, als wir es tun müssen. Auch Männer können erkennen, daß die Kirche sich durch die Ausgrenzung weiblicher Amtsträger nach einer unpatriarchalischen Anfangszeit selbst geschädigt hat (Dautzenberger). Sie ist ärmer geworden (Radford-Ruether).

Verwendete Literatur

Ernst Bloch, Atheismus im Christentum, Frankfurt a. M. 1968.

C. Coats, Rebellion in the Wilderness, Nashville 1968.

Gerhard Dautzenberg u. a. (Hrsg.), Die Frau im Urchristentum, Freiburg 1983.

Erhard S. Gerstenberger und Wolfgang Schrage, Frau und Mann, Stuttgart 1980.

Erhard S. Gerstenberger, »Herrschen oder Lieben«, in: Joachim Jeremias und Lothar Perlitt (Hrsg.), Die Botschaft und die Boten, Neukirchen-Vluyn 1981, S. 335–347.

Hugo Gressmann, Die Anfänge Israels, SAT 1 u. 2, Göttingen 1914.

Diethelm Michel, Artikel »Armut im AT«, in: TRE 4, 1979, S. 72–76.

Martin Noth, Überlieferungsgeschichte des Pentateuchs, Darmstadt 1960.

F. Nötscher, Das Angesicht Gottes schauen, Darmstadt 1969[2].

Luise Pusch (Hrsg.), Schwestern berühmter Männer, Frankfurt a.M. 1985.
Rosemary Radford-Ruether, Women-Church, San Francisco 1985.
Urs Winter, Frau und Göttin, Göttingen und Fribourg 1983.

Richter 15, 1–6

Rivalität zwischen Männern – Grund der Unterdrückung von Frauen

Ein Sonntag nach Trinitatis

Mieke Bal

Das Rätsel Simsons

Wer hat nicht schon einmal von Delila gehört, der Frau mit dem schlechten Ruf (Ri. 16) die Simson dazu verführte, sein Geheimnis preiszugeben, und ihn damit dem Tode auslieferte? Die Bosheit, die der ganzen Erzählung innewohnt, ist im Laufe der Auslegungsgeschichte der Simsonüberlieferung allein Delila zugewachsen. Sie ist »der« Bösewicht. Im Vergleich zu ihr ist Simson ein Blödian (Naastepad). Daß diese Geschichte auch ganz anders ausgelegt werden kann, ist schon öfters erörtert worden (Bal, 1986).

Wer kennt dagegen die Geschichte jener anderen Frau im Leben Simsons, jener jungen Frau, die er heiraten wollte und die später durchs Feuer umkommt? Eben diese Geschichte übersehen wir meistens. Zunächst wohl deshalb, weil in ihr von einer Frau ohne Namen die Rede ist. Die Namenlosigkeit ist Bestandteil der ideologischen Manipulation ihrer Geschichte. Deshalb gebe ich ihr einen Namen. Ich nenne sie Kallah; das ist das hebräische Wort für Braut; zugleich ist es eine Anspielung auf »Kalah«, das Zerstörung durch Feuer bedeutet. So bilden entsprechend der biblischen Tradition Namen und Schicksal eine Einheit. In Kinderbibeln fehlt diese Erzählung, in der Exegese kommt ihr anders als bei Delila eine geringere, zudem noch apologetische Bedeutung zu. Ich vermute, daß die Geschichte Anstoß erregt. Deshalb möchte ich die Situation in ihr Gegenteil verkehren, nämlich gerade diese Frau für wichtiger halten und Delila auf das Schicksal ihrer Vorgängerin reagieren lassen.

Die Geschichte – Parallele mit Delila

Die Erzählung beginnt bereits im 14. Kapitel: »Simson sah eine Frau in Timna unter den Töchtern der Philister« (Ri. 14,1). Obwohl seine Eltern eher eine Heirat mit einer Frau aus dem eigenen Volk befürworten, setzt Simson seinen Willen durch. Auf dem Weg zu seiner Braut zerreißt er einen Löwen. Als er später wieder zu ihr hingeht, findet er im Bauch des toten Löwen Honig und ißt davon; damit verstößt er als Naziräer gegen sein Gelübde. Seinen Eltern verschweigt er das eine wie das andere. Er gibt auch ihnen vom Honig zu essen und macht sie so mitschuldig (sie wissen nicht, woher er den Leckerbissen hat). Während der Hochzeitsfeier legt er den jungen Leuten ein Rätsel zur Lösung vor, das auf dieses Geschehen zurückgeht. Der Einsatz sind Kleider. Das Rätsel lautet: »Speise ging aus vom Fresser und Süßigkeit vom Starken« (Ri. 14,14) – unverständlich für den, der nicht Zeuge des Geschehens gewesen ist. Da die jungen Leute die Antwort unmöglich erraten können, zwingen sie die Braut, ihrem Bräutigam das Geheimnis zu entlocken.

Hier liegt eine auffallende Parallele zur Delilageschichte vor. Weigert sich die Frau, drohen die Stammesgenossen ihr, sie samt dem Hause ihres Vaters zu verbrennen (Ri. 14,15). Wie später auch Delila nutzt die Frau die einzige ihr zur Verfügung stehende Waffe: Sie beruft sich auf ihre Liebe zu Simson. Er gibt sein Geheimnis preis und sagt ihr, was er seinen Eltern verschwiegen hat: das Geheimnis seiner Stärke (sie hat sich im Abenteuer mit dem Löwen erwiesen). Die Antwort ist eine Frage: »Was ist süßer als Honig? Was ist stärker als der Löwe?« (Ri. 14,18). Simson beantwortet diese Frage indirekt, indem er die jungen Männer wütend anfährt und sie beschuldigt, seiner Frau das Geheimnis entlockt zu haben: »Wenn ihr nicht mit meinem (weiblichen) Kalb gepflügt hättet, ihr hättet mein Rätsel nicht getroffen« (Ri. 14,18). Hier zeigt sich schon etwas, was später in der Geschichte von Delila näher ausgeführt wird: Die Stärke Simsons ist an Sexualität gekoppelt. Die jungen Männer, Kallahs Stammesgenossen, haben seine Frau sexuell mißbraucht. Das Rätsel selbst deutet dies schon an, indem es den Löwen und die Frau in einen Zusammenhang stellt: Beide verschaffen Süße (lies: sexuelle Lust), nachdem sie zerrissen (getötet, entjungfert, vielleicht auch beides) worden sind. Später wird sich dies noch deutlicher bewahrheiten, als Simson jetzt wissen kann. Mit Hilfe JHWHs verschafft er sich mit Gewalt die Kleider (Symbol der Reife), die er den Philistern schuldig ist, und kehrt in das Haus seiner Eltern zurück. Der Versuch, sexuelle Reife zu erlangen, ist vorläufig gescheitert.

Der Tod Kallahs

Nun beginnt die Geschichte vom Tode Kallahs. Sie erscheint irgendwie befremdend. Nach einer gewissen Zeit nämlich sucht Simson Kallah auf (Ri. 15, 1); er möchte mit ihr ins Bett. Zuvor jedoch hatten wir gehört, daß er fortgelaufen war. Es scheint ein Mißverständnis zwischen Kallahs Vater und Simson vorzuliegen. Der Held glaubt mit ihr verheiratet zu sein, während der Vater sie einem der jungen Männer gegeben hatte. Letzteres begreifen wir jetzt: Indem die Männer der Frau das Geheimnis entlockten, erwarben sie ein Recht auf sie. Es ist zu beachten, daß der Vater dennoch Simsons Rechte anerkennt, indem er ihm an Stelle der Kallah seine jüngste Tochter anbietet. Das jüngere Alter symbolisiert Simsons Mangel an Reife, das Angebot an sich bedeutet die Anerkennung Simsons als eines Schwiegersohnes.

Wutentbrannt und beleidigt läuft Simson fort und rächt sich auf äußerst komplizierte Weise. Sein Verhalten ist so sonderbar, die Rache derart bemerkenswert, daß eine symbolische Erklärung sich geradezu anbietet. Zum besseren Verständnis der Symbolik müssen wir den Racheakt mit dem zu rächenden Vergehen in Verbindung bringen.

Wie kann Kallah weiterhin bei ihrem Vater wohnen, wo sie doch verheiratet ist? Weshalb hat Simson noch einen Rechtsanspruch auf sie? Laut heutiger Eheauffassung wäre dies absurd. Deshalb liegt die Forderung auf der Hand, hier stehe eine andere Form von Ehe zur Debatte. Wir erinnern uns, daß auch Simsons Eltern gegen diese Ehe waren – entgegen gängiger Annahme jedoch nicht wegen völkischer Reinheit des Stammes. Die Heirat mit einer Philisterin hätte bedeutet: Simson läßt sich im Gebiet der Philister nieder. Die Eltern müssen gewußt haben, daß es dort eine andere Form von Ehe gab, in der die Frau bei ihrem Vater wohnen bleibt und der Mann sie dort in regelmäßigen Abständen besucht. Unter dieser Voraussetzung ist es plausibel, daß Simson nach der Heirat zwar wutentbrannt fortlief, jedoch die Ehe selbst nicht aufgab.

Diese Art von Ehegemeinschaft, unter Nomaden durchweg Gepflogenheit, nenne ich patrilokale Ehe. Die später bevorzugte virilokale Ehe ist ihr Gegenstück. Der Ort, an dem die Ehe gelebt wird, ist entscheidend. Auch andere Geschichten aus der Hebräischen Bibel zeigen, wie beide Eheformen miteinander konkurrieren: Jakobs Aufenthalt bei Laban, seine Flucht; Abrahams Befürchtung, die Familie der Braut fordere, Isaak solle bei ihr wohnen; schließlich vor allem die m. E. gräßlichste Geschichte der ganzen Bibel, Ri. 19. Kallahs Geschichte hat hier ihren Ort. Hier nun ist der Vater seßhaft, der Sohn Nomade. Es ist ein variables System. Das Volk war semi-nomadisch.

Rivalität zwischen Männern – Grund der Unterdrückung von Frauen

Es geht um die Konkurrenz zwischen der Macht des Ehemannes und der Allmacht des Vaters. Die virilokale Ehe ordnet die nachfolgende Generation nach der männlichen Linie. In der patrilokalen Ehe hat nicht der Ehemann, sondern der Schwiegervater Verfügungsgewalt über die Kinder der Frau, wie Laban 1. Mose 31, 43 deutlich zu erkennen gibt. Der patrilokale Vater besitzt seine Tochter von der Wiege bis zur Bahre. Zum Ausgleich dafür, daß die Frau als Gebärerin der nächsten Generation eine vermittelnde Rolle hat, steht ihr ein Platz innerhalb der Genealogie zu. Der virilokale Vater besitzt dagegen seinen Sohn von der Stunde seiner Geburt an bis zum Tode. Männlichkeit ist der Maßstab; Mannsein bestimmt die Linie, und Frauen sind bloß Kinderfabriken, Reagenzgläser. Welches System für Frauen das beste ist, ist kaum von Belang, da beide Eheformen sie erheblich benachteiligen. Es ist wichtiger, am Beispiel der Konkurrenz ein Phänomen zu erkennen, das auch heute noch eine Rolle spielt: Hahnenkämpfe. Es geht um Rivalität zwischen Männern wegen einer Frau – ohne ihr Zutun, aber auf ihre Kosten. Das erfährt auch Kallah.

Simson rächt sich, indem er 300 Füchse fängt, die Schwänze paarweise zusammenbindet und dazwischen eine brennende

Fackel steckt. So jagt er sie übers Land der Philister, während der Mais reif zur Ernte ist. Damit nimmt er zwar Rache für die Erniedrigung durch den patrilokalen Vater, der ihm seine Frau stibitzt hat und ihn nun mit einer jüngeren Tochter trösten will, jedoch – und das ist bemerkenswert – schädigt er den Vater persönlich nicht. Auch wendet er keine unmittelbare Gewalt gegen Menschen an. Seine Rache gilt dem Land, das infolge seiner reichen Ernte ihm eine Eheform aufzwingen kann, an die er sich als nomadischer Hirte anzupassen hat. Der Besitz von Ackerland ermöglicht es nämlich, ein Haus zu bauen und damit einen festen Wohnsitz zu haben. Nicht ein Mann, sondern eine Institution hat Simson beleidigt: Sein Auftreten ist politisch.

Im letzten Abschnitt geht es nicht einmal um Rache. Die Philister werden aktiv aus Wut über den Verlust ihrer Ernte, nicht zuletzt auch wegen der Mißachtung ihrer sozialen Ordnung. Auch hier ist die Rache auffallend indirekt. Die Männer greifen nicht Simson an, sondern gehen in das Haus des Vaters und brennen es nieder, wobei Kallah durchs Feuer umkommt. So hatten es die jungen Männer Ri. 14, 15 schon angekündigt. Kallahs Appell an ihre Liebe hat ihr letztendlich wenig genützt. Es sind die Philister, ihre Stammesgenossen, die sie ermorden. Allerdings als Reaktion auf Simsons Brandstiftung. So wie er die Kontroverse begann, indem er ein unlösbares Rätsel aufgab, das Stärke an Sexualität koppelte, so ergreift er auch jetzt die Initiative zur Verwirklichung der angedrohten Gegenmaßnahme.

Kallah ist verbunden mit »Kalah« – Verzehrung durch Feuer. Ihre Ausrottung hinterläßt keine Spuren. Sie ist endgültig: Die Erzählung erwähnt sie nicht mehr, die Tradition vergißt sie. Die Männer rivalisieren weiter – auch ohne sie.

Simson versucht später noch zweimal zur bis dahin nicht erreichten sexuellen Reife zu gelangen. Beide Versuche sind patrilokaler Art: Er besucht eine Frau in Gaza, und er geht zu Delila. Die Frau aus Gaza wird »zonah«, Hure, genannt – wie die Mutter Jephtas. Wie nun kann ein Hurenkind seinen Vater kennen? Es gibt Gründe für die Annahme, »zonah« sei ursprünglich einer patrilokalen Frau gleichzusetzen. Es kommt öfters vor, daß ein auf eine frühere Phase verweisendes Wort später eine negative Bedeutung erhält. Die gesamte Institution, die abgelöst ist, wird im nachhinein negativ beurteilt. Wir können einstweilen bloß phantasieren über die Folgen dieser Möglichkeit für die Auffassung von JHWH, dem Vater-Gott, der die »Untreue« des Hurenvolkes beklagt.

Die sich rächende Mutter

Von Delila will ich in diesem Zusammenhang nur kurz sprechen. Ihre Situation wie ihre Beziehung zu Simson gleichen jenen der Kallah. Ihre Waffe ist dieselbe: Liebe – die einzige Waffe einer sonst machtlosen Frau. Aus der Darstellung gewinnen wir den Eindruck, daß sie eine reifere Frau ist – selbständig, mit guten Beziehungen. Delila wird mütterlich beschrieben: Simson schläft auf ihrem Schoß. Das Verhältnis von Delila und Simson wurde schon einmal als eine Mutter-Sohn Beziehung gedeutet (Bal, 1986). Von Delila als Mutter können wir auch anders reden.

Im Buch Richter ist Kallah nicht die einzige junge, heiratsfähige Frau, die infolge der Rivalität zwischen zwei Eheformen ermordert wird. Auch für den schrecklichen Mord an der Konkubine (mit Hure gleichzusetzen) und sogar für das Opfer der Tochter Jephtas trifft dieses Urteil zu. Drei heiratsfähige junge Töchter werden von Männern umgebracht. Parallel dazu richten gestandene Frauen drei junge Helden zugrunde: Sisera (Ri. 4,22; 5,27), Abimelech (Ri. 9,53) und Simson. Diese Symmetrie ist zu schön, um bloße Zufälligkeit zu sein.

Wenn ich die drei Morde an den Töchtern in einen Zusammenhang stelle, fällt mir etwas auf, das ich fragend formuliere: Wo ist Klytämnestra? Wo ist die zornige Mutter, die ihre Tochter rächt, wenn sie sie schon nicht schützen kann? Die Anwesenheit einer Mutter fehlt in allen drei Erzählungen.

Es gibt wohl Mutterfiguren im Buche Richter: die drei Mörderinnen, drei Frauen, die Männer zugrunde richten. Von ihnen ist Delila unmittelbar mit einem der Opfer verbunden. Sie ist ja die Nachfolgerin Kallahs. Die sich rächende Mutter ist an eine andere Stelle gerutscht. Oder in den Worten Freuds: Es hat eine Verschiebung stattgefunden, so daß sie weniger sichtbar ist. Die Anonymität der Opfer, ihre unauffälligen Rollen in Geschichten, die militärische Folgen nach sich ziehen, führen dazu, daß sie leicht vergessen werden. Deshalb kann auch das Rachemotiv übersehen werden und kommen die Mörderinnen in den sprichwörtlich schlechten Ruf.

Wir sollten die drei Opfer nicht vergessen; das ist die wichtigste Folgerung, die sich aus der Geschichte Kallahs ergibt. Sie sind schließlich die Opfer von Rivalität und Generationskonflikten zwischen Männern. Der Kampf des Schwiegervaters mit dem Ehemann geht zu Lasten der Frau, die zwischen beiden zermalmt (oder verbrannt) wird. Die Erkenntnis, daß Rivalität unter Männern Ursache der Unterdrückung von Frauen ist, zeigt bestürzenderweise ein Ereignis, das öfters vorkommt und stark an Ri. 19 erinnert (Trible, 1984): Wenn eine vergewaltigte Frau Hilfe braucht, kommen andere Männer zu Hilfe – gehen dem Vergewaltiger zur Hand! Kallah wird von ihren Stammesgenossen und von Simson benutzt. Sie selbst verfügt über keine einzige Möglichkeit, sich zu verteidigen oder auch nur ihre Interessen wahrzunehmen.

Die sich rächende Mutter erinnert an die Solidarität, die Frauen einander und vor allem jungen Frauen gegenüber schuldig sind. Delila ist nicht Kallahs leibliche Mutter; sie ist eine reifere Frau, die über ein Mehr an Macht verfügt und deshalb die machtlose junge Frau (»Tochter«) rächen kann. Dies besagt natürlich nicht, daß wir Vergewaltiger kastrieren und Mörder töten müssen. Die symbolische Botschaft der Geschichte (Ri. 15 und 16) ist als ein Appell an die Solidarität zu lesen – nicht mehr und nicht weniger.

Aus dem Niederländischen übersetzt von
MIEKE KORENHOF

Verwendete Literatur

MIEKE BAL, Femmes imaginaires. L'ancien Testament au risque d'une narratologie critique, Utrecht, Paris 1986.

ROBERT BOLING, Judges. A new Translation with Introduction and Commentary, Garden City N. Y. 1975.

A. COHEN, Joshua and Judges. Hebrew Text and English Translation with Introduction and Commentary, London/Jerusalem/New York 1980.

THEODOOR NAASTEPAD, Simson, Kampen o. J.

J. ALBERTO SOGGIN; Judges, London 1981.

PHYLLIS TRIBLE, Mein Gott, warum hast Du mich vergessen! Frauenschicksale im Alten Testament, Gütersloh 1987 (englisch: Philadephia 1984).

Richter 16, 4–21

Das Verhängnis einer Liebe

Ein Sonntag nach Trinitatis

Rainer Kessler

Exegetische Überlegungen

Die Kapitel 13–16 des Richterbuches erzählen die Geschichte Simsons. Die vier Kapitel sind eine geschlossene Komposition von der Ankündigung der Geburt Simsons bis zu seinem Tod. Ein einzelner Abschnitt wie Ri. 16, 4–21 ist nur als Teil dieser größeren Komposition zu verstehen.

Trotz dieser Geschlossenheit sind Stufen der Überlieferung zu erkennen. In einer ältesten Schicht ist Simson der weltliche Held, der sich mit den Philistern herumschlägt. Erst in einer späteren Überlieferungsstufe wird er zum gottgeweihten Naziräer (Kap. 13). Wie dünn später diese Schicht da aufgetragen ist, zeigt gerade auch unser Abschnitt. Zwar zielt 16, 17 auf die Naziräertradition, aber das ganze Kapitel zeigt doch deutlich, daß ursprünglich Simsons Kraft in fast magischer Weise mit seinem Haar verbunden ist. In einer letzten Überlieferungsstufe wird Simson dann zum Richter Israels (15, 20; 16, 31), was seine Aufnahme ins biblische Buch der Richter erst möglich macht.

Der Simson der ältesten Überlieferung, wie er auch in Kap. 16 auftritt, ist ein junger Israelit, der an der Grenze zu den Philistern beheimatet ist. Beide Völker, Israeliten und Philister, sind offenbar noch nicht lange in ihren jetzigen Siedlungsgebieten zu Hause. Daraus erklären sich zwei Eigenheiten der Simsonserzählungen: zum einen die ständige Rivalität zwischen den Angehörigen der beiden Völker, zum andern die Möglichkeit, enge persönliche Bindungen von einem Volk zum andern einzugehen.

Mit der Beobachtung dieser beiden wesentlichen Merkmale haben wir zugleich den Zugang zu der Art, wie in den Simsonerzählungen der Konflikt zwischen Israeliten und Philistern erzählerisch verarbeitet ist. Auseinandersetzungen zwischen

Simson und den Philistern ergeben sich durchweg aus Beziehungen Simsons zu philistäischen Frauen. Durch die Art, wie diese Beziehungen dargestellt werden, gewinnt die Simsonerzählung eine Dimension, die weit über das geschichtliche Interesse an dem Konflikt zwischen Israeliten und Philistern in der Frühzeit ihrer Ansiedlung hinausgeht.

Von Simsons erster Beziehung zu einer Philisterin erzählen die Kap. 14f. Sie wird uns vorgestellt als »eine Frau in Thimnath aus den Töchtern der Philister« (14,1). In einem bewußt blassen Ausdruck heißt es nur, daß sie Simson »gefiel« (14, 3. 7). Er geht eine Besuchsehe mit ihr ein. Alle Streitigkeiten, die sich aus dieser Beziehung zwischen Simson und den Philistern ergeben, besteht der Held mit Bravour.

Simsons zweite Beziehung ist die zu einer Hure in der Philisterstadt Gaza (16, 1–3). Wieder gerät Simson in Gefahr, und noch einmal meistert er sie überlegen.

Und nun Simsons Beziehung zu der Philisterin Delila (16, 4–21)! Bereits der erste Satz gibt den Schlüssel zur Erzählung. »Danach gewann er eine Frau lieb im Tale Sorek, die hieß Delila« (16, 4). Zum erstenmal ist davon die Rede, *daß Simson eine Frau liebt*. Und weil diese Beziehung über schlichtes Gefallen oder gar bloße Triebbefriedigung hinausgeht, muß die Frau – anders als ihre Vorgängerin – einen Namen haben: Delila.

Weil Simson diese Frau liebt, wird die Beziehung zu ihr – und darin liegt ein weiteres Moment der Steigerung gegenüber den vorangegangenen Geschichten – dem Helden zum Verhängnis. Besonders klar wird dieser Sachverhalt im Vergleich mit Simsons erster Beziehung. Auch die erste Frau sollte Simson ein Geheimnis entlocken. »Da weinte die Frau an Simsons Hals und sprach: ›Du haßt mich nur und liebst mich nicht. Du hast meinen Landsleuten das Rätsel zu raten gegeben und hast es mir nicht gesagt‹« (14, 16 a). Ihren Appell an seine Liebe aber beantwortet Simson abweisend: »Siehe, meinem Vater und meiner Mutter habe ich es nicht gesagt, und dir sollte ich es sagen?« (14, 16 b). Erst nach sieben weiteren Tagen verrät er das Rätsel, und es wird vermerkt: »weil sie ihn drängte« (14, 17).

Ganz anders verfährt Delila! Sie will das Geheimnis seiner Kraft erfahren. Aber alle Versuche scheitern (16, 6–14). Erst als Delila seine Liebe in Frage stellt, indem sie seine eigene

Liebeserklärung zitiert, kann er ihr nicht widerstehen: »Sie aber sprach zu ihm: ›Wie kannst du sagen: Ich liebe dich!, und dein Herz ist nicht bei mir?‹« (16,15). Delila stellt Simson vor die Wahl, seine Liebe zu verraten oder sein Geheimnis. Er verrät zwar das Geheimnis, gibt jedoch seine Liebe nicht auf. Indem Simson an seiner Liebe festhält und damit das Verhängnis heraufbeschwört, gewinnt er tragische Größe.

Rezeption der Auslegungsgeschichte

Es ist das nicht hoch genug einzuschätzende Verdienst des Amerikaners James L. Crenshaw, dieser Sicht der Simsonerzählungen den Weg bereitet zu haben, indem er die unterschiedliche Stellung Simsons zu den verschiedenen Frauen der Erzählungen in den Mittelpunkt seiner Betrachtung stellt.

Die meisten Ausleger vor Crenshaw ergingen sich dagegen in Spekulationen über Delila und ihre Rolle für Simson. Gunkel zum Beispiel sieht die Szene so: »der Held, vertrauensvoll im Schoße der Geliebten schlafend, sie aber, vom Gelde bestochen, des Helden unwürdig, an Verrat denkend, und der Laurer neben der Kammer« (Gunkel, S. 45). Symptomatisch für das Urteil der religionsgeschichtlichen Schule ist das Urteil Greßmanns: »Der Held wird nicht durch seinesgleichen, sondern durch ein Weib bezwungen...; gegen Weibertränen und Weiberstücke ist auch er machtlos. Der gemeinste Verrat aber wird in der Hochzeitsnacht (Kap. 14, Anm. d. Vf.) oder, wie hier, im Sinnentaumel verübt.« Von Rad überhöht diese religionsgeschichtliche Betrachtung theologisch. Ausgehend davon, daß Simson mit Gottes Geist begabt ist (Kap. 13), urteilt er über die Gestalt Simsons insgesamt: »So zeigen uns die Simson-Geschichten das Bild einer vertanen Gotteskraft... Sie zeigen das klägliche Unterliegen in dem Kampf zwischen Eros und Charisma« (von Rad, S. 52).

Welchen Anhalt haben solche Betrachtungen über das »Weib«, »des Helden unwürdig«, von »gemeinstem Verrat« und dem »Kampf zwischen Eros und Charisma« im Text? Offenkundig ist, daß Delila Simsons Liebe nicht erwidert. Ohne Zögern geht sie auf das Angebot der Philisterfürsten ein, für die sagenhafte Summe von 5500 Sekel Silber (V. 5; die Bibel spricht immer von fünf Fürsten der Philister) Simson sein Geheimnis zu entlocken. Und sie hat Erfolg.

Wie aber beurteilt die Erzählung Delilas Verhalten? Gar nicht, im Gegensatz zu fast allen Auslegern! Delila liebt Simson nicht, und unter dieser Voraussetzung handelt sie konsequent. Mit keinem Wort wird ihr Verhalten bewertet. Sie wird auch im Fortgang der Erzählung, als Simsons Haar wieder nachwächst, er damit seine Kraft wiedergewinnt und Rache an den Philistern nimmt, nicht erwähnt. Das heißt, sie wird für ihr Verhalten Simson gegenüber weder bewertet noch in der Folge bestraft. Man kann zugespitzt sagen, unter diesem Aspekt interessiert sich die Erzählung weder für Delilas Verhalten noch für ihre Person.

Wovon handelt dann die Erzählung? Sie handelt von Simsons Liebe zu Delila, die von ihr nicht erwidert wird. Schon der dreimalige Versuch Delilas, Simson zu überwinden (V. 6–14), trägt aus der Perspektive Simsons die Züge des Spiels Verliebter. Weglaufen und sich wieder einfangen lassen ist ein Grundzug dieses Spiels bis heute; und hinter diesem Spiel steht das Bewußtsein, daß Liebe bindet, fesselt, daß alles Weglaufen nur vorübergehend sein kann, daß die Bindung aber dauert, solange die Liebe dauert.

Und dann die entscheidende Frage Delilas: »Wie kannst du sagen: Ich liebe dich!; und dein Herz ist nicht bei mir?« (V. 15)! Wenn Simson Delila wirklich liebt, kann er ihr jetzt sein Geheimnis nicht verbergen. Denn wahre Liebe kennt keine Geheimnisse. Wahre Liebe macht verletzlich, gibt sich selbst preis, ist offen bis zur Selbstaufgabe. Als Simson sein Geheimnis preisgibt, sagt er: »Wenn ich geschoren werde, dann weicht meine Kraft von mir, und ich werde schwach und allen andern Menschen gleich« (V. 17). Das ist die letzte Konsequenz der Liebe: Der bis dahin unbezwingbare Held wird schwach und allen andern Menschen gleich. Das Hohelied faßt die Macht der Liebe in einem Satz zusammen: »Stark wie der Tod ist die Liebe« (8,6).

Als Simsons Haare wieder nachgewachsen sind (V. 22), betet er: »Herr JHWH, denke an mich und mach mich stark, nur dies eine Mal noch, damit ich mich für meine beiden Augen einmal räche an den Philistern« (V. 28). Und Gott macht ihn stark. Simson reißt mit sich selbst alle anwesenden Philister in den

Tod. Steht so Gott zu einem, dessen Geschichte uns »das klägliche Unterliegen in dem Kampf zwischen Eros und Charisma« zeigt, wie von Rad meint?

Feministische Dimension des Textes

Doch bevor wir uns der im engeren Sinne theologischen Bedeutung der Erzählung zuwenden, wollen wir nach ihrer feministischen Dimension fragen. Die Geschichte erzählt, wie einem Mann, einem Helden sogar, das Festhalten an seiner Liebe zu einer Frau zum Verhängnis wird. Die Frau, Delila, dient gleichsam nur als negative Folie für das Schicksal des Mannes. Darin ist die Erzählung patriarchalisch. Denn damals wie heute dürfte es weit häufiger die Erfahrung von Frauen als die von Männern gewesen sein, daß sie das Festhalten an einer unerwiderten Liebe ins Verhängnis führt. Das Staunen, daß ausgerechnet einem Ausnahmemann wie Simson widerfährt, was für Frauen fast schon alltägliche Wirklichkeit ist, zeigt den patriarchalischen Horizont von Erzählern und Hörern einer solchen Geschichte.

Zugleich aber transzendiert die Erzählung das patriarchalische Denken. Denn sie schildert den Mann Simson, der eben nicht bis zur letzten Konsequenz Held bleibt. Als durch und durch patriarchalischer Held dürfte ihn nichts von seinem Heldentum abbringen können. In den ersten beiden Frauenbeziehungen war das ja auch so. Indem Simson in seiner Beziehung zu Delila an seiner Liebe festhält, hört er auf, der patriarchalische Held zu sein. Er wird »schwach und allen andern Menschen gleich«.

Damit gewinnt die so weltliche Erzählung von Simson und Delila eine tiefe theologische Bedeutung. Die Bibel spricht von Gott als einem Gott der Liebe. Man lese nur, wie die Propheten Gott als den Liebhaber Israels schildern (z. B. Hos. 2). Das Neue Testament faßt diese gesamtbiblische Sicht Gottes zusammen in den Satz: »Gott ist Liebe« (1. Joh. 4, 16).

Das Hebräische hat wie das Deutsche nur ein Wort für Liebe, gleich ob von der Liebe zwischen Mann und Frau, zwischen Eltern und Kindern oder zwischen Gott und den Menschen die Rede ist. Es ist ein unbewältigtes Erbe unseres abendländischen Denkens, daß wir diese eine Liebe in sexuelle, erotische und »wahre«, sprich geistige oder religiöse Liebe aufspalten. Nicht umsonst benutzt von Rad in seiner zitierten Verurteilung Simsons das griechische Wort Eros (dazu im Kontrast das ebenfalls griechische Charisma). Wird die eine Liebe so zerstückelt, dann ist der Weg offen für alle patriarchalischen Gleichungen: Wahre Liebe ist geistig, religiös, moralisch, kurz: männlich; erotische Liebe ist dem Weibe verfallen, triebhaft, erdverbunden, kurz: weiblich.

Die Hebräische Bibel kennt solche Gleichungen nicht. Sie kennt nur die eine Liebe.

Anregungen für den Gottesdienst

Wer es wagt, mag als Gegenstück zur Geschichte von Simson und Delila Luthers protestantische Kirchenhymne, Strophe 4, zitieren: »Nehmen sie den Leib, Gut, Ehr, Kind und Weib; laß fahren dahin, sie haben's kein' Gewinn, das Reich muß uns doch bleiben« (EKG 201). Welch ein patriarchalischer Held! Auch die Liebe – ist es Liebe? – zu Kind und Weib kann ihn nicht ins Verhängnis führen.

Schier unerschöpflich ist der Vorrat an wahrhaft männlichen Helden im Kino, von Humphrey Bogart bis John Wayne oder wer die neueren alle sind. Ein Klassiker ist Fred Zinnemanns »Zwölf Uhr mittags«. Gary Cooper, der schon abgedankte Sheriff, bezwingt seine Liebe zu der eben angetrauten, schönen Grace Kelly und stellt sich dem heroischen Shootdown mit den in die Stadt zurückgekehrten Banditen.

Wie sympathisch schwach ist demgegenüber doch Simson in seiner Liebe zu Delila.

Verwendete Literatur

James Crenshaw, Samson. A Secret Betrayed, a Vow Ignored, Atlanta 1978.

Hugo Gressmann, Die Anfänge Israels (Von 2. Mose bis Richter und Ruth): SAT 1, 2, Göttingen 1922².

Hermann Gunkel, »Simson«, in: Reden und Aufsätze, Göttingen 1913.

Gerhard von Rad, »Die Geschichte von Simson«, in: O. H. Steck (Hrsg.), Gottes Wirken in Israel. Vorträge zum Alten Testament, Neukirchen-Vluyn 1974.

Vgl. den vorangehenden Beitrag von Mieke Bal zu Richter 15, 1–6.

1. Samuel 25, 1–35

Vom leiblichen Segen der Abigail

Friedenswoche / Abenmahlsgottesdienst

Heidi Rosenstock

Exegetische Beobachtungen

Zur geschichtlichen Situation. Die beiden Samuelbücher erzählen die Lebensgeschichte Davids. Gott steht zu seiner Verheißung, er führt die Heilsgeschichte des Volkes Israel, trotz allen Ungehorsams, weiter mit David. Der von Gott erwählte, von dem Priester Samuel gesalbte David soll diese Aufgabe übernehmen. Samuel, der von Gott erbetene Sohn Hannas, ist der geistliche Führer dieser Heilsgeschichte. Kapitel 25, V. 1 a beginnt mit dem Bericht vom Tode Samuels; V. 1 b und folgende berichten von David und Abigail. Die beiden Frauengestalten Hanna und Abigail lösen einander ab, stehen am Anfang einer Entwicklung, setzen in Gang und treten wieder in den Hintergrund.

David wird erster Heerführer und Schwiegersohn Sauls. Die Erfolge Davids im Krieg gegen die Philister und seine Beliebtheit führen zum Neid des Königs. Er verfolgt ihn und will ihn umbringen lassen. David entkommt ihm mit Hilfe seiner Freunde immer wieder. Zweimal könnte David seinen Verfolger Saul umbringen, doch er verschont ihn. Zwischen diese beiden »Verschonungsgeschichten« (1. Sam. 24 und 1. Sam. 26) ist die Begegnung Davids mit Abigail eingebettet.

Zur Handlung. David entwickelt sich beinahe nach märchenhaftem Muster zu einem »Musterkönig«. Er entwickelt sich, indem er handelt. Er handelt vorwiegend kriegerisch, im Kampf gegen die Philister. Im Kampf mit seinem Gegenspieler Saul handelt er sowohl strategisch klug als auch ehrenvoll.

Im Kapitel 25 geht die Handlung auf die Frau Abigail über. Sie greift in eine laufende Handlung ein, gibt der Geschichte eine Wende in einem Geschehen, das auf ein tödliches Ende zuläuft.

Annäherungen. Wir arbeiten in einer Frauengruppe an dem Text. Es sind Frauen, die kirchlich engagiert sind, zwei Katholikinnen, eine aus der Kirche Ausgetretene, mehrere, die an Frauenthemen interessiert sind, keine Bibelkenntnisse haben und der Kirche fernstehen.

Es gibt zwei Gruppen. Die eine Gruppe sitzt vor einem reich gedeckten Tisch. Die zweite Gruppe nähert sich und bittet um Essen und Trinken. Gruppe eins verweigert es ihnen. Einige Frauen der Gruppe zwei werden aggressiv. Eine Frau aus Gruppe eins, Brigitte, hält die Verweigerungsrolle nicht durch, weil Gertrud aus Gruppe zwei alle Register ihrer Schmeichelkunst zieht. Brigitte packt einen Korb mit Früchten und drückt ihn Gertrud in die Hand.

Wir sprechen darüber, was sich in uns und in der Gruppe ereignet hat. Erst dann lesen wir den biblischen Text, er ist den Frauen unbekannt. Im Gespräch zeigt sich mit großer Übereinstimmung, daß die Rolle der Abigail den Frauen als nicht ehrlich, hinterhältig-einschmeichlerisch vorkommt. Die Frau macht sich klein, bietet sich an, hat keinen Stolz, aber – rettet sie damit nicht Menschenleben? Mit dieser Frage endet der erste Abend.

Wirkungen. Zu Beginn des zweiten Abends sagen einige Frauen, daß sie in den letzten Tagen mit der Abigail gelebt haben, daß sie sich in ähnlichen Situationen befunden haben. Eine Frau, die sich bisher wenig geäußert hat, erzählt uns folgende Geschichte:

»Es war in den letzten Kriegstagen. Meine Mutter und ich hatten uns, aus Angst vor den herannahenden feindlichen Soldaten, in einer Jagdhütte versteckt. Sie hatte eine panische Angst davor, ich könnte vergewaltigt werden. Schon Wochen vorher hatten wir Lebensmittel und Decken in die Hütte geschafft, um uns dort auf ein länger dauerndes Versteck einzurichten. Die Front zog auch vorbei, und wir blieben lange Zeit unentdeckt. Doch eines Abends standen drei bedrohlich wirkende Soldaten in der Hütte, die Waffen auf uns gerichtet. Einer davon griff sofort nach meinem Handgelenk und drückte mich gegen die Hüttenwand. Meine Mutter zögerte keinen Moment. In aller Ruhe holte sie alles Eßbare hervor, stellte irgend etwas zum Wärmen auf den Ofen, nötigte die Männer mit Gebärden sich zu setzen. Dem, der an meinen Kleidern zerrte, hielt sie ein Stück Kuchen hin, legte ihm dann ihre Hand auf seinen Magen und sagte immer wieder das Wort »gut«, mit einem langgezogenen »u«. Und er ließ ab, er ließ wirklich los. Ich weiß nur noch, daß alle ganz friedlich aßen, und dann gingen sie auch wieder. Als sie weg waren, schien alle Kraft von meiner Mutter gewichen. Tagelang hat sie nur den einen Satz gesagt: »Ich kann nicht mehr, ich kann nicht mehr.«

Die Geschichte löst bei den anderen Frauen Betroffenheit und Zorn aus. Wir versuchen, unsere Geschichte mit der Abigailgeschichte zu vergleichen. Zwei Themen ergeben sich: Haben wir Frauen immer die Aufgabe, Katastrophen und Gewalt zu verhindern? Sind wir, wenn wir nicht frei handeln können, immer nur auf Verhinderungstaktiken angewiesen?

Die Rolle der biblischen Frau und ihre Leiblichkeit

Hanna und Abigail sind Frauen im Hintergrund der Davidgeschichte. Hanna, die geistliche Mutter, die Bewegerin, setzt die Heilsgeschichte des Volkes Israel in Gang und tritt dann in den Hintergrund. Mit dem Tod ihres Sohnes Samuel tritt eine andere Frau in die Geschichte Davids, eine Frau, die diese Bewegung leiblich sichtbar macht. Die Leiblichkeit wird sichtbar gemacht am Essen und Trinken und garantiert das Weiterleben in der Bedrohung.

Wer Essen und Trinken anbietet, schließt ein Bündnis mit anderen Menschen, schafft gemeinsame Lebensgrundlagen und predigt die prophetische Ermahnung zur Teilung.

Die Bauersfrau Abigail, die Kluge und Schöne, bietet nicht nur eine Sättigungsmahlzeit an, sie wählt zusätzlich Feigen- und Rosinenkuchen aus. Feigen und Rosinen haben im alten Israel einen hohen Symbolwert, sie versprechen dem wandernden Gottesvolk das gelobte Land. Außerdem verspricht die Süße des Kuchens ein sinnliches, erfreuliches Mahl.

Große geschichtliche Ereignisse, wie der Exodus, die Friedensschlüsse, die Salbungen begannen oder endeten mit einer Mahlzeit. Am Ende der Tage verheißt Gott allen Völkern ein köstliches Mahl (Jes. 25,6).

In all diesen Bildern ist Gott Ernährer und Versorger. Die Kostbarkeiten der Nahrung werden von Frauen verwaltet, zubereitet und verteilt. Sie werden in dieser »Verschonungsgeschichte« als Friedensgabe gereicht. Der Zusammenhang zwischen Frieden und Hunger ist in diesem Bild sehr eindrücklich beschrieben.

Abigail holt die verweigerte Gastfreundschaft ihres Mannes Nabal nach. Die Gastfreundschaft spielt in der Hebräischen Bibel eine bedeutende Rolle. Gäste sind Boten Gottes und als solche unterwegs. Abigail wird dem David zur Gottesbotin. Sie verhindert, daß er als Gesalbter Blutschuld auf sich lädt. Abigail, die Ratgeberin, die Nährerin, wird so zur Prophetin, die in einer Krisensituation Friedenszeichen setzt.

Der Segen der Abigail

Abigail, die unterwegs ist, um ihren Gast einzuholen, plant eine besondere Strategie der Begegnung. Sie bewegt sich im Schutze der Felsen und überrascht David in der Wegbiegung. Ehe sie spricht, beugt sie sich zur Erde, vollzieht die Demutsgebärde und macht David damit wehrlos. Aus dieser Wehrlosigkeit einer Horde bewaffneter Männer entwickelt sie einen Lobgesang auf David. Sie verheißt ihm die Königswürde und macht ihn gleichzeitig zu einem dankbaren Nichtangreifer: »Gott hat dich durch mich vor Blutschuld bewahrt.« Sie hat ein weibliches Urwissen um menschliches Verhalten. Sie ist wortgewandt, bereitet David darauf vor, ihre Gaben und ihren Segen anzunehmen. Sie macht ihn hungrig auf Segen. Erst dann kann dieser Segen auch satt machen. Sie packt ihn ein in ihr Essenspaket, so wie Millionen Frauen in die Frühstückspakete ihrer Kinder und Männer alle guten Wünsche einpacken. Das ist Wirklichkeit und Sehnsucht, Leiblichkeit und Geistlichkeit zugleich. »So soll das Leben meines Herrn eingebunden sein im Bündlein der Lebendigen bei dem Herrn, deinem Gott«, spricht Abigail (V. 29 b). Predigtthemen könnten sein: »Der Segen der Abigail«, »Wir sind Gäste füreinander«, »Essen und Trinken – Zeichen des Friedens und der Gerechtigkeit«.

Beispiel einer Meditation über Abigail für eine Morgenandacht im Rundfunk

In einer alten biblischen Geschichte wird erzählt, daß ein Heerführer einen reichen Bauern um Essen und Trinken für seine Männer bittet. Der reiche Bauer verweigert den Soldaten Brot,

Wasser und Fleisch. Da wird der Heerführer zornig, und er befiehlt den Männern, sich zu rüsten, um alle männlichen Mitglieder der Familie zu töten. Als die Frau des Bauern davon hört, nimmt sie Brote, Wein, Fleisch und Rosinenkuchen, läßt alles auf Esel laden und reitet dem Heerführer entgegen. Ihrem Mann sagt sie nichts davon. Als sie auf die bewaffneten Männer trifft, steigt sie ab und sagt zu dem Heerführer: »Hier ist eine Segensgabe für dich und deine Leute.« Während sie ihm Essen und Trinken reicht, wünscht sie ihm und seinem Volk alles Gute. Wörtlich heißt dieser Segen: »Dein Leben soll eingebunden sein ins Bündlein der Lebendigen.«

Dieser kleine, fast zärtliche Segen wirkt beinahe rührend. Da stehen 200 bewaffnete Männer, zum Töten entschlossen; ihnen tritt eine unbewaffnete Frau entgegen, bietet Essen und Trinken an und verbindet ihr Angebot mit einem Segen. Die Wirkung ist überwältigend und zugleich einleuchtend. Der Heerführer bedankt sich bei der Frau, daß sie ihn davor bewahrt hat, Blut zu vergießen. Und auch er entläßt sie mit einem Segensgruß: »Zieh mit Frieden hinauf in dein Haus.«

Das ist ein Teil der Geschichte des Königs David und der klugen und schönen Bauersfrau Abigail.

Für uns gilt die Aussage der Geschichte ebenso deutlich wie für die Menschen vor etwa 2500 Jahren. Wir können Feindschaft abbauen, wenn wir für Essen und Trinken sorgen. Heute genügt es nicht mehr, Esel zu beladen, um Nahrung an die Hungernden zu verteilen. Es ist nötig, daß wir es mit einer Einladung, einem guten Wunsch tun, etwa so: Wir wünschen uns, daß wir Freunde werden. Wir hoffen für uns, daß ihr eure Rachegedanken aufgebt. Wir wünschen euch, daß es euch an Leib und Seele gutgeht.

Der Segen, dein Leben soll eingebunden sein im Bündlein der Lebendigen, läßt mich erkennen, daß diese Abigail neben der Nahrung für den Leib auch Nahrung für die Seele in ihr Bündel gepackt hat.

Die Krisen dieser Welt lassen sich auf diese Formel bringen, auch wenn wir wissen, daß die wirtschaftlichen Verflechtungen sehr kompliziert sind. Gewiß sind sie das. – Ich bin überzeugt, sie waren zu Zeiten des Königs David schon kompliziert genug. Nur, eine kluge Frau hat es verstanden, einfach und klar zu handeln, nämlich Nahrung für Leib und Seele zu geben. Viele nach ihr haben das auch getan. Überall in der Welt sind so Frauen zu Friedensstifterinnen geworden. Am 100. Geburtstag des Weltgebetstags feierten wir diese Frauen. Sie haben wie Abigail ähnliche Geschichten erlebt und wunderbare Rettungen bewirkt. Sie haben in das Bündlein der Lebendigen vieles eingepackt.

Da können jetzt in indischen Dörfern Frauen lesen und schreiben lernen. Flüchtlinge in Korea können sich eine neue Existenz aufbauen. Menschen in den Stadtrandsiedlungen von Mexiko werden Unterricht in Rechtsgrundlagen und Verordnungen erhalten, damit sie besser zu ihrem Recht kommen.

Frauen aus Thailand zum Beispiel müssen sich nicht mehr erniedrigen. Andere Frauen helfen ihnen, indem sie gegen den Sextourismus protestieren und mit ihnen nach menschenwürdigeren Verdienstmöglichkeiten suchen. In all diesen Projekten stellen sich Frauen mit gefüllten Händen und segnenden Gedanken gegen die Kräfte, die uns Menschen kaputtmachen.

Alte Bilder sind klare Bilder. Sie zeigen, daß Nahrung und Segen zusammengehören, denn der Segen ist Nahrung für die Seele.

Liturgische Texte

Eingangsspruch nach Jes. 25, 6
Gott wird auf dem Berg Zion für alle Völker ein Festmahl geben mit den besten Weinen und den feinsten Speisen.

Kyrie
Kyrie, guter Gott,
du hast uns Frauen gerufen,
deinen Geist
leiblich sichtbar zu machen,
wir aber trauen uns
nichts zu.
Wir verstecken unsere leiblichen Gaben
und bieten sie nicht zum Teilen an.

Kyrie, guter Gott,
du hast uns Frauen gerufen,
Leben in diese Welt zu tragen.
Wir aber
stützen Systeme,
die tödliche Zeichen setzen.

Kyrie, guter Gott,
du hast uns Frauen gerufen,
den Boten Gottes auf dieser Erde
entgegenzugehen.
Wir aber
bleiben zurück,
beharren auf Standpunkten,
die von Männern gesetzt werden,
und bleiben in Angst.
Kyrie, guter Gott,
steh uns bei.

Gloria
Abigail sagt: Dein Leben soll eingebunden sein
im Bündlein der Lebendigen bei Gott (1. Sam. 25, 29 b).

Kollektengebet
Du Gott der Begegnung,
Du Quelle aller Nahrung
und ungeahnter Möglichkeiten,
stärke uns
in unserem Bemühen,
anderen die Hände zu füllen,
damit wir friedlich werden.
Darum bitten wir durch Jesus Christus.

Credo
Ich glaube an Gott,
der mit mir in einer Geschichte lebt,
der Nahrung für mich bereithält,
der mich beauftragt,
in seine Schöpfung
Leben zu tragen.

Ich glaube an Jesus Christus,
von Maria geboren,
der mir in anderen Menschen begegnet,
der Essen und Trinken
im Sakrament geheiligt hat.

Ich glaube an die Kraft des Geistes,
die uns stärkt
und uns zu Gastgeberinnen
der Hungernden ermutigt.

Fürbitte
Gott,
du hältst die alten Bilder
in uns lebendig,
schenke uns dazu

Gedanken und Erfahrungen,
damit wir sie neu füllen können.
Gott,
zieh uns ins Gespräch
mit anderen Menschen,
damit wir spüren können,
was uns lebendig macht.

Segen I
Gott,
schenke uns Tage,
in denen uns Segen begleitet,
nähre unseren Leib
und den Frieden in unserem Herzen,
damit wir glauben können,
daß wir eingebunden sind
ins Bündlein der Lebendigen bei dir. Amen.

Segen II
Der Segen der Abigail,
der Leib und Seele im Bündlein der Lebendigen bewahrt,
sei mit uns allen
und schenke uns Frieden. Amen.

Lieder
Brich mit dem Hungrigen dein Brot... (Mein Liederbuch, EK im Rheinland).
EKG: 232, 139

Verwendete Literatur
Luther erklärt, Bibelanstalt Stuttgart Praxishilfe, Stuttgart 1974.
Herbert Hörner, »Essen, Feiern, Meditieren«, in: 100 Jahre Weltgebetstag. Ideen und Informationen. Arbeitsheft zum Weltgebetstag, Stein 1986.

2. Samuel 21, 1–14

Rizpa – eine Frau protestiert

Passionsgottesdienst / Volkstrauertag

Eva Renate Schmidt und Renate Ellmenreich

Exegetische Anmerkungen

Vers 1–2: Drei Jahre lang bleibt der Regen aus und verursacht eine Hungersnot im Land. David befragt die Priester beziehungsweise das Orakel: Wer hat Schuld am Ausbleiben des Regens? Die große Höhe von Gibeon ist als Heiligtum bekannt. David könnte dort die Priester befragt haben.

Die »Blutschuld« des Saul an den Gibeonitern legt einen Hinweis auf die Berichte in Jos. 9 und 1. Sam. 22, 6–23 nahe. Nach Jos. 9 schloß Josua einen Bund mit den Gibeonitern, den sie sich mit List erschlichen. Sie werden ertappt und zu Holzhauern und Wasserträgern gemacht, aber der Bund bleibt bestehen. In 1. Sam. 22 läßt Saul alle Priester der Priesterstadt Nob, das in der Nähe von Gibeon liegt, umbringen, weil sie David geschützt haben.

David betrieb eine Gibeon-freundliche Politik, das heißt, die Gibeoniter könnten sich nach dem Tod Sauls auf der großen Höhe von Gibeon wieder versammelt haben. Der Hinweis in Vers 3 b »das Haus, das Erbteil segnen« legt den Gedanken nahe, daß die Gibeoniter Priester gewesen sind oder priesterliche Funktionen ausgeübt haben.

Vers 10: Von Rizpa wissen wir verschiedene Einzelheiten. Sie ist die Mutter von zweien der Männer, die David für den Sühnetod bestimmt. Sie war Nebenfrau des Saul, dessen Verwundung zu seiner Selbsttötung führt (1. Sam. 31). Von Saul und seinen Söhnen wird ebenfalls die Verweigerung einer Bestattung berichtet. Der Leichnam des Saul wird wie der seiner drei Söhne von den Philistern geköpft. Die Philister ziehen ihnen die Rüstung aus, die sie im Tempel der Astarte niederlegen; die nackten, geköpften Leichen werden aufgespießt und an der Stadtmauer von Bet-Schean ausgestellt, ehe sie dann von den Einwohnern von Jabesch bei Nacht geholt und mit einem siebentägigen Fasten begraben werden.

Rizpa wird nach dem Tod Sauls von dessen Feldherr Abner genommen (2. Sam. 3, 7ff). Abner wird deshalb von Ischbaal, einem Sohn Sauls, zur Rede gestellt. Denn wer die Frau des toten Königs besaß, erhielt Anteil an der Macht des Herrschers (2. Sam. 16, 21f; vgl. Fohrer, S. 94). Abner hält den Vorwurf des Ischbaal für ungerechtfertigt, weil er das Haus Saul gegen das Haus David verteidigt: »Du rechnest mir heute eine Schuld an wegen eines Weibes?« (2. Sam. 3,8). Später wechselt Abner auf die Seite Davids, wird hinterrücks erschlagen und von David betrauert (2. Sam. 3, 31ff).

Zur Auslegungsgeschichte

Dieser Textabschnitt, vor allem der Name und die Handlung der Rizpa, ist kaum bekannt. Die Ausleger und Übersetzer sind mehr an den Taten Davids und der Festigung seiner Königsherrschaft interessiert. Dem entspricht die Betonung der Bestrafung Sauls und seiner Familie durch die Schilderung der Tötung seiner Nachkommen, was gleichbedeutend ist mit dem Aussterben seiner Familie. Dies spiegelt sich wider in den Zwischenüberschriften der revidierten Lutherübersetzung von 1984: »Die Vollendung des Gerichts am Hause Sauls«; »David läßt die Gebeine Sauls und seiner Nachkommen bestatten.«

Im Theologischen Handwörterbuch zum AT wird im Beitrag zu kpr pi. = sühnen (Maass zur Stelle) der Anteil der Rizpa nicht einmal in Erwägung gezogen: »Durch Tötung der sieben Sauliden erwirkt David Sühne und wendet Jahwes Zorn vom Land ab.«

Gedanken zur Auslegung

In der Auslegung dieses Textes hängt alles von der Frage ab: Wodurch wird gesühnt? Sühne wird in diesem Abschnitt zweimal nicht nur als Tötung von Menschen beschrieben, sondern auch als Aussetzen, Schänden der Leichen. So geschehen mit Saul und seinen drei Söhnen und so beabsichtigt mit den sieben

Sauliden. Menschenopfer *und* Aussetzung der Leichen waren die Strafen für Vertragsbruch im alten Israel. Das Schänden der Leichen bedeutet Mißachtung des elementaren Rechts der Toten, begraben zu werden. Dieser Zusammenhang von Blutschuld und Sühnopfer – Gott wird dem Lande gnädig – wird durch Rizpa unterbrochen. Sie hat keine eigene Autorität in dieser Geschichte. David, der König, ist derjenige, der gibt, nimmt und spricht. Sie kann nur reagieren, sie spricht nicht, sie handelt. Sie hält eine lange Totenwache, vom Beginn der Gerstenernte im April bis zum ersten Regen im Herbst, im November. Das Ausbreiten ihres Gewandes erinnert an die andere Bedeutung von kpr (sühnen) = bedecken, verhüllen. Sie durchbricht den tödlichen Kreislauf, bringt Leben, neues Verhalten und Versöhnung in den Ablauf der Geschichte.

Bei Sauls Tod waren es die Einwohner von Jabesch, die die Schändung der Leichen beendeten. Hier ist es Rizpa, die diesen Teil der Sühne verhindert. Der Text selbst läßt in Vers 14 offen, wer oder was JHWH gnädig stimmt: das Opfer der Sieben, die Totenwache der Rizpa oder die Beisetzung der Gebeine durch David. Auf jeden Fall wird man sagen können, daß Rizpas Totenwache David zum versöhnlichen Handeln anstiftet. Das Handeln Gottes und der Menschen ist in diesem Text auffällig miteinander verwoben. Das göttliche Orakel präsentiert das Problem, aber nicht die Lösung. Die Gibeoniter bestätigen das Orakel JHWHs und bieten eine Lösung an. Die erste Antwort der Gibeoniter lenkt ab, so daß die Frage nach der Lösung von David wiederholt werden muß. David wird in dieser Geschichte dargestellt wie ein Vollzugsbeamter. Die Gottheit selbst tritt nur am Anfang und Ende dieser Geschichte auf; dazwischen bleiben die Menschen sich selbst überlassen.

Anregungen zu Predigt und Bibelarbeit

Der Text eignet sich für die Passionszeit, eventuell auch als Reihe von Passionsandachten. Rizpa rückt dabei in den Mittelpunkt als eine Passionsgestalt aus der Hebräischen Bibel, die die übliche Todesstruktur durchbricht. David folgt dem »normalen« Ritual: Auge um Auge, Zahn um Zahn, Tod für Tod. Rüstet ihr auf, rüsten wir mehr, tötet ihr uns, töten wir euch.

Das Ungewöhnliche beginnt nach dem Tod der sieben Männer mit der Mahnwache, dem stummen Protest der Rizpa. Sie erinnert an andere Passionsgestalten:

Rizpa bei den sieben Gehenkten erinnert an das andere Kreuz: Jesus. Auch sein Tod steht für die Botschaft, daß Menschenopfer und der tödliche Kreislauf von Rache, Vergeltung und Todesstruktur nicht mehr gelten soll. Sie steht in einer Reihe mit den anderen Frauen unter dem Kreuz. Einen Menschen, den wir lieben, qualvoll sterben zu sehen ist sehr schwer. Es braucht viel Kraft, nicht fortzulaufen oder wegzusehen. Die Madres in Argentinien stehen in der Tradition der Rizpa, wenn sie für ihre verschleppten Männer, Kinder und Enkel jahrelang Mahnwachen abhalten, um gegen Unrecht und Menschenverachtung zu protestieren. Rizpa erinnert an Josef von Arimathia, der gegen die römische Sitte handelt, die die Gehenkten zur Schändung und Abschreckung am Kreuz aussetzt. Er bekennt sich zu einem Ausgestoßenen, wickelt ihn liebevoll in ein neues Tuch und legt ihn in sein eigenes Grab. Für uns könnte das heißen, Abweichlern, Asylanten und Verurteilten einen Platz einzuräumen, zu ihnen zu stehen. Rizpa erinnert auch an eine andere Frau: Maria Strupp. Sie wurde 1599 als Hexe in Gelnhausen enthauptet.

Maria Strupp, 1599 als Hexe angeklagt und getötet, erinnert an die alttestamentliche Frauengestalt Rizpa. Aus überlieferten Gerichtsakten und durch einen Roman erfahren wir etwas über das Leben und Wirken M. Strupps. Maria Strupp war die Frau eines 1589 verstorbenen Pfarrers. (Ihre Söhne waren tot, einer von ihnen wurde heimtückisch ermordet.) Auf Grund ihrer bürgerlichen Stellung und ihres Engagements für Arme und Kranke genoß sie so lange ein hohes Ansehen, bis sie 1597 Clara Geißlerin, eine im Hexenturm eingekerkerte Frau (»Hexe«), besuchte und sich für diese in aller Öffentlichkeit einsetzte. Als man M. Strupp vorwarf, daß sie sich für eine unruhestiftende Hexe einsetzte, soll sie erwidert haben, gerade weil niemand den Mut habe, diesem unsinnigen Betragen Einhalt zu bieten, habe es ihrem Herzen keine Ruhe gelassen. Sie habe zu dieser Frau gehen müssen, um ihr zu zeigen, daß nicht alle Bürger von ihrer Schuld überzeugt seien. M. Strupps Verhalten löste manche Ermahnung und Empörung aus; auch verwies man sie auf die Rechtsprechung des »ordentlichen Gerichtes«. Der Tag der Verbrennung C. Geißlerins ließ nicht lange auf sich warten, und erneut kam M. Strupp ins Gerede. Eine große Zahl Neugieriger entdeckte bei der zur Verbrennung gebrachten Leiche C. Geißlerins rote Rosen in deren Händen. Eine große Befangenheit muß unter den Anwesenden geherrscht haben, glaubte man doch, »daß jene, welche eine Gerichtete anrührten, selbst von der Gerichteten nachgezogen

würden«. Niemand von den Schaulustigen wagte der Toten die Rosen zu nehmen, aber jede/r wußte, »solch herrliche Rosen wuchsen nur in dem Garten der Pfarrerswitwe Strupp«. Dennoch wagte noch niemand gegen M. Strupp vorzugehen. Jede/r im Ort verfolgte ihre weiteren Besuche bei als Hexen Verhafteten und vielleicht auch den um sie größer werdenden Kreis kritischer Bürger. Seit 1596 war es ganz offensichtlich, daß Mißernten, Unwetter und Krankheiten mit den jeweils angeklagten Hexen in Verbindung gebracht wurden. M. Strupp und der Ratsherr Konrad Regius (letzteren kann man sicher zu den Mitstreitern Strupps zählen) müssen immer wieder vor dem Stadtrat um wirkliche Aufklärung gedrungen haben. 1599 schließlich wurde M. Strupp durch die Aussage des Glöckners B. Mössinger als Kirchendiebin und Hexe angeklagt. Mössinger wußte den Hexenglauben zu schüren und sein eigenes Verbrechen zu vertuschen. Er, der den Kirchenraub selbst begangen und eine Mitwisserin getötet hatte, klagte M. Strupp an, die diese Zeugin am Krankenbett gepflegt hatte. Weitere Ungereimtheiten wurden dem Hexenverfolger und Bürgermeister J. Koch zugetragen. Kein besonnener Einwand, selbst der Selbstmord des für die Folter bestellten Henkers konnten die Denunziation M. Strupps verhindern. J. Koch verhaftete K. Regius, der M. Strupp unerlaubterweise im Hexenturm besucht hatte. Die nun erfolgte und genau beschriebene Folter wird in diesem Rahmen nicht erneut beschrieben. M. Strupp soll durch diese Tortur wahnsinnig geworden sein und die unsinnigsten Geständnisse abgelegt haben. Auf Grund dessen verurteilte und tötete man sie am 24.7.1599 durch das Schwert. Und doch, ihre Unschuld wurde alsbald bewiesen, der verantwortliche Dieb und Mörder bestraft und der Hexenverfolger und Bürgermeister Koch von dem zuvor verhafteten Ratsherrn Regius abgelöst. Es heißt, daß es in dessen Amtszeit keine Hexenverfolgungen gab.
(»Maria Strupp«, erschienen in »Die Heimat« 1931, anzufordern im Stadtarchiv Gelnhausen.)

Anita G. Losch

Anregungen für ein Bibliodrama zum Text

Dafür bieten sich folgende Schritte an:

Hintergrundinformationen zum Text geben, den Text lesen oder erzählen.

Die Gruppe versetzt sich in die im Text erwähnten Personen, vor allem in David, Rizpa, die zwei und die fünf Brüder. Im Plenum werden Gedanken darüber zusammengetragen: Was wissen wir über diese Personen (aus dem Text oder aus anderen Quellen)? Was phantasieren wir über diese Personen (z. B. Alter, Aussehen, Familienstand)? In diesem Zusammenhang können noch einmal weitere Einzelinformationen gegeben werden.

Die Geschichte wird erneut gelesen. Danach wählen sich alle

jeweils eine Person oder eine Personengruppe, mit denen sie sich identifizieren wollen: Rizpa und Merab, die beiden Mütter, David, die Gibeoniter, die sieben Erschlagenen, fünf Söhne der Merab und zwei Söhne der Rizpa, der verschonte Mereb-Baal, das Volk und die Zuschauer.

Jede Rolle wird von einer Gruppe erarbeitet, durch Auseinandersetzung mit dem Text und durch Identifikation mit der jeweiligen Rolle. Danach wird aus jeder Gruppe je eine oder mehrere Personen (je nach Rolle) ins Plenum entsandt.

Im Plenum wird die Geschichte gespielt. Dabei geht es nicht so sehr darum, die Geschichte wörtlich darzustellen, sondern eigene Einfälle, Erfahrungen, Gefühle usw. zu verbalisieren.

Auswertungsgespräch: Hier werden Wahrnehmungen, Betroffenheit, Fragen, Erfahrungen mitgeteilt. Die Zuschauer und das Volk berichten zuerst, danach die anderen.

In den bisherigen Bibliodramen zu dieser Geschichte haben besonders folgende *Themen* ein deutlicheres Profil bekommen:

* David wird als hilflos erlebt, als einer, der unter doppeltem Druck steht: die Forderung des Volkes nach Brot und die Forderung der Gibeoniter nach Vergeltung. Er berät sich mit Gott und den Feinden, nicht aber mit den Müttern und Betroffenen. Er handelt nach dem Prinzip: Lieber sieben Menschen opfern als das ganze Volk.
* Was ist das für ein Gott, der in dieser Geschichte bezeugt wird? Der Gott der Gibeoniter, die wissen, wer schuld ist? Der Gott Davids, der Sühneopfer erwartet, oder der Gott Rizpas, der im Protest den Kreislauf von Vergeltung und Rache unterbricht, oder der Gott des Erzählers, der die Menschen selbst eine Lösung finden läßt?
* Der Protest der Rizpa gegen diesen Gott und König weckt Erinnerungen an Antigone, an Pieta-Darstellungen und an die Mütter aller Gefallenen und Opfer. Alle Gruppen haben die Totenwache der Rizpa nicht nur als Trauer, sondern zum Teil als leidenschaftlichen Protest gesehen. Eine Rizpa: »Ich protestiere mit Gott gegen Gott.«
* Es gibt heftigen Protest der sieben Söhne: Wir sollen für Vergehen des Vaters und des Großvaters sterben?
* Der behinderte Mereb-Baal, der verschont wird, fühlt sich diskriminiert: Ich bin nicht einmal dafür gut, als Opfer ange-

nommen zu werden. Die Getöteten werden wenigstens betrauert. Was habe ich von der Freundschaft meines Vaters (Jonathan) mit David? Ich möchte um meiner selbst willen geliebt werden!

EVA RENATE SCHMIDT

Verwendete Literatur

GERHARD VON RAD, Theologie des AT Bd. 1, München 1957, S. 261 ff.

ERNST JENNI, CLAUS WESTERMANN, Theologisches Handwörterbuch zum AT Bd. 1, München 1984.

GEORG FOHRER, Geschichte Israels, UTB 708, Heidelberg 1985, S. 94.

HEIDEMARIE LANGER, »Bibliodrama als Prozeß«, in: A. KIEHN u. a., Bibliodrama, Stuttgart 1987, S. 65 ff.

WALTER NIESS, Hexenverfolgung in der Grafschaft Büdingen, Büdingen 1982.

ANITA G. LOSCH, STEFANIE ROSS, Frauen ehren »Hexen«, Losch, Gelnhausen.

Gedanken zum Volkstrauertag

Der Volkstrauertag ist für viele Menschen, auch für mich, eine zwiespältige Angelegenheit. Heldengedenken und Ehrung der im Krieg Gefallenen erwecken bei mir den Eindruck nicht vollendeter Trauerarbeit und fehlender Vergangenheitsbewältigung. Wie kann auch ehrliche Trauerarbeit geleistet werden angesichts der Sinnlosigkeit des Sterbens im Krieg? Da muß seit Jahrtausenden dieselbe Ideologie herhalten, nämlich von der »Ehre« des Tötens und Getötetwerdens fürs »Vater«-land zu sprechen.

Diese Ideologie wurde zwar nicht von Frauen erfunden, aber doch von ihnen als Hilfsmittel akzeptiert, um den Verlust der »Helden« zu ertragen. Denn sie sind ja in der Regel die Hinterbliebenen, die Mütter, die Ehefrauen, die Freundinnen, Schwestern und Töchter, die nun ohne Mann weiterleben müssen. Doch der Protest von Frauen gegen solch sinnlosen Tod ist so alt wie das heldische Sterben selbst.

Rizpa ist so eine Protestfrau. Ihre Trauerarbeit will ich heute anschauen und sehen, wie ich von ihrer Fähigkeit, gegen sinnloses Töten zu protestieren, lernen kann.

Deutungsversuch

Aus Trauer um sinnlos getötetes Leben tritt in dieser Geschichte eine Frau auf: Rizpa, Nebenfrau Sauls (3,7), die ihm mindestens zwei Söhne geboren hat (21,8), und Geliebte Abners, Sauls General (3,7ff), deretwegen es zum Bruch Abners mit dem Hause Sauls kommt.

Vermutlich ist sie mit dem gesamten Harem Sauls an dessen Nachfolger David übergegangen, wie es patriarchale Sitte war, so 12,8 und 16,20ff. Dazwischen aber tritt sie aus der Namenlosigkeit heraus, wird Person, Rizpa, die Tochter Ajas und seiner Frau, und bietet David, dem mächtigen König, die Stirn.

Anhand ihrer verschiedenen Lebensrollen können wir versuchen, uns diese Frau vorzustellen. Die Predigt sollte das Leben dieser Frau anschaulich werden lassen. Je lebendiger sie vor unserem inneren Auge ersteht, um so leichter wird es uns fallen, uns mit ihr und ihrem Inhalt der Verkündigung zu identifizieren. Wie hat sie gelebt im Hause Sauls, als Nebenfrau eines jähzornigen Tyrannen? Unter welchen Umständen hat sie ihre Kinder geboren und großgezogen? Mindestens zwei ihrer Söhne haben das Erwachsenenalter erreicht, ihr Altersversorgung gegeben. Welche Wirren und Intrigen hat sie durchgestanden!

In den Häusern Sauls und Davids ging es nicht nur allzu menschlich, sondern oft genug auch allzu unmenschlich zu. Mit welchem Recht läßt David sieben junge Männer umbringen, für nichts, nur um seine Angst zu beruhigen? Es gibt kein menschliches Recht dafür, das diese Tat legitimieren würde. So bemüht er eine patriarchale Moral von Blutschuld und legt dieser göttlichen Willen unter.

Aber wer kann hier eigentlich von Blut und Schuld sprechen? Und wo liegt wohl göttlicher Wille – im Hervorbringen von Leben oder in der vorzeitigen Vernichtung desselben? Keiner Frau wird »man« weismachen können, daß der lebensspendende Gott derselbe sein könnte, in dessen Namen hier und noch oft in der Geschichte Männer das Blut anderer Menschen vergießen.

Was wir von Rizpa lernen können

Rizpa zieht aus dem Hause des Verbrechens aus und schlägt ihr Lager draußen vor der Stadt, auf dem Berg, unter den Gehenkten auf. Sie trauert dort um ihre zwei Söhne und die fünf Söhne der Merab. Sie versorgt ihre toten Körper, wie sie einst die lebenden gehegt hat. Ihre Sorge für die Körper und die Seelen ihrer Kinder beginnt schon mit dem Tag ihrer Empfängnis und hört mit deren Tod nicht auf. Wer mag sie während dieser Zeit auf dem Berg versorgt haben? Ich stelle mir vor, daß ihr mutiger Protest im Volk viel Sympathie und Unterstützung fand.

Frauen, die das göttliche Wunder wachsenden Lebens in sich gefühlt haben, werden notwendigerweise dieses Leben in allen seinen Phasen achten. Wer erlebt hat, wie behutsam und liebevoll ein menschliches Leben an seinem Anfang gepflegt werden muß, der/dem wird selbstverständlich einleuchten, daß dieses Leben auch nach seinem Ende der Liebe und Pflege bedarf.

Mit ihrer Totenwache auf dem ungeschützten Berg – Schakale und Geier verscheuchend – setzt Rizpa sich für die Unversehrtheit der Körper, die das Ich eines Menschen beherbergt haben, ein. Das ist die eine wichtige Sache, die wir von dieser Frau lernen können: ganzheitliche Trauerarbeit. Die andere ist ihr demonstrativer Protest, ihr »schreiendes« Schweigen, das sich selbst auslegt. Dieses »Sich-nicht-Abfinden« mit dem sinnlosen Töten, dem sogenannten Opfertod vor allem junger Menschen. Denn kein Mensch wird geboren, um vorzeitig zu sterben. Vor allem hat kein Mensch auf Erden das Recht, irgendeinen anderen Menschen zu opfern, sei es für eigene egoistische oder für Interessen, die angeblich der Allgemeinheit, dem Vaterland dienen sollen.

Zäh und ausdauernd führt Rizpa ihren Sitzstreik durch, sieben Monate lang, von der Gerstenernte bis zur Regenzeit, unübersehbar für die ganze Stadt, bis sie Erfolg hat, bis David die Gebeine der Toten ordnungsgemäß in der Erde bestattet. Unser Protest gegen das Töten darf nicht aufhören, weil in der vorzeitigen Tötung allen menschlichen Lebens auch Gott geopfert wird.

Aktualisierung

Zu diesem Protest haben wir leider heute immer noch Anlaß, ob die Predigerin/der Prediger nun in die Geschichte zurückschaut oder bei den jeweils aktuellen Tagesereignissen bleibt. Unser eindeutiges Friedenszeugnis ist gefordert und das deutliche Bekenntnis, daß Krieg, Kriegsdrohung, Töten überhaupt und die Verharmlosung, Verehrung oder Ideologisierung des Krieges Sünde ist. Rizpa steht als Vorbild für den Protest gegen den Tod und den Einsatz für das Leben: Rizpa, eine Mutter im Glauben. (Vgl. auch Heidi Rosenstock, Morgenandacht zum Volkstrauertag, Anhang S. 282.)

Friedenslieder gibt es in neuen Gesangbüchern schon viele. Beispiele: Zum Eingang: Ich lobe Gott, B 102, in: »Mein Liederbuch«. Die örtliche Friedensgruppe kann in die Gestaltung des Gottesdienstes miteinbezogen werden. Bei der Predigtvorbereitung oder im Gottesdienst können Frauen der älteren Generation von ihren Erfahrungen mit »Gefallenen« und anderen Kriegstoten berichten. Als Evangeliumslesung schlage ich vor: Luk. 7, 11–15.

RENATE ELLMENREICH

Verwendete Literatur

STEFAN HEYM, König David Bericht, Frankfurt/M. 1974.
INGEBORG KRUSE, Unter dem Schleier ein Lachen, Stuttgart 1986, S. 137 ff.

2. Könige 22, 8. 9a.10b. 11–20

Hulda – Prophetin vor dem Ende

Vorletzter Sonntag im Kirchenjahr; Buß- und Bettag

Marie-Theres Wacker

Exegetisch-historische Grundfragen

Der Abschnitt 2. Kön. 22, 8ff gehört in den größeren Zusammenhang des sogenannten deuteronomistischen Geschichtswerkes (dtrG), jener durchgearbeiteten Auslegung der Geschichte Israels von der Mosezeit bis zur Zerstörung Jerusalems, wie sie sich in den Büchern 5. Mose, Josua, Richter, 1. und 2. Samuel und 1. und 2. Könige darbietet und als Gesamtdarstellung erst um die Zeit des Exils (nach 587 v. Chr.) entstanden sein kann. Dem deuteronomistischen Rückblick auf die Vergangenheit angesichts dieser Katastrophe enthüllt sich als entscheidend der Zusammenhang zwischen Israels Gottesverhältnis und seinem politischen Ergehen: In dem Maße, wie anderen Göttern außer JHWH, dem alleinigen Gott Israels, Kult- und damit Heimatrecht gewährt wurde, haben sich die politischen Verhältnisse verwirrt und den Untergang vorbereitet. Die Verehrung JHWHs allein wird daher zum deuteronomistischen Maßstab der Beurteilung insbesondere der Politik der Könige.

Eine der bedeutendsten Gestalten in jener Einschätzung ist der judäische König Josia (2. Hälfte des 7. Jahrhunderts v. Chr.), über den – relativ ausführlich – die Kapitel 2. Kön. 22–23 erzählen. Denn mit seinem Namen verbindet sich die Erinnerung an ein großangelegtes religionspolitisches Programm, das nach dem Kriterium des Deuteronomisten der Verehrung JHWHs allein entspricht: Josia hat Kultstätten anderer männlicher und weiblicher Gottheiten vernichten und darüber hinaus den JHWH-Kult auf Jerusalem konzentrieren lassen. Die politische Großwetterlage seiner Zeit gibt diesen Mitteilungen historische Wahrscheinlichkeit, denn der Zerfall der assyrischen Oberherrschaft machte (religions-)politische Rücksichten ihr gegenüber überflüssig und ermöglichte die Betonung JHWHs als des eigentlichen Gottes in Israel/Juda. Welche Einzelheiten aber in 2. Kön. 22–23 historisch zuverlässig sind, ist bei der durchgreifenden Gestaltung dieses »König-Josia-Berichtes« nicht mit Sicherheit zu sagen. Insbesondere gilt dies für den »Fund« eines Gesetzbuches im Tempel, mit dem nach 2. Kön. 22, 8 die Ereignisse in Gang gebracht werden. Einerseits ist es gut vorstellbar, daß Josia seinen Maßnahmen Gesetzeskraft verliehen hat, andererseits aber hat ein solches Gesetzbuch vielleicht erst in seinen Tagen schriftliche Gestalt bekommen, so daß der »Fund« eine literarische Fiktion wäre, die für die deuteronomistischen Schriftsteller notwendig war, ihrer Konzeption gemäß, wonach »das Gesetz« seit Mose als Grundlage allen Handelns in Israel Geltung hatte, aber immer wieder dem Vergessen anheimfiel. In jedem Fall dürfte das Gesetzbuch Josias – das man meist mit 5. Mose 12–26 in Verbindung bringt – inhaltlich an ältere Traditionen angeknüpft haben.

Auslegung unter feministisch-theologischer Perspektive

Über den Hohenpriester Hilkija, der – da des Lesens unkundig? – den königlichen Schreiber Schafan hinzuzieht, gelangt »das« Buch – der Paralleltext 2. Chr. 34, 14 präzisiert: »das Gesetzbuch JHWHs, das durch Mose gegeben war« – vor den König. Dieser erkennt sofort die Bedeutung des Buches an, indem er seine Kleider zerreißt – eine Geste der Trauer und des Entsetzens. Er ordnet eine Befragung Gottes an, die Aufschluß geben soll, was ihn und sein Volk erwartet, denn ihm ist – gut deuteronomistisch! – klar, daß die Vergangenheit den Forderungen dieses Gesetzes nicht entsprochen hat, und ebenso klar, daß er und seine Generation die Konsequenzen dafür zu tragen haben, denn begangenes Unrecht zieht Kreise auch in die Zukunft hinein. (Dieser Gedanke ist uns so fremd nicht. Man denke nur an »Umweltsünden« oder die immer sichtbarer werdenden Folgen der Verelendung in der Dritten Welt ...) Der Aufforderung, JHWH zu befragen, leistet die abgeordnete Gruppe hoher Würdenträger Folge: Sie gehen zu Hulda, der Prophetin.

Hulda, im Alten Testament nur hier genannt – und die einzige namentlich bekannte Prophetin der Königszeit – wird in ihrem Haus in der Jerusalemer Neustadt (westlich der Residenz bzw. des Tempels) aufgesucht. Ob sie als Tempelprophetin angestellt war (und damit im Ruf der Beeinflußbarkeit stand) oder als »freie« Prophetin galt, läßt sich hiernach nicht entscheiden. Man scheint ihr das fragliche Buch nicht mitgebracht zu haben; es geht auch nicht um (wissenschaftliche) Echtheitsprüfung über das Alter des Schriftstückes, sondern um Beglaubigung des Inhalts, seiner Aussage. Hulda benutzt für ihre prophetische Auskunft die sogenannte Botenformel, ebenso wie ihre männlichen Berufskollegen einschließlich der großen Schriftpropheten. Sie benutzt sie in der Form, die für das Buch ihres Zeitgenossen Jeremia typisch ist: »So spricht JHWH, der Gott Israels.« Hulda, die Prophetin, und Jeremia, der Prophet, sprechen im wahrsten Sinn des Wortes dieselbe Sprache.

Huldas prophetische Worte (V. 15–17 und 18–20) sind in mancherlei Hinsicht bemerkenswert. Sie richten sich zunächst (V. 15–17) nicht an den König, sondern an »den Ort« (Jerusalem bzw. den Tempel) und verkünden den »nicht verlöschenden Zorn« Gottes über die Stadt. Blicken sie auf den Untergang Jerusalems 587 v. Chr. bereits zurück und stammen demnach aus nachjosianischer Zeit? Vor allem Vers 17 trägt den Stempel deuteronomistischer Sprache und Vorstellung, so daß wir hier sicher nicht der »historischen Hulda« begegnen.

Das Wort der Verse 15–17 scheint die Gegenwart als ebenfalls schuldig miteinbeziehen zu wollen: Nicht nur die Väter, sondern die Bewohner Jerusalems insgesamt haben getan, was dem deuteronomistischen Geschichtswerk als die zentrale Verfehlung Israels gilt: Sie haben anderen Göttern geräuchert. Das Wort verschärft also die Einsicht des Königs noch: Die Gegenwart trifft nicht nur die Auswirkungen des vergangenen Unrechts, sondern sie kann sich auch selbst nicht von Schuld freisprechen (»Erbsünde« *und* individuelle Verantwortung!).

Mit ihrer Ankündigung des unabänderlichen Unheils gehört Hulda in die deuteronomistische Prophetentradition und erweist sich in der Schau des »Prophetengesetzes« (5. Mose 18, 9–20) als wahre Prophetin, deren Unheilsworte sich erfüllt haben.

Erst der Inhalt der Verse 18–20 richtet sich direkt an den

König und wird neu mit Überbringungsauftrag und Botenformel eingeleitet. Hinter Vers 18 fehlt die zu erwartende wörtliche Rede, auch dies eine Folge deuteronomistischer Überarbeitung, so daß wir auch in diesem zweiten Wort nicht Hulda selbst begegnen, sondern späterer deuteronomistischer Reflexion über das Schicksal des Königs. Dem König wird zugesagt, er werde davon verschont bleiben, das Unheil über Jerusalem mitansehen zu müssen – erst mehrere Jahrzehnte nach Josias Tod fällt die Stadt der neubabylonischen Invasion zum Opfer. Als Grund solcher »mildernden Umstände« wird nicht Josias Reformeifer genannt, also nicht sein gewalttätiges Vorgehen gegen die Götzendiener (davon erzählt erst 23,4ff), sondern die in Kleiderzerreißen und Weinen ausgedrückte Bereitschaft, das Wort des Gesetzes auf sich und seine Zeit zu beziehen und so als Wort Gottes ernst zu nehmen, anders ausgedrückt: das richtende Wort Gottes über sich und seine Gegenwart anzuerkennen.

Der Unterschied in der Benennung des Königs ist auffällig: Heißt er in Vers 18 korrekt »König von Juda«, so bezeichnet Vers 15 ihn nur als »der Mann, der euch geschickt hat«. Hier soll wohl kaum die Gleichheit aller Menschen vor Gott betont werden (Rehm, S. 219), sondern hier drückt sich, wie die rabbinische Tradition gespürt hat, Distanz zum Amt des Königs aus. Dem entspricht, daß sich die Verse 15–17 nicht auf den König, sondern auf Jersualem beziehen und Unheil ansagen, während die Verse 18–20 eine königsfreundliche Tendenz erkennen lassen.

Was sich an der ambivalenten Haltung in der Königsfrage zeigt, die das deuteronomistische Geschichtswerk insgesamt durchzieht, kann verallgemeinert werden: In der kurzen Episode um die Prophetin Hulda konzentriert sich brennpunktartig deuteronomistische Geschichtstheologie. Huldas Gestalt ist historisch nicht mehr faßbar, sie ist hineingenommen in die Auseinandersetzungen der exilischen Zeit um Vergangenheit, Gegenwart und Zukunft Israels, um Königtum und Tempel, Prophetie und Gesetz, und dies alles wird in Beziehung gesetzt zu JHWH, dem Einzigen.

Da Huldas Name in der Geschichte Josias nicht kurzerhand verschwiegen wurde (wie dies wohl mit vielen ihrer Berufskolleginnen geschah, vgl. nur Jes. 8,3), bleibt sie als Prophetin des einen Gottes JHWH Erinnerung daran, daß selbst in der so frauenkritischen, ja häufig geradezu frauenfeindlichen deuteronomistischen Tradition das Handeln dieses Gottes nicht ausschließlich an männliche Mittler – als solche gelten nach 5. Mose 18, 16–18 die Propheten – gebunden werden kann. Auch Hulda, so dürfen wir folgern, ist ein »Prophet wie Mose« (5. Mose 18, 18), die den Kriterien des Prophetengesetzes genügt, weil sie Wort Gottes übermittelt, im Namen des einen Gottes JHWH spricht und wahre Prophetin ist. Sie wird unter der deuteronomistischen Bearbeitung zwar als historisch greifbares Individuum fast völlig ausgelöscht, aber darin geschieht ihr das gleiche wie ihren männlichen Prophetenkollegen im deuteronomistischen Geschichtswerk einschließlich Jeremias, dessen Prophetenbuch tiefgreifend überarbeitet wurde.

Gibt es demnach im Text selbst keinerlei Indizien für eine Abwertung dieser Frau, so holen dies die Ausleger von der Antike bis heute allerdings um so ausführlicher nach. Warum, so wird etwa immer wieder gefragt, haben sich die königlichen Beamten an diese Frau gewandt und nicht an ihren großen Zeitgenossen Jeremia? Es kann sich nur um Gründe handeln, die Huldas Zweitrangigkeit aufdecken: Jeremia war vielleicht nicht da, oder er habe es wohlwollend geduldet, daß sie sich als Prophetin betätigte, denn es bestanden verwandtschaftliche Beziehungen zwischen ihnen, oder auch: Josia habe auf die größere Weichherzigkeit einer Frau (für sich?) gehofft (alles bMeg. 14 b). Arnold Ehrlich glaubt an eine Art (nicht näher spezifiziertes) Priesterkomplott, für das Jeremia nicht zu interessieren gewesen sei, in das Hulda aber über ihren Mann leicht habe hineingezogen werden können (Ehrlich, S. 318 f). Schließlich fehlt auch eine primitive Verunglimpfung nicht: Weil Hulda sich unehrerbietig dem König gegenüber geäußert habe (»der Mann«), trüge sie zur Strafe ihren häßlichen Namen, der so viel wie »Maulwurf« bedeute (bMeg. 14 b). Maulwürfe sind bekanntlich auch blind...

Dem gegenüber stehen Hulda-Traditionen, die als vergessene Frauen-Geschichte zu erinnern sich lohnen. Zunächst: Huldas Verbindung mit Jerusalem und dem Tempel ist bis heute in Israel lebendig. Schon in der Antike wurden zwei – heute wieder sichtbare – Tore in der Südmauer der Tempel-Umfassung die »Hulda-Tore« genannt (Mid. I, 3), die die

Richtung auf das Grab der Hulda wiesen, das noch auf einer jüdischen Pilgerkarte des 19. Jahrhunderts als Wallfahrtsstätte eingezeichnet ist. Im heutigen Jerusalem erinnert eine »Hulda-Straße« an die Prophetin.

Wichtiger ist die Tradition von Hulda, der Schriftgelehrten. Schon die Übersetzung des Targum läßt sie nicht mehr bloß in der Jerusalemer Neustadt wohnen, sondern in einem »beth-ulpana«, wie im gleichen Targum auch das Haus heißt, in dem der Prophet Samuel mit seinen Prophetenjüngern lebt (2. Sam. 19, 18). Der mittelalterliche jüdische Kommentator Raschi erläutert dazu, Hulda habe in ihrem Haus die Thora studiert; der christliche Exeget Jacob Alting im 17. Jahrhundert hielt Hulda für eine Lehrerin, die Frauen unterrichtete. Schon die rabbinische Tradition hatte an eine ähnliche »Arbeitsteilung« zwischen Hulda und Jeremia gedacht: Hulda predigte den Frauen, Jeremia den Männern, und im modernen Israel ist der Name »beth-ulpana« die Bezeichnung der »Lehrhäuser« für die Frauen. Stellt demnach die Hulda der Hebräischen Bibel das Bild des prophetischen Amtes als männliches Privileg in Frage, so die Hulda der späteren jüdischen (und christlichen) Tradition auch die Theologie, die Schriftgelehrsamkeit als rein männliche Wissenschaft. Damit aber vertrug sich anscheinend nicht, daß 2. Kön. 22, 14 Hulda als verheiratete Frau vorstellt: Textvarianten dazu machen aus der *Frau* des Schallum die *Mutter* des Schallum, und als Mutter eines erwachsenen Sohnes, als Matrone scheint sie der Schriftgelehrsamkeit wieder akzeptabel zu sein. Die selbständige Tätigkeit verheirateter Frauen bis ins hohe Alter verschoben – auch eine Form kirchlicher Domestizierung von Frauen...

Die größte Herausforderung aber bietet meines Erachtens die Gestalt der Hulda als Prophetin des unausweichlichen Endes, als Prophetin, die keinen Ausweg weist, keine Hoffnung verkündet.

Folgerungen für Kirche, Gesellschaft und politisches Handeln

Für Kirche, Gesellschaft und politisches Handeln ergibt sich daraus zunächst das nicht beschönigende Ernstnehmen der Situation, in der wir leben, die viel radikaler, als dies zur Zeit

Huldas der Fall sein konnte, eine Situation vor dem Ende ist. Die atomare Aufrüstung hat die Vernichtung der Welt machbar gemacht, aber schon jetzt wird unsere Gegenwart und Zukunft in Raten vernichtet: Mit jedem neuen Umweltskandal, jedem Reaktorunfall findet unwiderruflich ein Auslöschen von Lebensmöglichkeiten statt. Das Wort »Hoffnung« bleibt im Hals stecken, die einzige Hoffnung ist, (wie Josia) das Ende nicht miterleben zu müssen – und die einzige Reaktion, die diesem schonungslosen Blick auf die Gegenwart angemessen zu sein scheint, ist (wiederum wie bei Josia) die des Entsetzens und der Trauer. Auch Frauen habe keine Möglichkeit, sich dieser Welt zu entziehen; ein utopischer Rückgriff oder Ausgriff auf das Paradies bagatellisiert die Unwiderruflichkeit der Zerstörungen, mit denen wir zu leben gezwungen sind.

Nur auf diesem Hintergrund kann noch nach Handlungsmöglichkeiten gefragt werden; ein solches Ernstnehmen der Situation steht aber vor neuen Hindernissen, wie die weitere Geschichte (2. Kön. 23,4ff) zeigt. Josias Reformen mögen als der Versuch erscheinen, den Untergang abzuwenden, das Ruder noch einmal herumzureißen. Er handelt im Sinn des Gesetzes, wenn er sich dabei in Gewalt verstrickt bis hin zur Schlachtung (23,30) von Kultbeamten, erntet aber nicht das für sein Tun zu erwartende Ergehen, ein langes Leben und friedliches Ende, sondern stirbt selbst gewaltsam (32,29) und kann auch das Ende des Staates nur verzögern. Hat sich so aber nicht ein anderer Tun-Ergehen-Zusammenhang als stärker erwiesen: Gewalt wird mit Gewalt beantwortet? Und ist damit nicht ein Gewaltprogramm, auch wenn – oder gerade wenn – es im Namen des einen Gottes durchgesetzt wird, unbrauchbar geworden?

In der Logik des Tun-Ergehen-Zusammenhangs selbst, der gerade im deuteronomistischen Geschichtswerk zentral ist, wird der Weg des Gesetzes, insofern er Gewalt ist, als nicht zum Ziel führend erkannt. Das Wort der Prophetie, das Wort einer Frau, die der »Todkrankheit der Erde und der Menschen« (Thürmer-Rohr, S. 53–63) ins Gesicht blickt, reicht weiter – unsere Aufgabe wird es sein, diese Prophetie der Hulda aufzugreifen und umzusetzen: nicht in gewalttätige Aktion, ebensowenig in Rechtfertigung für Weltflucht oder Trost mit dem Jenseits, sondern am ehesten in eine Form von Widerstand, die in einem Zusammenbinden von Nachfolge und Naherwartung gründet, wie es J. B. Metz vorschwebt: »Jesu Ruf: ›Folge mir nach!‹ und der Ruf der Christen: ›Komm, Herr Jesus!‹ sind untrennbar. Nachfolge in Naherwartung: Dies ist apokalyptisches Bewußtsein, das nicht Leid verursacht, sondern Leid auf sich nimmt – der Apathie trotzend wie dem Haß« (Metz, S. 91).

Impulse für Predigt, Gottesdienst und Bibelarbeit

Die Entdeckung der Gestalt der Hulda als prophetische Amtsträgerin bzw. Theologin/Schriftgelehrte sollte nicht losgelöst werden von ihrem Auftreten »vor dem Ende«. Die Texte von Christina Thürmer-Rohr leisten hier ein unverzichtbares Stück Aufarbeitung unserer Gegenwart und sind zugleich Herausforderung an einen theologisch-feministischen Umgang mit biblischen Texten. Für das Ausloten der apokalyptischen Dimension des Themas bieten die Apokalypse-Konfigurationen von Jürgen Ebach eine Fundgrube von Anregungen. Sehr reizvoll ist es, die Hulda-Gestalt zu vergleichen mit der »ROSA/Richterin/Rächerin/Trösterin/Fürsprecherin« von Elisabeth Burmeister.

Verwendete Literatur

Karl-Heinz Bernhardt, »Prophetie und Geschichte«, in: Vetus Testamentum 22, 1972, S. 20–46.

Elisabeth Burmeister, Was die Hexe singt, Münster 1985, Gedicht XX.

Jürgen Ebach, »Apokalypse«, in: Einwürfe 2, München 1985, S. 5–61.

Arnold B. Ehrlich, Randglossen zur Hebräischen Bibel, Bd. VII, Leipzig 1914.

Tikvas Frymer und Aaron Rothkoff, Artikel »Huldah«, in: Encyclopedia Judaica 7, Jerusalem 1971, Sp. 1063.

Georg Hentschel, 2. Könige, Würzburg 1985.

Joachim Jeremias, Heiligengräber in Jesu Umwelt, Göttingen 1958, Nr. 18: Das Grab der Prophetin Hulda in Jerusalem, S. 51–53.

Bernhard Lang, »Die Jahwe-allein-Bewegung«, in: Ders. (Hrsg.), Der einzige Gott, München 1981, S. 47–81.

Ders., Wie wird man Prophet in Israel? Düsseldorf 1980, bes. S. 33 ff.

Norbert Lohfink, »Zur neueren Diskussion über 2. Könige 22–23«, in: Ders. (Hrsg.), Das Deuteronomium (BETL 68), Löwen 1985, S. 24–48.

Johann Baptist Metz, Unterbrechungen, Gütersloh 1981, bes. S. 85 ff.

James A. Montgomery, The Books of Kings, Edinburgh 1951.
Martin Rehm, Das zweite Buch der Könige, Würzburg 1982.
Hermann Spieckermann, Juda unter Assur in der Sargonidenzeit, Göttingen 1982.
Christina Thürmer-Rohr, Vagabundinnen. Feministische Essays, Berlin 1987.
Ernst Würthwein, Die Bücher der Könige. 1. Kön. 17–2. Kön. 25., Göttingen 1984.

Das Buch Esther

Esther bei Juden und Christen

10. Sonntag nach Trinitatis

Pnina Navè-Levinson und Martin Stöhr

Esther im jüdischen Glaubensleben

Wir Juden feiern seit Jahrtausenden ein Fest der Befreiung von Verfolgern: Purim – das Fest der Lose. Die Staatsmacht loste den besten Tag aus, um alle Juden im Großreich zu töten. Durch List und Widerstand, durch das Zusammenspiel von Männern und einer Frau stürzten die mächtigen Drahtzieher.

Das Neue Testament erwähnt das Buch Esther nicht. Auch die Kirchenväter interessierten sich nicht sehr für diese Jüdin und ihr Volk. Zudem ist es ein so ganz und gar weltliches Buch: Gott kommt darin nicht vor. Die Rabbiner nahmen es dennoch in die jüdische Bibel auf. Esther wurde durch ihr Handeln ein Vorbild: eine Heldin. Auf persisch heißt sie »Stern«, auf hebräisch »Myrthe«, denn ihre Haut hatte den orientalischen grünlich-braunen Ton – so sagt eine Legende. Sie war also keine weiße Schönheit, aber auch nicht so dunkel wie die Geliebte im Hohenlied, die sonnenverbrannte Hirtin. Unsere biblischen Mütter und Schwestern waren demnach Asiatinnen, unsere Brüder ebenfalls. Freilich gab es auch Rothaarige und Blauäugige wie David. Denn nicht nur aus Süd und Ost, auch aus anderen Gegenden wanderten Frauen und Männer nach Kanaan ein. Rassenmischung war den biblischen Autoren zufolge eine Lebenswirklichkeit – gut für uns Heutige!

Anstelle der Rebellin Wasti wurde Esther Königin, um die Linie des Aufstands weiterzuführen, obwohl sie aus der Akkulturation, aus der Angleichung an die Umwelt kam. Sie hatte nicht nur einen nichtjüdischen Namen, auch ihr Mentor Mordechai ist nach dem heidnischen Gott Marduk benannt. Auch Mose war in der Fremde erzogen worden und erhielt den ägyptischen Namen »Sohn«. Einige Forscher meinen im Esther-Buch den Einfluß des klassischen griechischen Dramas zu erkennen: Personen, Handlung, Schicksal, das den Verfolger ereilt.

Esther kämpfte mit den Mitteln, die ihr als persischer Königin zur Verfügung standen. Sie wagte Kopf und Kragen, da allein schon der Versuch, als Frau die Initiative zu ergreifen, damals verpönt war. Mut machte ihr die Solidarität mit der verfolgten Minderheit: Alle Juden in der Stadt fasteten auf ihr Geheiß drei Tage lang, bevor sie ihr diplomatisches Unternehmen wagte. Auch sie selbst und ihre Dienerinnen fasteten. Deshalb haben wir bis heute im jüdischen Kalender einen Esther-Fasttag vor dem Purim-Fest.

An Purim werden Aufführungen vorbereitet, insbesondere von den Kindern der jüdischen Gemeinden – kleine Mädchen sind sehr engagiert. Wer wird die Esther spielen? Es ist ein Fest der Verkleidungen. Auf den Straßen Israels wimmelt es von kleinen Königinnen. Das ist gut für das Selbstbewußtsein! Auch in Osteuropa gab es jahrhundertelang Purimspiele. Trotz des biblischen Verbotes durften die Studenten der Talmudhochschulen in Frauenkleidern auftreten. Es galt als religiöse Ehre, »Retterin« zu spielen.

Männer, auch Frauen lesen in den Synagogen die Esther-Rolle; das ist mit viel Lärm verbunden. Kinder und Erwachsene lassen ihre Rasseln kreisen, wenn die Namen der Verfolger genannt werden. Alle, Frauen, Männer und Kinder – auch beschäftigte Mütter –, haben während der Lesung anwesend zu sein. Schon das Altertum erlaubte, ja verpflichtete Frauen, aus der Rolle zu lesen, falls dies erforderlich war. *Da es später als peinlich für Männer galt, bei den Lesungen durch Frauen auf sie angewiesen zu sein, verboten die Rabbiner sie.* Heute ermutigen partnerschaftlich-feministisch denkende Rabbiner Frauen, Mütter, Töchter und Schwestern zu diesen liturgischen Handlungen, die zuvor meistens Männern vorbehalten waren.

Esther-Gestalten in der jüdischen Geschichte

Polen kennt die Legende der Estarka, die dem König Kasimir im 14. Jahrhundert vier Kinder gebar; sie galt als die Urheberin der judenfreundlichen Gesetzgebung des Königs. In der Türkei lebte im 16. Jahrhundert Esther Kyra, Frau eines Rabbiners. Sie war Großunternehmerin, Herausgeberin und Politikerin; sie half Verfolgten, beeinflußte das Rabbinatsgericht und wurde schließlich von Gegnern bei Hofe ermordet. Während der russischen Revolution setzte die jüdische Schriftstellerin Esther (bürgerlicher Name: Malka Frumkin) sich für die Rechte des jüdischen Proletariats ein. Esthers hebräischer Name ist »Hadassa«, Myrthe. Nach ihr nannte sich die Gelehrte und Sozialarbeiterin Henrietta Szold (Amerika). Gemeinsam mit anderen Frauen gründete sie die »Hadassa-Organisation« in Palästina, später Israel. Diese Organisation baute Krankenhäuser, übernahm die Ausbildung von Ärzten und Pflegepersonal. Die Hadassa-Frauen feierten jetzt das 75jährige Jubiläum der Organisation, die die größte jüdische Vereinigung der Welt ist.

Die Nachkommen Esthers

Hatte Esther-Hadassa Kinder? Die Bibel erzählt davon nicht. Ihr Wirken war unabhängig von persönlicher Nachkommenschaft, denn eigentlich waren alle damaligen und künftigen Juden ihre Kinder: Sie vereitelte das erste große Völkermord-Vorhaben am jüdischen Volk. Wir alle – Juden und Christen – verdanken unsere Existenz der Esther. Auch Henrietta Szold hatte keine eigenen Kinder. Aber sie gründete die Jugend-Alija, ein Rettungsprogramm für jüdische Kinder aus Nazi-Deutschland. Die Hadassa-Kliniken, ihr Werk, betreuen seit Generationen Juden und Nichtjuden: Viele sind ihre Kinder. Es genügt nicht, die eigene Familie zu versorgen. »Die Kinderlose soll jubeln, die, die nicht geboren hat; die Mutter der Kinder sich freuen«, sagen die Psalmen. Das verstehen wir mehrdeutig.

PNINA NAVÈ-LEVINSON

Esther – Eine Novelle zur Veränderung der Geschichte

Das Buch Esther kann Anlaß geben, eine verkümmerte Form, biblische Texte zu erschließen, neu einzuüben: das Erzählen, ja das Rollenspiel einer dramatischen Geschichte. Die Esther-Novelle erzählt – in literarisch glänzender Form – aus einer Zeit der Diaspora, in der es Unfreiheit durch Unterdrückung, Isolation und Verführung zur Assimilation gab. Die Geschichte spielt unter den im Jahre 598 Deportierten bzw. ihren Nachkommen im Reich des persischen Königs Ahasver, womit Xerxes (485–464) gemeint ist. Für alle zukünftigen Zeiten von Unfreiheit und Selbstbehauptung, Vernichtungsdrohung und Widerstand wird die Geschichte der im Befreiungsprozeß ihre Identität entfaltenden Jüdin Esther erzählt. Die Schule der Geschichte wird zur Schule für die Geschichte. Die Einsicht, »wie das Leben so spielt«, lädt ein, die Spielregeln des Lebens, Zusammenlebens und Überlebens als handelnde Subjekte im Widerstand gegen den Tod und selbstbewußt zu ergreifen, statt sie autoritätsergeben an sich geschehen zu lassen. Gerleman (Esther, S. 11 ff) weist mit Recht auf die Parallele der Exodusgeschichte hin. Die ihrer letzten Gewalt entzauberte Macht läuft hier in die tödliche Leere des Roten Meeres oder dort in die tödliche Leere der Gesetze der Meder und Perser.

Entstanden ist die Erzählung, die gewiß ältere Stoffe verarbeitet, in der Zeit der Diadochenkämpfe nach Alexanders Tod. Wer sie schrieb, bleibt unbekannt, für wen sie geschrieben wurde, nicht: Es sind die vom blutgierigen, auf eine Endlösung zielenden Haman und einem wankelmütigen Ahasver ausgehenden Bedrohungen für Jüdinnen und Juden, die sich nicht beugen wollen.

Wie die Befreiungstradition der Exodusgeschichte sich in der Geschichte widerspiegelt, so auch die Vernichtungsdrohung, die Israel in der Folgezeit erfuhr, zum Beispiel durch die Amalekiter. Haman wird ausdrücklich in dieser Linie als »Agagiter« (2. Mose 17 und 1. Sam. 15) genannt, »Haman, der Vernichter aus dem Buch Esther, wird als Nachkömmling des amalekitischen Königs, den Saul leben ließ, angesehen, und Hitler brüstete sich damit, in derselben Abfolge zu stehen« (Levinson, S. 150). In den christlichen Kommentaren läßt sich eine merkwürdige Unsensibilität für die reale Bedrohungssituation des jüdischen Volkes wie für Leben und Taten der Esther beobachten. Die Neigung zur Psychologisierung und Typisierung entpolitisiert und entleibt die Geschichte und alle, die in ihr handeln. Die enge Bindung der Geschichte von Esther an das jüdische Volk bis heute ist ja »... verständlich. Aber das über den Völkern und Rassen stehende Christentum hat zu gleicher Haltung weder Veranlassung noch Recht« (Eißfeldt, S. 693). So wird aus politisch-geschichtlicher Realität, in der Menschen leben und leiden, in der Gott handelt, in der Unterdrückung oder Befreiung stattfindet, eine übergeschichtliche, unpolitische Ideenwelt, die deshalb für Rassismus, falsche Politisierung oder Sexismus anfällig ist, weil die christliche Sichtweite angeblich »über den Völkern und Rassen« steht.

Die Geschichte

Die Erzählung stellt eindeutig Esther in den Mittelpunkt. Sie ist die Pflegetochter des deportierten Mordechai, der einen Mordanschlag auf den König aufdeckt, sich allerdings weigert, Haman anzubeten. Das erste Gebot führt, ernst genommen, zu einem herrschaftsfreien Leben. Esther nimmt die Stelle der Königin Vasthi, Ahasvers Frau, ein, nachdem diese es abgelehnt hatte, sich wie eine Ware vor den betrunkenen Hofschranzen eines Riesenfestes behandeln und ausstellen zu lassen (Haller: Die Scheidung ist »rechtens«!, S. 273). 1,22 beschreibt exakt das Interesse der Männer an »law and order«. Politische, menschliche und sexuelle Selbstbestimmung (bzw. ihre Verweigerung) gehen immer zusammen. Das ewig gültige Gesetz der »Meder und Perser« ist ein Gesetz der Männer, das die private wie die soziale Wirklichkeit bestimmt – bis hin zum nicht wieder aufhebbaren Todesbefehl, der sich letztendlich gegen die richtet, die ihn erließen. Ein Perserkönig darf seine Befehle nicht widerrufen (8,8), auch wenn die Seinen an ihm zugrunde gehen. Befehl ist Befehl.

Haman beschließt die totale Ausrottung des jüdischen Volkes, »das die Gesetze des Königs nicht hält« (3,8). Die Thora führt zu einem machtkritischen Lebensentwurf. Esther, durch Fasten vorbereitet, interveniert. Vielleicht war sie, wie Josef in Ägypten, um der Befreiung willen an den Königshof gekommen (4,14)? Die passivische Redeweise und der terminus technicus »Befreiung und Errettung von einem anderen Ort« ist die den Gottesnamen vermeidende, Gott aber meinende Redeweise. Mit Gott zu rechnen ist kein Alibi für menschliche Passivität. Esther belegt es: »Ich will zum König gehen, auch wenn es gegen das Staatsgesetz ist. Komme ich um, so komme ich um« (4,16). Gottvertrauen und Selbstvertrauen sind keine Gegensätze.

Esther will Hamans Mordplan vereiteln. Zwei exklusive Festmahle helfen dabei, den eitlen Haman (5,11ff) zu gewinnen, der seinerseits dem aufmüpfigen Mordechai einen Todespfahl aufrichten läßt. Allerdings muß Haman, selbst willenloser Sklave des Königs, Mordechai ehren, da dieser dem König einmal das Leben rettete. Beim Festmahl bittet Esther ums schiere Überleben, »denn wir sind verkauft, ich und mein Volk, vernichtet, getötet und ausgerottet zu werden. Wenn wir nur als Sklaven und Sklavinnen verkauft würden, so wollte ich schweigen« (7,4). Sie nennt den Mordanschlag und seinen Urheber beim Namen (7,6). Als Haman sich auf die Königin wirft (um zu bitten? um sie mundtot zu machen? um sie zu vergewaltigen?), wird er vom König zum Tode verurteilt und an dem eigentlich für den Juden Mordechai bestimmten Pfahl aufgehängt. Esthers Kampf geht jetzt darum, den bereits in allen 127 Provinzen zwischen Indien und Äthiopien inszenierten Mordplan zu stoppen (8,3ff). Ihre märchenhafte Erhöhung als Königin zersetzt nicht die Solidarität mit den Gefährdeten. Das Tötungsprojekt läuft sozusagen automatisch (8,8); was den betroffenen Juden bleibt, ist die Gegenwehr. Der König erlaubt den Juden, »sich zusammenzutun und sich für ihr Leben zu wehren und alle... die sie bedrohen werden... zu vernichten... und ihr Besitztum als Besitz zu nehmen« (8,11). Die Erniedrigten und Beleidigten feiern, Heiden werden Juden, und doch ist das Unheil derer nicht mehr abzuwenden, »die auf ihr (der Juden) Unheil bedacht gewesen waren« (9,2). Die Juden richten jetzt ein »Blutbad« an – doch Hab und Gut tasten sie nicht an (9,15).

9,20ff erzählt dann von der Einrichtung des Purimfestes, das als Freudenfest, mit Umzügen und Verkleidung, Verspottung der Mächtigen und der Maßgabe, daß jede Familie zwei Arme beschenken muß, bis heute gefeiert wird (Thieberger). Zum

Gottesdienst wird das Estherbuch gelesen, weil »Hamans ruchloser Anschlag, den er gegen die Juden erdacht hatte, auf sein eigenes Haupt zurückfallen würde«. Deshalb feiert man Purim (Pur = Los), das Fest der Lose, mit denen Haman den Tod eines ganzen Volkes gewählt hatte. Dieses Verbrechen hatte nur durch die Zivilcourage einer Frau und deren Gegengewalt gegen die angeordnete Staats- und Mehrheitsgewalt verhindert werden können.

Zur christlichen Auslegungstradition

In der christlichen Auslegungsgeschichte findet Esther, wenn überhaupt, fast nur negative Aufnahme: »Ich bin dem Buch und Esther so feind, daß ich wollte, sie wären gar nicht vorhanden; denn sie judenzen zu sehr und haben viel heidnische Unart«, so wird Martin Luther aus seinen Tischreden zitiert (Luther, S. 208; vgl. Bardtke, Gerleman u. Kaiser). »Verlegen und gehemmt« nennt Gerleman die christliche Auslegung, die er ausführlich zitiert. Kein Kirchenvater schrieb einen Kommentar. Esther wird bald zur Allegorie für die Kirche, die Vasthi (das jüdische Volk) ablöst. Ahasver wird zum Bild für Christus, Haman wird zum exemplarischen Christenverfolger. Esther wird zum Beispiel von dem Mönch Rupert von Deutz (1070–1129) mit den Tugenden temperantia, iustitia, prudentia, fortitudo gekennzeichnet. Mittelalterliche Bilder stellen als Vorläuferbild zur Krönung Marias die Krönung Esthers durch Ahasver dar. Spiegelungen von Göttinnen und Göttersagen (Marduk und Ischtar), Märchenmotive, historisierende und enthistorisierende Auslegungen lösen sich ab.

Nicht zu vergessen sind in diesem Zusammenhang die über 150 Estherdramen, die von der Renaissance bis zur Gegenwart als Bühnenstücke geschrieben werden. Diese gehen ihrerseits wieder auf jüdische Purimspiele oder christliche Spiele zurück, wie das erste deutschsprachige Estherstück aus der Feder von Hans Sachs, das am Beispiel von Haman illustriert, daß Hochmut vor dem Fall kommt. Racine spielt in seinem Estherstück (Haman als Schurke, Esther als Idealbild) auf den Hof Ludwigs XIV. an. Aus Goethes »Jahrmarktsfest in Plundersweilern« (1778) wird eine Opernparodie, in der Esther und Mardochai als zynische Egoisten auftreten. Lope de Vega, Grillparzer und Max Brod versuchten unterschiedliche Gestaltungen des Estherstoffes (Gerleman, Esther, S. 7ff).

Haller faßt eine ganze christliche Auslegungstradition zusammen. Esther steht (2,10) für das »ganze Judenvolk ... das zwischen dem Durst nach Reichtum, Ansehen, Ehre und Rache und der lähmenden Angst um sein Leben und seinen Besitz hin- und herpendelt. Es schämt sich seiner Besonderheit (2,10) und hat doch den Trotz, sich nicht vor Heiden zu beugen (3,4); es bedient sich der Lüge und klugen Geschmeidigkeit, um zu seinem Ziel zu kommen (7,9; 5,4ff), aber es braucht skrupellos die Gewalt, wo es sie hat (8f). Es ist das Judentum einer schlimmen und verdorbenen Zeit, das sich hier ein Denkmal im Alten Testament gesetzt hat, wo von prophetischem Geist nichts mehr, von Hochmut und Leidenschaft um so mehr zu merken ist« (Haller, S. 271). »Die ganze Szene bietet ein äußerst lebenswahres Bild einer orientalischen Haremsintrige, bei der die kühl berechnende Klugheit eines schönen Weibes mit Glück die Sinnlichkeit eines brutalen Despoten und die blinde Ehrfurcht eines Emporkömmlings zu ihren Zwecken zu lenken weiß. Dem jüdischen Leser erscheint dies nicht nur als sittlich unanstößig, sondern als ein gutes Werk; dient es doch ad maiorem gloriam dei!«

»Ebenso ist Esther trotz aller Schlauheit doch eine ansprechende Personifikation derjenigen Eigenschaften, die das alte Israel an seinen Frauen schätzte: Klugheit, Mut und Schlagfertigkeit ... Allein gerade da vermißt man die religiöse Motivierung, den Glaubenstrotz der Propheten und übrigen Helden des Alten Testamentes! Das Judentum der Diaspora wehrt sich um seine Haut und um sein Geld. Viel zahlreicher aber sind die schlimmen, ja widerwärtigen Züge dieses Volkscharakters, vor allem die ungebändigte Rachsucht, die ihre Phantasie mit richtig orientalischer Wildheit im Blute des Gegners schwimmen und schwelgen läßt (9,5), nach dem allerdings gut alttestamentlichen Grundsatz: Auge um Auge, Zahn um Zahn ... Der Jude ist selbst zum Gott geworden« (Gunkel).

Was christlich gedacht war, konnte in der antisemitischen Propaganda säkularisiert als »biblischer« Beleg für Unmoral und Gewaltdenken der Juden begriffen werden. Esther wird wie folgt charakterisiert: Eine »schlaglichtartige Beleuchtung«

erfährt die Gefahr jüdischer Gemeinden in anderen Ländern »durch den im Buch Esther erhaltenen Bibelbericht«. Die Esthergeschichte, nachdem sie aller verlogenen Sentimentalität entkleidet ist, stellt sich so dar: Die »stolze Frau« Vasthi läßt sich nicht vor den »viehisch betrunkenen Lüstling« kommandieren. Die Jüdin aber tut es, sie stellt sich für »das Kuppelgeschäft« zur Verfügung. »Sie kommt in den Harem des Königs.« Haman hatte »seit langem die Gefährlichkeit der Juden erkannt, die sich nicht dem Reich als organische Glieder einfügen wollten« und sich »sogar weigerten, die üblichen orientalischen Höflichkeitsformen der Begrüßung zu wahren«. »Die darauf angeordnete Judenmetzelei... müßte, wenn der Bericht überhaupt auf Wahrheit beruhen würde, einmal aus den orientalischen Verhältnissen heraus verstanden werden, nach denen Menschenleben wohlfeil waren, zweitens aber auch aus der begreiflichen Erregung über das Verhalten der Juden, die einen Staat im Staate zu bilden versuchten und durch ihr Geld und ihre Handelsbeziehungen eine führende Rolle spielten« (Brewitz, S. 47ff).

Die ganze spießbürgerliche Unmoral des Autors spricht aus Brewitz' Worten: »Die jüdische Dirne... erreichte durch ihre Buhlerinnenkünste (nach... Luther... hatte sie ihr Antlitz geschminkt und heuchelte dann geschickt eine Ohnmacht) vom König die Hinrichtung... des ehrlichen und um sein Volk besorgten Hamans.« Sie »schiebt« ihren Vetter ins hohe Amt des ermordeten Haman. Dieser »rachsüchtige Jude« benutzt »seine Vollmachten, um sich an den ihm verhaßten Ariern zu rächen«.

Aus der christlichen und nachchristlichen Auslegungsgeschichte lassen sich drei Linien herauslesen:

- Kritik an Rolle und Unmoral Esthers, die an mitgebrachten Vorstellungen gemessen werden. Esther läßt sich, nach dieser Auffassung, zur Schau stellen. Luther findet – trotz Vasthi, trotz Esther – nichts dabei, ein sexuelles-patriarchalisches Verfügungsrecht des Mannes über die Frau im Buch Esther zu finden: »Willst du nicht, will eine andere, will Frau nicht, so komme die Magd« (Bardtke, Luther, S. 58).
- Die »Gottlosigkeit« des Estherbuches wird kritisiert, als ob die Häufigkeit der Namensnennung Gottes das Gegenteil bewirke, als ob es das zweite Gebot nicht gäbe, als ob es

keine Überlegungen beispielsweise von Tillich, Sölle oder Bonhoeffer für eine nichtreligiöse Interpretation theologischer Sachverhalte gäbe.
- Der »jüdische Nationalismus« wird kritisiert, als gäbe es die biblische Leiblichkeit weder in der Erschaffung von Frauen und Männern noch in der Erwählung eines real existierenden jüdischen Volkes.

Folgerungen

Die Amoralität der Verhältnisse und die Moralität der Menschen? Esther und Mordechai stehen für einen Selbstbehauptungs- und Befreiungsprozeß, der weder fatal die Verhältnisse als gegeben und unverbesserlich hinstellt noch die Chancen des/der aufstehenden einzelnen geringschätzt. Stefan Heym formuliert in seinem Ahasver-Roman ein Esther-Thema: »Leiden... ist kein Verdienst; das Lamm, das sich fressen läßt, stärkt die Ordnung der Wölfe« (Heym, S. 136). Weder die gemäß der Thora handelnden Menschen noch die nach dem Befreiungsprozeß entstehenden neuen Verhältnisse werden idealisiert, nicht nach dem Exodus und auch nicht nach der Abwendung des Hamanschen Programms. Wird das übersehen, dann wird – aktuell gesprochen – dem ANC Südafrikas Gewaltfreiheit angeraten, den Opfern von Sextourismus Keuschheit, den um ihr Existenzrecht kämpfenden Minivölkern der Palästinenser, Nicaraguas und Israels die Friedlichkeit eines unbedrohten Luxemburg, den um ihre Rechte kämpfenden Frauen und Schwarzen Geduld. »Sie bedauern die Demonstrationen... aber leider bedauern Sie nicht die Umstände, die zu diesen Demonstrationen führten«, schreibt Martin Luther King 1963 aus dem Gefängnis an die Bischöfe, die ihn von direkten Aktionen abhalten wollen (King, S. 186). Für Bonhoeffer gehört Schuldübernahme zum solidarischen befreienden Handeln, zur verantwortlichen Tat.

An der Unerlöstheit der Welt zu leiden (trotz verbesserter Verhältnisse) gehört als Stimulans zum Realismus biblischer Hoffnung und nicht als Quietiv: »Es ist doch unser Tun umsonst auch in dem besten Leben.« Die Wirklichkeit der ermordeten Perser ist so unmoralisch wie die der Kinder in Bethlehem oder die der im Roten Meer ertrunkenen Greiftrupps des Pharao. Die jüdische, talmudische Bibelauslegung erzählt, daß Gott trauert und nicht mitsingt, als die Engel im Himmel Jubelchöre über die Befreiung aus Ägypten anstimmen. Er sagt: »Wie kann ich Freude haben, wenn meine Kinder, die Ägypter, tot sind?« Ein christliches Mitleiden mit den Babys in Bethlehem ist nicht bekannt, auch nicht mit Ananias und Saphira (Apg. 5,1–11), die starben, weil sie die christliche Sozialbindung des Eigentums mißachteten.

Die in den Namen sich zeigende Entzauberung von Göttinnen und Göttern (Esther = Ischtar, Vasthi; Mordechai = Marduk; Haman = Human) bringt Menschen aus Fleisch und Blut in ein menschliches Maß. In der Nazizeit kursierte ein ähnlicher, Mächtige entthronender Witz: »Zwei Juden sprechen über Hitlers Ende, der eine wünscht dem Massenmörder einen schrecklichen Tod, der andere will nur erleben, daß er am Fenster steht, Hitler auf der Straße vorübergehen sieht und sagen kann ›nebbich, der Hitler‹.«

Die Rolle der Frau liegt nicht fest; das zeigt Esther, wenn sie die Konsequenzen aus dem ersten Gebot, der Exodusgeschichte und dem Vorrang der Lebensrettung vor jeder Rollenkonservierung ernst nimmt.

Wenn die Existenz Israels, das »zerstreut und gesondert unter den Völkern lebt, dessen Gesetze von denen aller Welt verschieden sind und die die königlichen Gesetze nicht achten« (3,8) auch zur Grundlage des christlichen Kirchenverständnisses wird (Bibel, Gottesvorstellung, Geschichtsperspektive usw. hat die Kirche von Israel gelernt und übernommen – ohne Israel zu enterben!), woher kommt dann der anpasserische Zug in der Kirche? Wie leben die Christenheit und die Christen als kritische, transnationale, heilsame Gemeinde?

Impulse

Esther

Esther ist schlank wie eine Feldpalme,
Nach ihren Lippen duften die Weizenhalme
Und die Feiertage, die in Juda fallen.

Nachts ruht ihr Herz auf einem Psalme,
Die Götzen lauschen in den Hallen.

Der König lächelt ihrem Nahen entgegen –
Denn überall blickt Gott auf Esther.

Die jungen Juden dichten Lieder an die Schwester,
Die sie in Säulen ihres Vorraums prägen (Lasker-Schüler).

MARTIN STÖHR

Verwendete Literatur

HANS BARDTKE, Das Buch Esther. Kommentar zum Alten Testament, Gütersloh 1963.

DERS., Luther und das Buch Esther, Tübingen 1964.

DIETRICH BONHOEFFER, Ethik, München 1956.

WALTHER BREWITZ, 4000 Jahre jüdischer Geschichte, Leipzig 1940.

OTTO EISSFELDT, Einleitung in das Alte Testament, Tübingen 1976.

GILLIS GERLEMAN, Studien zu Esther. Stoff – Struktur – Stil – Sinn, Neukirchen-Vluyn 1966.

DERS., Esther. Biblischer Kommentar zum Alten Testament (BKAT), Neukirchen-Vluyn 1973.

MAX HALLER, Das Judentum. Geschichtsbeschreibung, Prophetie und Gesetzgebung nach dem Exil, Göttingen 1914.

STEFAN HEYM, Ahasver, Frankfurt/M. 1983, S. 136.

OTTO KAISER, Einleitung in das Alte Testament, Gütersloh 1984[5].

MARTIN LUTHER KING, Freiheit, Kassel 1964.

ELSE LASKER-SCHÜLER, Gesammelte Werke in drei Bänden, Kösel-Verlag, München.

NATHAN PETER LEVINSON, Ein Rabbiner erklärt die Bibel, München 1982.

MARTIN LUTHER, WA. Tischreden Bd. 1.

PNINA NAVÈ-LEVINSON, Einführung in die rabbinische Theologie, Darmstadt 1982.

ROLF RENDTORFF, Einleitung in das Alte Testament, Neukirchen-Vluyn 1983.

FRIEDRICH THIEBERGER (Hrsg.), Jüdisches Fest. Jüdischer Brauch, Königstein 1985[3]. Hier ausführliche Beschreibung des Purimfestes und Abdruck verschiedener Purim-Erzählungen aus der jiddischen Literatur.

Sprüche 3,13–26

Leben aus der Weisheit

Ein Sonntag nach Trinitatis

Rainer Kessler

Exegetische Überlegungen

Die Perikope ist in drei Sinnabschnitte gegliedert, die sich auch formal voneinander abheben: a) Die Verse 13–18 sind Heilsruf (»Wohl dem Menschen...«); das letzte Wort des Verses 18 nimmt den Anfang wieder auf (»...wer sie festhält, wohl ihm!«) und schließt damit den Abschnitt. Dem Inhalt nach geht es in den Versen 13–18 weniger um den Preis des Menschen, der an der Weisheit festhält, eher steht der Preis der Weisheit selbst zur Debatte. b) Die Verse 19f setzen nach dem abschließenden »wohl ihm!« in Vers 18 neu ein: Sie erörtern das Thema der Weisheit als Schöpfungsmittlerin. Doch wie dort geht es auch hier um den Preis der Weisheit. c) Schärfer als zwischen den Versen 18 und 19 ist der Einschnitt zwischen den Versen 20 und 21. Vers 21 eröffnet mit der Anrede »Mein Sohn« einen neuen Abschnitt, an die Stelle eines Heilsrufes tritt eine Mahnrede. Doch auch hier fallen Form und Inhalt auseinander, denn die Mahnrede enthält eine ausführliche Verheißung für den, der der Weisheit folgt, so daß es auch hier wieder – sei es indirekt – um den Preis der Weisheit geht.

Vor uns liegt ein typisches Produkt theologisch-weisheitlicher Reflexion; es bestimmt die Sammlung der Spr. 1–9. Sie ist gekennzeichnet durch längere Einheiten, in denen bestimmte Inhalte relativ frei in unterschiedliche Formen gekleidet werden können. Damit unterscheidet sie sich deutlich von der Erfahrungsweisheit (Spr. 10–29), die ganz kurze, in sich geschlossene Sprichwörter hat. Die weisheitliche Reflexion unterscheidet sich insofern von der Erfahrungsweisheit, als in ihr nicht nur das im übrigen weitgehend gemeinorientalische weisheitliche Spruchgut gesammelt worden ist, sondern das Phänomen der Weisheit überhaupt reflektiert wird. Dabei ist in Israel entscheidend die Frage, wie das Verhältnis der Weisheit zu dem Gott Israels, zu JHWH, bestimmt wird.

Irreführend ist freilich die früher übliche Unterscheidung in »ältere« und »jüngere Weisheit«, als ob das Sammeln der gemeinorientalischen Spruchüberlieferung als solches älter sein müßte als die reflektierte Auseinandersetzung mit dem Phänomen der Weisheit überhaupt, wie wir sie in Spr. 1–9 finden. Christa Kayatz hat überzeugend gezeigt, daß gerade auch in Spr. 1–9 zahlreiche alte ägyptische Vorstellungen, Bilder und Formen verarbeitet sind, und kommt zu dem Schluß, daß »das Sammeln und Fortbilden der kurzen prägnanten Sprüche der Erfahrungsweisheit zu didaktischem Zweck (Spr. 10–29) und das in unserer Sammlung sich niederschlagende stärker von theologisch-weisheitlicher Reflexion bestimmte pädagogische Bemühen derselben Zeit angehören« (Kayatz, S. 136).

Religionsgeschichtliche Parallele und ihre Bedeutung

Besonders häufig berührt sich die Darstellung der Weisheit in Spr. 1–9 mit dem ägyptischen Maat-Denken und der Maat-Gestalt. Grundlegend ist dabei die Vorstellung von der Weisheit als Frau, die in Spr. 1–9 durchgehalten ist und mit der ägyptischen Personifizierung der Maat als Frau übereinstimmt. Parallelen zu ägyptischen Vorstellungen gibt es bis in Einzelheiten. So heißt es von der Weisheit wie von der Maat, daß sie Leben gibt (Spr. 3, 16.18.22). Die Weisheit ist »Schmuck für deinen Hals« (V. 22); es erinnert an den ägyptischen Brauch, sich Maat-Amulette um den Hals zu binden. Besonders offenkundig ist die Übereinstimmung mit dem Bild der Weisheit des Verses 16: »Langes Leben ist in ihrer Rechten, in ihrer Linken Reichtum und Ehre.« Christa Kayatz bildet eine Darstellung der Göttin Maat ab, die in der einen Hand das ägyptische Symbol für Leben, in der anderen das für Reichtum und Ehre hält (Kayatz, S. 105; weitere Belege S. 102–117).

Welche Bedeutung kommt nun in Israel dieser Darstellung der Weisheit als einer Frau zu? Zunächst: Die Weisheit ist in Israel nicht wie in Ägypten eine Göttin. Auch dort, wo von ihr eindeutig als Person gesprochen wird, steht immer fest, daß sie die Personifizierung des Abstraktums Weisheit ist. Sicher ist die Personifizierung der Weisheit als Frau auch dadurch bedingt, daß »Weisheit« im Hebräischen wie im Deutschen das weibliche Geschlecht hat. Auf die gleiche Weise kann auch die Torheit als Frau personifiziert werden (Spr. 9,13).

Aber es wäre durchaus abwegig, hier nur grammatikalische Bedingungen oder die Parallele zu Ägypten als Ursache anzunehmen. Indem die Weisheit sich in Vers 19f als Mittlerin der Schöpfung JHWHs vorstellt (8,22–31 breiter ausgeführt), gibt unsere Perikope selbst die Richtung an. »JHWH hat durch Weisheit die Erde gegründet«, heißt es in 3,19; das bedeutet: Die Weisheit »ist das göttliche Prinzip, das die Welt durchdringt und sie aufrecht erhält« (Ringgren, S. 23).

Es ist der Sinn weisheitlicher Lehre, sowohl der kurzen Sprichwörter der Erfahrungsweisheit wie der längeren, reflektierenden Abschnitte, dieses göttliche Prinzip der Welt zu erfassen – im Kleinen wie im Großen, in der Natur wie im Zusammenleben der Menschen. Aber die altorientalisch-israelitische Weisheit ist mehr als nur ein Streben nach Erkenntnis. Sie ist immer zugleich auch Anleitung, dieser weisheitlichen Erkenntnis gemäß zu leben. Deshalb folgt auf den Preis der Weisheit (V. 13–20) die Mahnung: »Mein Sohn, verliere sie nicht aus den Augen, halte fest an Umsicht und Besonnenheit« (V. 21). Und die Weisheit verspricht dem, der nach der Weisheit lebt: »So werden sie Leben für dich sein und Schmuck für deinen Hals« (V. 22–26).

Ist Weisheit in ihrem Streben nach Erkenntnis also durchaus mit unserem Begriff von Wissenschaft (sowohl Natur- als auch Gesellschaftswissenschaft) zu vergleichen, so kennt die alte Weisheit andererseits nicht die seit der europäischen Neuzeit vorherrschende Trennung in rein theoretische Erkenntnis und ethisch geleitetes Handeln. Für die Weisheit fallen Erkenntnis (Theorie) und erkenntnisgemäßes Leben (Praxis) zusammen.

Hier gewinnt nun die Vorstellung von der Weisheit als Frau hervorragende Bedeutung. Dies läßt sich biologisch wie gesellschaftlich am Prozeß der Produktion verdeutlichen. Das Wichtigste, was Frauen produzieren (hier wörtlich: hervorbringen) – das Wichtigste, was überhaupt hervorgebracht wird –, sind Kinder. Und dieser Prozeß gelingt nur in völliger Übereinstimmung mit der Natur, mit der Natur der Frau wie der des werdenden Kindes, in einer Umwelt, die diesem Prozeß freundlich ist. Dasselbe trifft für die Aufgabe zu, die gesellschaftlich seit Jahrtausenden Haupttätigkeit der Frau ist, das Aufziehen der Kinder.

Wie anders dagegen steht es um die von Männern gelenkte Produktion vor allem seit dem Aufkommen moderner Industrie! Zwar erforscht man auch hier die Gesetze der Natur, um sie in der Produktion anwenden zu können. Aber dies geschieht immer, um die »Grenzen der Natur« zu überschreiten. Da werden Werkstoffe entwickelt, die nicht verrotten; da wird die natürliche Umwelt bis zu einer Grenze belastet, die am Rande des Erträglichen liegt. Da werden in hochspezialisierter wissenschaftlicher Erkenntnis nukleare Prozesse eingeleitet, deren Ende niemand absehen kann.

Auch die gesellschaftliche Form, die eine solche Produktion realisiert, sprengt alle Naturgesetze. Der Kapitalismus legt Wert darauf, in möglichst kurzer Zeit ein Höchstmaß an Produktion zu leisten. Der natürliche Rhythmus von Tag und Nacht, von Wachen und Schlafen muß also aufgehoben werden. Es muß produziert werden bis zur Erschöpfung von Mensch, Material und natürlichen Rohstoffen. Stellen wir uns vor, eine Schwangerschaft würde nach diesen Gesetzen »organisiert«! Katastrophal!

Wir sind denkbar weit entfernt vom Ideal der Weisheit: »Wohl dem Menschen, der Weisheit erlangt hat, dem Manne, der Einsicht gewinnt; denn ihr Erwerb ist besser als Erwerb von Silber, und mehr Wert als Gold ist, sie zu gewinnen« (V. 13f). Ideal *unserer Gesellschaft* ist »Erwerb von Silber«. Das Ideal der Weisheit – einer durchaus angemessen als Frau personifizierten Weisheit – ist demgegenüber ein Leben in Übereinstimmung mit sich selbst, mit den anderen Menschen und mit der natürlichen Umwelt. Denn: »JHWH hat durch Weisheit die Erde gegründet« (V. 19).

Feministische Dimension des Textes

Letztgenannter Satz zeigt nun freilich auch, daß in Israel die Weisheit eindeutig JHWH untergeordnet ist. Sie steht »ganz in JHWHs Verfügungsmacht. Sie ist das Mittel, dessen er sich bei der Schöpfung bediente und durch das er in seiner Welterhaltung heilsam wirkt« (Kayatz, S. 139). Und auch die Mahnrede (V. 21–26), die zum Festhalten an der Weisheit auffordert, schließt damit, daß in JHWH die Sicherheit des Lebens gewährt ist: »Denn JHWH wird deine Zuversicht sein und deinen Fuß vor Verstrickung bewahren« (V. 26). Wird durch diese Unterordnung der Weisheit unter JHWH nicht letztlich doch die weibliche Weisheit patriarchalisch gezähmt?

Meines Erachtens ist es eine andere Erfahrung – jenseits patriarchalischer Unterdrückung –, die zur Unterordnung der Weisheit unter JHWH führt. Dem, der der Weisheit folgt, wird versprochen: »Langes Leben ist in ihrer Rechten « (V. 16); wer an Umsicht und Besonnenheit festhält, für den werden sie »Leben« sein (V. 22). Stimmt das denn mit der Erfahrung überein? Angesichts von Säuglingen, die an Krebs und AIDS erkranken, doch wohl nur bedingt. Es gilt zwar: Wer gegen die Weisheit lebt, gefährdet sein Leben. Aber deshalb trifft nicht immer die Umkehrung zu: Wer weise lebt, hat die Garantie für sein Leben. Denn es wäre gewiß zynisch, krebskranken Kindern oder Opfern von Naturkatastrophen unweises Leben vorzuwerfen. Um einer solchen Konsequenz zu entgehen, wird die Weisheit von JHWH abgesetzt. Weisheit leitet zwar zum Leben an, aber sie trägt nicht schon in sich die Garantie für Leben. Das Leben des Menschen bleibt Gottes freier Verfügungsgewalt vorbehalten.

Das hat mit patriarchalischer Unterwerfung der »weiblichen Weisheit« unter den »männlichen JHWH« nichts zu tun. Anders als Maat, die die »Geliebte der ägyptischen Götter« ist (Kayatz, S. 139), kennzeichnet der Text Weisheit und JHWH nicht als geschlechtliches Paar. JHWH steht jenseits der Weisheit, weil das »weibliche« Ideal des Lebens in Übereinstimmung mit den göttlichen Prinzipien der Welt, würde es absolut gesetzt, dem, der leidet, jeweils selbst die Schuld aufbürden müßte. JHWH steht aber genauso jenseits des »männlichen« Ideals einer Mensch und Natur zerstörenden Wissenschaft und Technik. Und das ist von weit größerer Bedeutung. Daß das »weibliche« Ideal eines Lebens in Harmonie vergöttert wird, kommt zwar vor, ist aber eine gesellschaftliche Randerscheinung. Die Vergötterung des »männlichen« Ideals von Herrschaft über – und Unterwerfung von – Mensch und Natur aber zerstört nun bald die Erde. Da ist es gut, sich der Weisheit Israels zu erinnern.

Hinweis zur Predigt

Industriereportagen von Günter Wallraff und anderen Journalisten illustrieren, was es heißt, daß die kapitalistische Industrie gegen die Natur von Mensch und Material produziert. Charly Chaplins Film »Moderne Zeiten« zeigt anschaulich, wie der Mensch dabei zum bloßen Anhängsel der Maschine wird. Die Folgen dieser Produktionsweise für die Natur dokumentieren jede Tageszeitung und jede Nachrichtensendung.

Es ist auch möglich, Predigtimpulse aus weiblicher Sicht zu gewinnen: Warum fällt die »Eingliederung von Frauen in das Arbeitsleben« so schwer? Liegt es an den Frauen, weil sie schwanger werden und Kinder stillen? Oder liegt es nicht eher am Arbeitsleben, das den freien männlichen Lohnarbeiter voraussetzt?

Woher immer wir einsteigen, auf das Ziel kommt es an: einer von männlichen Herrschafts- und Allmachtsvorstellungen bedrohten Welt das »weibliche« Ideal der Weisheit vor Augen zu stellen, einer Weisheit, die uns zum Leben anleitet, das uns letztlich Gott selbst schenkt.

Verwendete Litaratur:

Christa Kayatz, Studien zu Proverbien 1–9. Eine form- und motivgeschichtliche Untersuchung unter Einbeziehung ägyptischen Vergleichsmaterials, WMANT 22, Neukirchen-Vluyn 1966.

Helmut Ringgren, Sprüche, ATD 16/1, Göttingen 1981[3].

Günter Wallraff, Industriereportagen. Als Arbeiter in deutschen Großbetrieben, Reinbek bei Hamburg 1970.

Vgl. den folgenden Beitrag von Mieke Korenhof zu Sprüche 8,22–31 innerhalb von Sprüche 8 und 9.

Sprüche 8,22–31

Die »Weisheit« scherzt vor Gott

Laetare

Mieke Korenhof

Vorbemerkung

In meiner Auslegung berücksichtige ich Spr. 8 und 9 innerhalb der Sammlung 1–9, hebe jedoch insbesondere die Entstehung der »Weisheit« (8,22–31) hervor, weil in diesem Abschnitt die Beziehung der »Weisheit« zu Gott, den Menschen und Dingen dieser Welt zur Debatte steht. Deshalb stelle ich auch meine eigene Übersetzung des »tückischen« hebräischen Textes als Arbeitshilfe der Exegese voran.

Sprüche 8,22–31
22 JHWH erschuf mich als Erstling seines Weges,
als Uranfang seiner Werke von damals.
23 Seit jeher bin ich fest geformt worden
von Anfang an, seit den Urzeiten der Erde.
24 Als es noch keine Urfluten gab, bin ich geboren worden,
als es noch keine Quellen gab, schwer von Wasser.
25 Bevor die Berge eingesenkt wurden,
vor den Hügelzügen bin ich geboren worden,
26 als er noch nicht gemacht hatte die Erde und die Steppen
und nicht die Masse der Erdklumpen des Festlandes.
27 Als er den Himmel festmachte, dort war ich,
als er die Linie des Horizonts abzirkelte über der Urflut,
28 als er die Wolken droben festmachte,
als er die Quellen der Urflut zähmte,
29 als er dem Meer seine Grenze setzte,
so daß die Wasser nicht übertreten seinen Mund,
als er die Fundamente der Erde festlegte.
30 Ich war bei ihm, einem Meister,
ich war Wonne Tag für Tag,
31 scherzend vor ihm die ganze Zeit,
scherzend auf dem Festland seiner Erde,
und meine Wonne ist es, bei den Menschen zu sein.

Exegese

Zur Übersetzung. »Erwerben, schaffen«, »gießen, flechten« und »gebären« sind Ausdrücke des Schaffens Gottes (V. 22–25). Anders als in 1. Mose 1 schafft Gott nicht durch das Wort, sondern durch *handwerkliches Können* (V. 23.26–29). Im folgenden gebe ich die geläufigsten Lesarten des »amon« wieder, die alle jedoch mehr oder weniger hypothetisch sind, zumal sich »amon« eher auf Grund des Kontextes als des Vokalbestandes deuten läßt. Ich selbst halte den masoretischen Text »amon«, »Werkmeister«, als *Selbstbezeichnung Gottes* für sinnvoll; er braucht nicht geändert zu werden, obwohl der Artikel hier wie im ganzen Abschnitt 8,22ff fehlt (ebenfalls Ijob 36,22). »Werkmeister« auf die »Weisheit« bezogen ist dagegen weniger sinnvoll, da die Verse 26–29 nicht beschreiben, ob und in welcher Weise »Weisheit« an der Erschaffung der Welt beteiligt ist. Spr. 3,19 verstehe ich eher als Eigenschaft Gottes, weniger instrumental. Zudem scheinen »Wonne« und »scherzen« nicht so recht zu der Arbeit eines Werkmeisters zu passen. Anders die Deutung »amun«, »Kind, Liebling«, als Bezeichnung für die »Weisheit«. »Spielen« kann sinnvoll auf »Kind« bezogen werden. Allerdings verträgt sich das Bild vom spielenden Kind nicht so recht mit der Vorstellung, die »Weisheit« von sich und ihrem Anspruch hat. Die Bezeichnung »vor ihm« (V. 31) schließt eine Deutung des »scherzend« im Sinne eines erotischen Liebesspieles aus.

Das Partizipium fem. piel von śḥk (V. 31ab) »scherzen, spaßen, unterhalten« könnte als *freudige Akklamation* für den Schöpfer-Gott gedeutet werden (Keel).

Kontext. Die Verse 8,22ff gehören zur zweiten und letzten Rede der personifizierten Weisheit (Spr. 8) aus der Sammlung 1–9, der sogenannten »jüngeren«, das heißt nachexilischen Weisheit. In ihr spiegelt sich das Ineinander (Kayatz), nicht Nacheinander (von Rad) der säkularen und der theologischen Weisheit wider. Kayatz setzt deshalb eine Frühdatierung in die Königszeit voraus. Bei ihrer Entscheidung berücksichtigt sie jedoch nicht die hier vorliegende eigentümliche Verbindung von Weisheit und Schöpfungsaussagen. Da das Thema »Schöpfung« erst spät, in der exilischen bzw. nachexilischen Zeit, reflektiert wird und 8,22ff eine handwerkliche Terminologie gebraucht, die an Deuterojesaja erinnert, halte ich eine Spätdatierung für sinnvoller.

Die »Weisheit« redet als Ich, stellt sich selbst dreifach vor: Funktion (8,4–10), Verheißung von Gerechtigkeit und Besitz (8,12–20), von Leben und Wohlgefallen Gottes (8,32–36). Spr. 8,1–3 ist die Einleitung, in der von der öffentlichen Wirksamkeit der »Weisheit« gesprochen wird, V. 32–36 ist ein paränetischer Abschnitt, in dem der Aufruf zum Hören und Lernen steht. Die lehrhafte Rede ergeht an Männer (8,4.32.34).

Das Lehrgedicht steht in der Nähe der Selbstprädikationen ägyptischer Götter; wie jene ist es zeitlos und kosmologisch gehalten. Inhaltlich gibt es jedoch entscheidende Unterschiede. Die Göttin Maat ist sowohl Liebling im Sinne eines spielenden Kindes auf dem Schoße des Vaters wie Geliebte des Re (und verschiedener anderer Götter). Als Tochter des Atum ist sie eindeutig göttlicher Abstammung. Maat bedeutet »Leben«, aber auch: Menschen wie Götter leben von der Maat, sie sind von ihr abhängig (Kayatz).

Spätere Theologen haben Thora und Weisheit (Sir. 24; 5. Mose 4,6 und Ps. 19 bahnten eine solche Verbindung schon an) wie auch Weisheit und Jesus Christus in eins gesetzt (1. Kor. 1–3). Kol. 1,15ff und Joh. 1,1–3 nehmen Spr. 8,22ff auf, indem sie Jesus als präexistent und »bei Gott« bezeichnen.

Gestalt und Absicht des Textes. Im Abschnitt Spr. 8,22ff geht es um die *Präexistenz der »Weisheit«* (V. 22f positiv, V. 24–26 negativ beschrieben) als Voraussetzung für ihre Anwesenheit bei der Welterschaffung. Infolge dieser Präsenz verfügt »Weisheit« über präzise Kenntnisse der Weltordnung, die wiederum ihren Anspruch, Menschen in der »Wahrheit« (8,7) zu unterrichten, ja ihnen sogar zu einem Leben in der Fülle (8,18.21.35) zu verhelfen, legitimiert – einen Anspruch, den letztlich Gott selbst hat. Folgerichtig steht die »Weisheit« in *größtmöglicher Nähe zu Gott der übrigen Schöpfung gegenüber*, ohne jedoch mit ihm identisch zu sein; zumindest läßt der Text eine eindeutige Aussage über die Identität von »Weisheit« und Gott nicht zu. Dasselbe gilt für eine eventuelle geschlechtsspezifische Deutung der »Weisheit«. Sie steht bei Gott (8,30) wie bei den Menschen (8,31), ist Bindeglied zwischen Gott und der Welt. *Rationalität* (»Vernunft«, 8,12) und *Solidarität* (»Gerechtigkeit«, 8,6.8.20) als Handlungskriterien für ein Gelingen des Lebens sowie das *Lob Gottes* (8,30f) sind Gegenstand ihrer Rede.

Die Verhältnisbestimmung der »Weisheit« zu Gott und Welt. Spr. 8,22 formuliert aktiv mit Gott als Satzsubjekt die Erschaffung der »Weisheit«, während V. 23a (»geformt worden«) und V. 24a.25b (»geboren worden«) den Vorgang passiv ausdrükken, also ohne grammatikalisches Subjekt. Obwohl der Kontext es nahelegt, auch hier Gott als Subjekt vorauszusetzen, drücken die Verse 23–25 den Sachverhalt dennoch verhaltener aus. Auch wer »schaffen«, »gießen, flechten« und »geboren werden« als Synonyme versteht, muß einräumen, daß Erschaffung hier als »geboren und gemacht werden« beschrieben ist. »Geboren« auf Gott zu beziehen ist nicht ungewöhnlich. 5. Mose 32,18 , wo ḥwl, »gebären«, parallel zu jld, »gebären, zeugen«, steht, hat Gott als Subjekt. »Geboren werden« zielt auf biologische Abstammung, setzt Wesensgleichheit voraus, während »gemacht werden« technisch als Ergebnis einer Handlung zu verstehen ist: Hier wäre die »Weisheit« eher weltlich als göttlich. Ungewiß ist, ob der Erzähler bewußt das Bild des Gebärens gebraucht, oder ob hier metaphorischer Sprachgebrauch vorliegt. Der Text jedoch verwendet beide Begriffe, so daß die Entstehung der »Weisheit« zwischen Geburt und Erschaffung in der Schwebe bleibt. Dieses Dilemma spiegelt die gängige Auslegung (eher »weltlich«, u. a. von Rad, Plöger, als »göttlich«, Murphy, Terrien). Auf jeden Fall besteht zwischen Gott und der als Person geschilderten »Weisheit« eine intensive Zugehörigkeit: größtmögliche Nähe ohne Identität? Just so stellt Michelangelo die Präsenz der »Weisheit« während der Erschaffung Adams (Erde) dar: als eine hübsche junge Frau im Arm Gottes, getragen von Engeln im Schutze eines wolkengleichen Umhangs (Himmel). Er folgt jedoch nicht der Deutung der Wesensgleichheit: Engel und »Weisheit« sind Gott zugeordnet (viertes Fresco des Sixtinischen Deckengemäldes).

Zur Weiblichkeit der »Weisheit«. Die Tatsache, daß im Hebräischen wie im Deutschen das grammatikalische Geschlecht des Begriffes »Weisheit« weiblich ist, hat keine biologische Implikation. Auch der Bildvergleich »Frau Weisheit, Frau Torheit« (Spr. 9), wie »Weisheit, du bist meine Schwester« (7,4) ist ein zu schwacher Beleg, da wir heute nicht mehr wissen, ob bewußte oder unbewußte Bildsprache vorliegt. Da scheint das

Partizipium fem. piel »scherzend« zunächst ein handfester Beweis für die Weiblichkeit der »Weisheit« zu sein, vor allem, da »scherzend« in Vers 30a ohne »Weisheit« steht, jedoch verweist das Satzsubjekt »Ich« (V. 30a) auf »Weisheit«. Deshalb muß das Partizipium die weibliche Form haben. Auch die Entstehung der »Weisheit«, die *sehr verhalten, ja neutral beschrieben* wird (anders die Maat!), gibt keinen Aufschluß über das Geschlecht der »Weisheit«, auch wenn gerade Spr. 8 »Spuren der Göttin« *erahnen* läßt, wie Urs Winter (S. 528) wohl zu Recht meint. Deshalb bieten weder Spr. 8,22ff noch ihr Kontext Anhaltspunkte für eine weibliche Personifikation der »Weisheit«, die viele männliche und weibliche Exegeten durchweg annehmen, ohne nach dem Sinn einer solchen zu fragen (von Rad, Kayatz, Gese, Terrien, Keel, Mulack u. a.).

Der Typus des Weisen ist insbesondere der König (1. Kön. 3; 5,9–14; 10,1–13), dann auch der Ratgeber (2. Sam. 17,14; Jer. 8,8f; 18,18) und der Schreiber (2. Sam. 8,17; 1. Kön. 4,3). Auch das Tun von Handwerker und Bauer ist weise (2. Mose 28,3; 35,10.25; 36,1). Adressaten der Spr. 1–9 sind *Männer*, die Themen sind von *männlichem* Interesse geleitet. Der Sitz im Leben sind Weisheitsschulen – mit *männlichem Unterrichtspersonal* (von Rad, Hermisson). Auf diesem Hintergrund ist der Sinn einer weiblichen Personifikation auch schwer zu verdeutlichen, es sei denn der *»geistige Eros«* (von Rad, Gese u. a.) bestimme das Verhältnis des Weisen zur »Weisheit«. Damit steht wiederum der Mann im Zentrum der Gedanken, denn *Sprücheweisheit ist Männerweisheit*. Dies belegt formal die Anrede »Männer, Söhne« (Spr. 1,8.10.15; 3,1.11.13f.21; 4,1.10.20; 5,1.7; 6,1.19b.20; 7,1.4.24; 8,4.32.34) wie inhaltlich die Warnung vor der »fremden Frau« (2,16; 5,3ff; 6,20–7,27) und der Bildvergleich »Weisheit, meine Schwester« (7,4). »Frau Weisheit und Frau Torheit« (Spr. 9) sind die beiden Pole, zwischen denen sich das Leben der Männer bewegt. Spr. 6,20–7,27 zum Beispiel beschreibt die Sexualität des Mannes als eine positive Urkraft, die er »gut« oder »schlecht« einsetzen kann, während die Frau als Lustobjekt und Verführerin des Mannes erscheint. Ihre Sexualität hat als solche eine tödliche Wirkung für den Mann. Er kann gut oder schlecht *handeln*, während die Frau gut oder schlecht *ist*. Der Mann steht zentral, er kann entscheiden zwischen »Frau Weisheit und Frau

Torheit«. Auch an den Stellen, die angeblich frauenfreundlich sprechen, geht es nicht um die Frau, sondern um den Mann. Wenn der Mann sagt: »Weisheit, du bist meine Schwester« (7,4), ist das etwas anderes, als wenn er sagt: »Schwester, du bist weise«! Spr. 8,22ff schließlich spricht von »erschaffener«, nicht von »erworbener« Weisheit.

Feministisch-theologische Implikationen

Der Text erlaubt also nicht, die »Weisheit« parallel zu weiblichen Gottesbildern als eine den Menschen zugewandte weibliche Seite Gottes zu sehen, wie ich zunächst – verhext von Sprache und Bildern – vermutet und, das gebe ich zu, erhofft habe. Dennoch verdeutlicht der Bildvergleich Spr. 7,4 und 9, daß die Beziehung des Mannes zur »Weisheit« von Männern damals wie heute (Ausleger: »geistiger Eros«) als eine Mann-Frau-Beziehung verstanden und die »Weisheit« damit von vorneherein wohl als weiblich gesehen worden ist – allerdings aus dem Blickwinkel des Mannes, dessen Handeln bestimmend ist. Die Weiblichkeit der Weisheit, im Kontext männlicher Vernunft, ist *Metapher*, nicht echte Fraulichkeit. Metapher für Intimität, Vertrautheit und emotionale Nähe. Gleichzeitig ist klar: Der Mann will und muß sich mit dem Weiblichen verbinden. Eine Identifikation *des Mannes* mit dem Weiblichen ist mit Händen zu greifen. Die Möglichkeit jedoch, sich *als Frau* mit einer *autonomen* weiblichen Personifikation der »Weisheit« zu identifizieren, die in engster Nähe Gottes, ja in göttlicher Gemeinschaft steht – ähnlich dem Paar Gott/Jesus –, entfällt durch das Ergebnis der exegetischen Untersuchung. Auch die Moral der Sprücheweisheit ist für Frauen heute – gewiß auch für Männer – abzulehnen.

Die Abwesenheit des Weiblichen in der Gottesvorstellung hat Frauen unter anderem dazu veranlaßt, sich an Göttinnen, an die weibliche Natur, an Mütterlichkeit und Geborgenheit zu orientieren. Ist »weibliche Natur« eigentlich das richtige Kriterium für eine »feministische Landnahme« nach Exodus und Wüstenreise? Der Rückzug auf Mutter Natur (Matriarchat), die einseitige Fixierung auf das Biologische, auf Körperlichkeit versus Geist und Begrifflichkeit – es sind alles Dinge, die uns

Frauen seit eh und je eigen waren. Sie dienten im Laufe der Geschichte als Legitimation des Rechtes der Stärkeren. Zudem verhindert die Natur als ewige Konstante und als Modell der Einheit von Frauen gerade die *Pluriformität* von Frauen. Solidarität und Einheit beruhen nicht auf biologischen Unterschieden zum Mann, sondern gründen in der geschichtlichen Erfahrung weiblicher Unterdrückung in Kirche und Gesellschaft. Dort zeigt die Diskriminierung von Frauen ein *je eigenes Gesicht*, sie geht quer durch Klasse, Rasse und Kultur, wie die ökumenische Studie »Die Gemeinschaft von Frauen und Männern in der Kirche« gezeigt hat. Die Kritik an gesellschaftlichen Verhältnissen, an der Art der Beziehung von Frauen und Männern, an kirchlichen Lehren oder an der Art des Theologisierens ist, neben der Suche nach weiblicher Identität und Glaubensweise, Gegenstand feministischer Theologie. Just hier könnte der *Inhalt* der Rede der »Weisheit« (Spr. 8 im ganzen) einem Nachdenken über die feministische Dimension des Textes mehr nützen als die bloße Tatsache ihrer Weiblichkeit, die ohnehin nicht als solche im Mittelpunkt steht, da sich alles um den Mann dreht.

Die »Weisheit« redet insbesondere von *»Vernunft«* (8,5.12.14.33; 9,10) und *»Gerechtigkeit«* (8,6.8.16.17.18.20) als Kriterien menschlichen Handelns; sie spricht von »Besitz« (8,18f.21) und von Gelingen des Lebens (8,35). *Rationalität* – das Vermögen, kühl und sachlich abzuwägen, sich daraufhin zu entscheiden – verlangt *Erkenntnis* (8,9.12) der rationalen Struktur der Wirklichkeit, setzt Mündigkeit voraus. *Solidarität* – das gemeinsame Handeln mit dem Ziel, ein *Mehr an Gerechtigkeit* zu verwirklichen. *Barmherzigkeit* (8,17.31.35; 9,2) – die warme, zärtliche Zuwendung zum Mitmenschen (mit Phantasie, Spaß und Humor, Intuition und Liebe), die in Verbindung mit Rationalität ein Mehr an menschlicher Kommunikation erst ermöglicht und damit das Gelingen des Lebens verbürgt. *Besitz* (8,18f.21) – als Voraussetzung für ein Mehr an Menschenwürde: Gesundheit, Hemd am Leib, Brot im Bauch, Dach überm Kopf, Frieden – es sind die unbestrittenen Grundrechte des heutigen Menschen. Sie bedingen die Möglichkeit der *Bildung*. *Doxologie* – Gott loben und preisen, ihn ehren. Das Leben mit Gott und Menschen macht die »Weisheit« glücklich. Ausdruck dieses Glückes sind Scherzen und Lachen. Neben dem gesprochenen Wort ist *Ausdrucksfähigkeit in der* *ganzen Vielfalt* von Scherzen (»Weisheit«), Singen (Mirjam), Lachen (Sara), Weinen (Rahel), Beten (Hanna), persönlichem Erzählen (Maria Magdalena) *Lob Gottes* in einer Welt voller Leid und Ungerechtigkeit. Aus der Rede der »Weisheit« spricht die Erfahrung, daß die Gestaltwerdung der Gerechtigkeit Gottes in der Welt sich vollzieht, indem wir als Frauen, Männer und Kinder in Weisheit – Vernunft *und* Barmherzigkeit – wachsen und einander wachsen lassen. Es ist uns verheißen!

Impulse

– Das Neue Testament setzt die hebräische Weisheitstradition der Gemeinschaft von Gott und »Weisheit« mit der göttlichen Gemeinschaft von Gott und Jesus fort, wobei das Konzil von Nicäa erst 325 die Art der Beziehung präzise festlegt, indem es Jesus – gegen Origenes und die Arianer – für *»geboren*, nicht gemacht« hält. Hier (Jesus) wird festgeschrieben, was dort (»Weisheit«) offenbleibt.

– Die Verbindung von Rationalität und Barmherzigkeit ist bezeichnend für das Weisheitsdenken der Bibel. Die jüdischen Wurzeln christlichen Glaubens sind hier klar zu erkennen.

– Das Weisheitsdenken bettet die hochgeschätzte menschliche Vernunft in Barmherzigkeit ein: Kopf und Herz sind eins.

– Beide Kriterien ethischen Verhaltens sind also nicht spezifisch »christlich«, das heißt, die Ethik von Christinnen und Christen richtet sich nach rational-ökonomischen und diakonisch-therapeutischen Gesichtspunkten, weniger nach theologischen Begründungen. Dies macht die ethischen Werte für eine zunehmend säkularisierte Welt leichter universal konsensfähig. Allerdings unterrichtet die »Weisheit« Menschen in der »Wahrheit« (8,7), daß die Lebensweisheit des Menschen letztlich Gottes eigene Weisheit ist (9,10).

– Die Verbindung von Rationalität und Barmherzigkeit bringt ein *komplementäres* Denken (gegen ein analytisches, dualistisches) zum Ausdruck, das *inklusiv* ist (Frauen und Männer umfassend). Dieses Denken ließe sich an der Auseinandersetzung von Frauen in Kirche und Theologie über unterschiedliche Auffassungen feministischer Theologie, am Verhältnis von »Basis«-Frauen und ihren akademisch gebildeten Schwestern oder zum Beispiel am Thema der Gentechnologie gut veranschaulichen.

– Ist Nachdenken über Moral heute noch erforderlich? Was möchten Frauen heute nachfolgenden Generationen weitergeben? Zu überlegen wäre, »Frauenweisheit« zu sammeln.

– Die scherzende »Weisheit« (8,30f) hat Spaß an Gott und wohnt unter den Menschen (8,31) auf der ganzen Welt (8,16). Das einzigartige Motiv des fröhlichen Unterhaltens Gottes könnte zu einer Theologie des Scherzens, Lachens und Spielens anregen.

Verwendete Literatur

HARTMUT GESE, Zur biblischen Theologie, BEvTh 78, München 1978.

HANS-JÜRGEN HERMISSON, Studien zur israelischen Spruchweisheit, WMANT, Neukirchen-Vluyn 1968.

CHRISTA KAYATZ, Studien zu Prov. 1–9. Eine form- und motivgeschichtliche Untersuchung unter Einbeziehung ägyptischen Vergleichsmaterials, Neukirchen-Vluyn 1966.

OTMAR KEEL, Die Weisheit spielt vor Gott. Ein ikonographischer Beitrag zur Deutung des meḫäkät in Spr. 8,30f, Freiburg 1974.

R. KUHN, Michelangelo, die sixtinische Decke, Berlin 1975.

CHRISTA MULACK, Die Weiblichkeit Gottes. Matriarchale Voraussetzungen des Gottesbildes, Stuttgart 1983.

DIES., Maria. Die geheime Göttin im Christentum, Stuttgart 1985.

ROLAND MURPHY, »Wisdom and Creation«, JBL 104, 1985, S. 3–11.

OTTO PLÖGER, Sprüche Salomonis. Biblischer Kommentar zum Alten Testament XVII, Neukirchen-Vluyn 1984.

GERHARD VON RAD, Weisheit in Israel, Neukirchen-Vluyn 1970.

SAMUEL TERRIEN, »The Play of Wisdom. Turning Point in Biblical Theology«. Horizon in Biblical Theology. An International Dialogue 3, 1981, S. 125–153.

URS WINTER, Frau und Göttin, Göttingen und Fribourg 1983.

Jesaja 49,14–23

Leben für Zion – Leben für uns

Bittgottesdienst für den Frieden oder Muttertag

Friederike Rupprecht

Übersetzung

14 Und Zion sprach: Verlassen hat mich GOTT,
und mein Herr hat mich vergessen.
15 Vergißt eine Frau ihren Säugling,
ohne sich zu erbarmen über das Kind ihres Leibes?
Auch wenn sie vergessen,
so werde ich dich nicht vergessen.
16 Siehe, auf meine Handflächen habe ich dich geritzt,
deine Mauern sind vor mir allezeit.
17 Es eilen deine Söhne;
die dich einreißen und die dich zerstören,
werden von dir hinausgehen.
18 Erhebe ringsum deine Augen und sieh:
sie alle versammeln sich, kommen zu dir.
So wahr ich lebe, spricht GOTT:
Sie alle wirst du wie einen Schmuck anlegen
und sie umbinden wie eine Braut.
19 Deine Zerstörungen und deine Verwüstungen
und das Land deiner Einreißungen:
Jetzt wird es zu eng für die Bewohner,
und ferne sind, die dich verschlingen.
20 Noch werden sagen in deinen Ohren
die Kinder deiner Kinderlosigkeit:
Eng ist mir der Platz, rück weg von mir,
damit ich sitzen kann.
21 Und du wirst sprechen in deinem Herzen:
Wer hat mir diese geboren?
War ich doch kinderlos und unfruchtbar,
in der Fremde und fern, aber diese:
Wer hat sie großgezogen?
Siehe, ich war alleine übriggeblieben,
diese: Wo waren sie?
22 So spricht mein Herr GOTT:
Siehe, ich werde zu den Heiden meine Hand aufheben,
und zu den Völkern werde ich aufrichten mein Panier,
und sie werden bringen deine Söhne im Busen,

und deine Töchter werden auf der Schulter herbeigetragen.
23 Und Könige werden deine Pfleger sein
und ihre Fürstinnen deine Ammen.
Mit der Nase an der Erde werden sie vor dir liegen,
und den Staub deiner Füße werden sie lecken,
und du wirst erkennen, daß ich GOTT bin,
nicht werden enttäuscht, die auf mich hoffen.

Diese Übersetzung ist als Arbeitshilfe gedacht. Ich habe mich bemüht, den hebräischen Text mit seinen »Haken« und möglichst auch in der hebräischen Wortstellung wiederzugeben. Die Gliederung der Zeilen entspricht den hebräischen Pausenzeichen. Für das Tetragramm JHWH verwende ich im Deutschen »GOTT«, da unsere jüdischen Schwestern und Brüder den Namen Gottes nicht aussprechen. »Auch wenn sie vergessen« (V. 15) meint einen Plural von Frauen, auch wenn in der ersten Satzhälfte nur von einer Frau die Rede ist. Die Übersetzung »Söhne« (V. 17) entspricht dem hebräischen Vokalbestand. Viele Übersetzer geben aufgrund einer geringfügigen Änderung des Vokalbestandes das Wort als »Erbauer« wieder. Die Worte »in der Fremde und fern« (V. 21) lassen die meisten Übersetzer aus, da sie sich schwer einfügen und auch die griechische Übersetzung (Septuaginta) des 2. vorchristlichen Jahrhunderts sie nicht hat.

Historischer und überlieferungsgeschichtlicher Hintergrund

Die Kapitel 40–55 des Jesajabuches werden einem unbekannten Propheten aus der Zeit des babylonischen Exils zugeschrieben (Deuterojesaja). In seiner Verkündigung spiegeln sich die weltpolitischen Erschütterungen seiner Zeit, verursacht durch den Siegeszug des Perserkönigs Kyros. Jes. 49,14–23 zeigt die Hoffnung Deuterojesajas auf Befreiung des Volkes aus der Gefangenschaft, auf Rückkehr in die Heimat und auf den Wiederaufbau Jerusalems. Um diese Erwartung seinen Hörern nahezubringen, greift der Prophet auf ältere Elemente der Glaubensüberlieferung zurück. So nimmt er die Überlieferung von Zion auf, der Stadt Gottes (ursprünglich dem Gottesberg), in der Gott wohnt und die er beschützt (vgl. Ps. 46; 48; 76). Diese Gedanken standen beim älteren Jesaja im 8. Jahrhundert

v. Chr. im Mittelpunkt. Für Deuterojesaja, der anders als sein Vorgänger fern von Jerusalem lebte, ist Zion die Stadt der Verheißung. Als Freudenbotin verkündet sie (Zion) die Ankunft der Heimkehrer (Jes. 40,9), als Mutter nimmt sie ihre Kinder auf (Jes. 49,14–23; 54,1 ff), und mit den Heimkehrern kommt auch Gott nach Zion zurück (Jes. 52,7 f; 54,1 ff); sie wird zum Mittelpunkt der Völker (Jes. 45,13 f; 49,23).

Gliederung und Gedankengang

Der Text gliedert sich in die Verse 14–21: Gott kündet den Wiederaufbau Zions und die Heimkehr der Bewohner an, und die Verse 22.23: Gott verheißt die Verehrung Zions durch die Völker. Vers 14 setzt mit der Klage Zions ein. Zion, die klagende Stadt, ist, wie die Verse 18 ff zeigen, als Frau personifiziert. In der Vers 15 beginnenden Gottesrede wird auch Gott in personalen Bildern gesehen: Er vergleicht sich mit einer Frau, die ihren Säugling zu versorgen hat, und spricht von seinen Händen, in die das Bild der Mauern Jerusalems eingeritzt ist (V. 16). Nach 3. Mose 19,28 ist die Ritzung der Haut als Trauerritus für Israel zwar verboten, aber Deuterojesaja erwähnt sie auch sonst (Jes. 44,5, dort allerdings in anderem Zusammenhang). Weil Gott die Stadt nicht vergißt, eilen ihre Söhne (die Erbauer) herbei, während die Zerstörer verschwinden (V. 17). An Zion ergeht die Aufforderung, ihren gesenkten Blick zu erheben und auf Gottes Verheißung zu schauen; ein Schwur Gottes bekräftigt diesen Aufruf: Zion wird sich wie eine Braut mit allen Herbeikommenden schmücken können (V. 18).

Das vorher öde Land kann nun kaum die Menge der Bewohner aufnehmen (V. 19 f). Zion bricht in staunendes Fragen aus, wie sie als Kinderlose zu diesen Kindern kommt (V. 20 f). In der neu einsetzenden Gottesrede (V. 22 f) spricht Gott von sich als Kriegsheld, der sein Panier aufrichtet. Er verheißt, daß die Völker Zions Kinder zu ihr hertragen werden. Dabei ist offenbar nicht nur an die Bevölkerung der babylonischen Gefangenschaft gedacht, sondern an alle in der Zerstreuung lebenden Kinder Israels. Nun werden Könige und Fürstinnen der Völker zu Dienern und Dienerinnen Zions. Und so läßt Gott sich als der erkennen, auf den zu hoffen sich lohnt.

Die Bilder des Textes

Zion – die Frau. Die weibliche Personifizierung einer Stadt entspricht gemeinantiker Vorstellung; sie dient hier der konkreten Lebendigkeit prophetischer Rede. Die »Tochter Zion(s)« erscheint bereits bei Jesaja im 8. Jahrhundert v. Chr. (vgl. Jes. 1,8; 12,6; 37,22). Auch der sonst anders geprägte Jeremia kennt sie (Jer. 30,17). Die Klagelieder sprechen bewegend von der Stadt Zion: Die »Fürstin unter den Völkern« gleicht nun einer weinenden Witwe ohne Schmuck (Klgl. 1), die ihre Kinder nicht mehr nähren kann (Klgl. 4). Da Deuterojesaja auf eine neue Zukunft ohne Klage blickt, sieht er Zion wieder als Braut (Jes. 49,18), als Mutter vieler Kinder (Jes. 49,19 ff). Wie der Vergleich mit Jes. 54,1 ff zeigt, mag ein weiteres Bild implizit auch in Jes. 49,14 ff enthalten sein: Zion als Ehefrau Gottes. Dieses Bild findet sich bei Hosea im 8. Jahrhundert v. Chr. auf Israel bezogen, das als untreue Ehefrau Gottes anderen Liebhabern-Götzen nachläuft (Hos. 2). Der Exilprophet Hesekiel sieht Jerusalem als verlassenen Säugling von Gott aufgefunden und hochgepäppelt, dann als Braut geschmückt, schließlich als untreue Ehefrau und Hure (Hes. 16 u. 23). Eine Erinnerung an dieses Bild mag in Jes. 49,14 ff mitschwingen (V. 15 u. 18), explizit angesprochen wird es allerdings nicht.

Bilder von Gott – das Bild der Mutter. Der Vergleich Gottes mit einer Mutter ist in der Bibel selten. Verwandte Bilder, die vom Tragen und Großziehen des Volkes durch Gott sprechen, meinen – soweit ich sehe – einen väterlichen, allerdings zärtlichen Gott (5. Mose 1,31; Jes. 1,1; Hos. 11,1–4; vgl. Ps. 103, 13 und Jes. 46,3 f). Das mütterliche Bild findet sich später wieder bei Tritojesaja: »Ich will euch trösten...« (Jes. 66,13; auch Ps. 131,2). In diesen Zusammenhang gehören aber auch die wenigen biblischen Texte, die von Gott als einer Gebärenden sprechen (vgl. Jes. 42,14). 5. Mose 32,18 sagt, daß Gott das Volk »gebar« und »unter Wehen hervorbrachte«; der gleiche Gedanke steckt hinter 4. Mose 11,12. Vielleicht könnte Zions Frage in Jes. 49,21: »Wer hat mir diese geboren?« den Rückschluß erlauben, daß es Gott war, der Zions Kinder geboren hat.

Bilder von Gott – das Bild des Ehemannes. Der Vergleich mit Jes. 54,1 ff legt nahe zu fragen, ob auch in Jes. 49,14–23 Gott im Bild des Ehemannes Zions gesehen wird. Hinter Jes. 54,1 ff zeigt sich deutlich die Realität der israelitischen Frau, die von Ehemann und Kindern abhängig war.

Diesen Zusammenhang machen die Worte der bis dahin unfruchtbaren Rahel deutlich, die ihren Ehemann Jakob bestürmt: »Schaffe mir Kinder, sonst sterbe ich.« Jakob aber verweist sie auf Gott, der für die »Fruchtbarkeit des Leibes« zuständig sei (1. Mose 30,1 f). Gerade dieser Vergleich zeigt, daß das Bild Gottes, der Zion Kinder verschafft, vielschichtig ist. Dies ist bei Zions Frage nach der Herkunft ihrer Kinder in Jes. 49,19 ff zu bedenken: Hat Gott sie geboren? Ist er der Ehemann, der der Frau die Kinder beschafft hat? Oder ist er der für die Fruchtbarkeit zuständige Gott?

Bilder von Gott – das Bild des Kriegsmannes. Der Vergleich Gottes mit einem Kriegsmann ist in der Hebräischen Bibel nicht selten (vgl. 2. Mose 15,3). Im Rahmen der Zionstradition ist das Bild paradoxerweise ein Bild, das Frieden verheißt, denn Gottes Eingreifen für Zion beendet das kriegerische Handeln der Völker (etwa Ps. 64,10; 76,4). So ist es auch in Jes. 49,22 f: Gott richtet sein Panier vor den Völkern auf, und eine friedliche Wallfahrt der Völker zum Zion beginnt: Die Kinder Zions werden herbeigetragen, sie werden gepflegt und genährt.

Zion – Stadt der Verheißung. Eine wieder aufgebaute und bewohnte Stadt ist das Bild der verheißenen Zukunft. Auf das neue, reiche Leben dieser Stadt konzentriert sich die Völkerwelt, die Machthaber der Völker werden zu Dienern der Kinder der Stadt. Die Spanne zwischen der Klage in Vers 14 und der Verheißung in den Versen 22 f zeigt, wie nach göttlichem Willen bestehende Verhältnisse von Vernichtung und Unterdrückung sich in ihr Gegenteil verkehren. Von solcher Umkehrung der Macht singen auch die Lieder der Hanna (1. Sam. 2,1–10) und der Maria (Luk. 1,46–55).

Reflexion der feministischen Dimension

Die Ambivalenz des mütterlichen Gottesbildes. Neben wenigen anderen Texten der Bibel, in denen Gott weibliche Züge trägt, zeigt Jes. 49,15, daß das biblische Gottesbild nicht so einseitig ist, wie wir es aus der kirchlichen Tradition kennen. So kann der

Text die Kritik an einem einseitig männlich geprägten Gottesbild stützen. Die feministische Kritik sollte allerdings darüber hinaus den Symbolgehalt des mütterlichen Gottesbildes gründlich beleuchten. Wie Jes. 49,15 Gott schildert, ist in seiner Wirkung für Menschen der Neuzeit, Frauen eingeschlossen, durchaus ambivalent. Das Bild der Frau mit dem Säugling vermittelt zwar Vertrauen (Urvertrauen), ohne das wir nicht leben können. Es vermittelt aber auch eine durchaus hinterfragbare Sicht der Abhängigkeit des Menschen. Seit der Aufklärung streben Menschen nach Autonomie, ja sie haben – so E. Fromm – keine andere Wahl, als in der neugewonnenen Freiheit zu leben. Bonhoeffer hat in seinen Briefen aus der Gefangenschaft dargelegt, daß die Kirche die mündiggewordenen Menschen nicht wieder in die Abhängigkeit zurückstoßen kann. So müssen wir auch im Hinblick auf weibliche Gottesbilder nach dem kultur- und sozialgeschichtlichen Hintergrund fragen und prüfen, welche Symbole für uns angemessen sind. Im Hinblick auf Jes. 49,15 scheint es mir nötig, diese Ambivalenz des mütterlichen Gottesbildes im Blick zu haben. Der gesamte Textabschnitt der Verse 14–23 sagt, daß Gott »aufbauen« und »Leben schaffen« will. Ist damit nicht Wichtigeres über Gott gesagt, als es das Bild der Mutter sagen kann?

Die Gegenüberstellung von Gott-Mann und Zion-Frau. Die kinderlose Stadt Zion spiegelt das Los der kinderlosen Frau in Israel: Beide stehen der Zukunft schutzlos gegenüber. Durch Sara, Rahel, Tamar, Hanna und Naemi kennen wir die Not kinderloser Frauen. Der Jubel Zions über die Fülle der Kinder entspricht der Freude jener Frauen, die, von dieser Not befreit, sich als vollwertige Menschen ansehen durften. Der Text zeigt aber nicht nur die Abhängigkeit der Frauen von ihrer Gebärfähigkeit, sondern auch die Abhängigkeit vom Mann. Zion als klagende und verlassene Frau kann nicht viel tun, um ihr Los zu ändern. Der Mann-Gott ist es, der ihr Geschick wendet. So wird in diesem Text die Frau als passiv, der Mann als der Aktive dargestellt. Was bedeutet es nun, wenn wir solche Rollenstereotype auf die Beziehung zwischen Gott und den Menschen übertragen? Folgen wir der Verheißung des Textes und beziehen sie auf unsere Gegenwart, so müssen wir uns aus unserer Passivität gegenüber Zerstörung und Vernichtung lösen: Die Rollenzuweisungen an Mann und Frau können überwunden werden; Zion mußte auf Gott warten, wir aber haben seiner Verheißung auf Erden zu dienen. Die Beziehung zwischen Mann und Frau, wie sie im Text beschrieben wird, kann daher heute kein Symbol für das Verhältnis zwischen Gott und Mensch sein, es sei denn, beide sind durch Solidarität und Gegenseitigkeit bestimmt.

Die Stadt der Hoffnung. Die Bibel weiß von einer Zeit, in der die Israeliten noch nicht in festen Städten wohnten. Daß eine Stadt Symbol der Hoffnung werden kann, setzt die Seßhaftigkeit im Lande und damit auch die teilweise Angleichung an Kultur, Religion und Leben der Kanaanäer voraus. Die Zionsüberlieferung ist ohne das Königtum Davids nicht denkbar. Indem David Zion zum religiösen Mittelpunkt seines Reiches machte, gingen auch die vorisraelitischen Überlieferungen von der Gottesstadt der Jebusiter in den Glauben Israels ein. Gleichzeitig hinterließ die Theologie des Königshofes dort ihre Spuren. Die Bilder von Glanz und Schönheit der Königsstadt, von göttlicher Hilfe und Nähe wurden nach der Zerstörung zu Bildern der Hoffnung.

Dabei zeigt Jes. 49,14ff deutlich, daß diese Hoffnung verschieden gefärbt ist: Es ist einmal die Erwartung des Wiederaufbaus, der Rückkehr und der Fülle des Lebens (V. 14–21), zum andern die Hoffnung auf Gottes Nähe und Schutz (V. 22f), schließlich auch die Erwartung, daß diese Stadt in neuer Weise Mittelpunkt wird (V. 22f). Letztere ist in der Übersteigerung alles Möglichen nur auf dem Hintergrund des Schicksals eines Volkes zu verstehen, das zu fast allen Zeiten machtlos oder vertrieben zwischen Großmächten gelebt hat.

Insofern ist liebevolle Kritik an diesem Bild angebracht: Es darf uns nicht dazu verführen, Träumen von Macht und Überlegenheit nachzuhängen. Für Deuterojesaja ist die Stadt ein Symbol der Hoffnung. Er stellt nicht die Frage, wie in einer solchen Stadt gelebt wird. Uns, die wir weitgehend in Städten leben, interessiert gerade diese Frage: Wie können wir in unseren Städten »Fülle des Lebens« leben? Oder zerstören wir diese eher durch die Anlage der Städte und die Weise, wie hier gelebt wird? Das Symbol der Stadt kann so für uns in anderer Weise als für die Israeliten bedeutungsvoll sein, wobei die Ausmalung des neuen Jerusalem in Offb. 21 weitere Denkanstöße geben kann.

Anregungen zur Arbeit mit dem Text heute

Zentrum des Textes ist die Verheißung, daß die Zerstörung und Vernichtung ein Ende haben werden und Aufbau und Leben in reichlicher Fülle zurückkehren sollen. Die Lage unserer durch viele Ursachen bedrohten Welt (Zerstörung der Natur, Rüstung, Waffengeschäfte und Kriege, Hunger) gibt den Anstoß, mit Zion zu klagen und zu fragen, wie sich die göttliche Verheißung für uns heute erfüllen kann. Dabei können wir nicht wie Zion auf den mütterlichen Gott warten, sondern sollten lernen, selbst mütterlich gegenüber allem Leben zu sein und Vertrauen zu stiften. Auch auf den männlichen Gott sollten wir nicht warten, sondern uns als selbständige Menschen-Frauen auf den Weg machen – kritisch gegen jede Form von Unterdrückung und Befreiungsbewegungen gegenüber aufgeschlossen. Wir sollten die Mächtigen der Erde daraufhin befragen, wieweit sie Kinder, Schwache und Hilflose nähren, hegen und pflegen und damit dem Fortgang des Lebens dienen. Wir fragen: Fördern oder verhindern unsere Städte menschliches Leben in Gemeinschaft? Wie müßte eine Stadt der Verheißung heute aussehen, in der Gott unter den Menschen wohnen kann?

Da der Text voll von Bildern ist, scheint mir ein Einstieg durch Bilder geeignet, etwa mit *Bildern von Müttern* (Beispiel: Käthe Kollwitz' Serie »Mutter mit totem Kind«, Zeitungsbilder aus gegenwärtigen Kriegsgebieten), und von da aus über die Vernichtungskraft moderner Waffen zu informieren: Welches Bild müßte Gott sich heute in die Hände ritzen? Könnte er uns noch zu Hilfe eilen, falls wir die Kapazität unserer Waffen nutzen? Daneben lassen sich die *Geschichten von Müttern* erzählen, die sich für das Leben einsetzen. Beispiele: eine Frau aus einer Friedensgruppe über »Frauen für den Frieden« berichten lassen, den Bittgang »Unterwegs für das Leben« der Frauen in Baden beschreiben, die Geschichte der Mütter der Plaza de Mayo erzählen, das Leben der Winnie Mandela schildern.

Bilder moderner Städte (Büro-, Einkaufsviertel, Villengegenden, Slums) dienen der Frage, in welcher Weise heutige Menschen zusammenleben (Trennung von reichen und armen Schichten, von Konsum und Elend, Anonymität, Isolierung der Alten, Kinderfeindlichkeit). Daneben ist die Vision einer Stadt voller Lebensfülle und lebendiger Gemeinschaft zu stellen, die aus unserem Text und aus Offenbarung 21 zu erarbeiten ist.

Das *Thema der Klage* aus Vers 14 läßt sich unmittelbar für einen Gottesdienst umsetzen durch eine neuformulierte Klage, die sich an den Versen 15–23 orientiert und ein Schuldbekenntnis enthält. Beispiel: »Gott, unser Leben ist bedroht. Wir waren nicht mütterlich zu unserer Erde und zu unseren Mitmenschen. Wir haben zerstört statt aufzubauen. Wir schauen uns um und nehmen endlich wahr: Der Reichtum des Lebens auf der Erde hat uns bereits verlassen. Viele Menschen verhungern, andere werden unterdrückt und gefoltert, Kinder sterben in Kriegen, Frauen und Männer leiden an den Normen unserer Gesellschaft, sie werden an den Rand geschoben, physisch und psychisch zerstört. Wir fragen: Wo ist das Wasser gesund, die Luft rein, wo sind die Pflanzen voller Kraft? Wo können Kinder noch Spaß am Leben haben? Wir bekennen: Wir haben von der Macht unserer Technik und Industrie profitiert und uns nicht um die Schwachen und Hilflosen gekümmert. Wir haben nicht dafür gesorgt, daß die in Politik und Wirtschaft Verantwortlichen sich mehr dem Leben als der Macht verpflichtet fühlen. Hilf uns, dem Leben zu dienen.«

Verwendete Literatur

Rolf Rendtorff, Das Alte Testament. Eine Einführung, Neukirchen-Vluyn 1983, S. 206–208.

Werner H. Schmidt, Alttestamentlicher Glaube in seiner Geschichte, Neukirchen-Vluyn 1975[3], S. 206–220.

Odil Hannes Steck, Friedensvorstellungen im Alten Jerusalem, Zürich 1972.

Literaturhinweise für die Materialsammlung zu den Geschichten der Mütter:

Urs M. Fiechtner, »Die Frauen von der Plaza de Mayo«, in: Gisela Kozinowski Klemt (Hrsg.), Die Frauen von der Plaza de Mayo. Lesebuch der Menschenrechte, Baden-Baden 1985, S. 20–25.

Erika Herzog, Unterwegs für das Leben, Eschbach 1985.

Winnie Mandela, Ein Stück meiner Seele ging mit ihm, Hamburg 1984.

Christa Randzio-Plath (Hrsg.), Was geht uns Frauen der Krieg an?, Reinbek/Hamburg 1982.

Bilder moderner Städte, Kritisches und Visionen:
Christof Bäumler und Peter Krusche, »Die Stadt der Macher und die Wohnungen der Träumer«, in: Themenstudien für Predigtpraxis und Gemeindearbeit 2, 1978, S. 64–77.
Kurt Marti, »Der Traum vom Frieden«, in: Meinold Krauss (Hrsg.), Ich habe einen Traum. Visionen und Wirklichkeiten, Stuttgart-Berlin 1978, S. 25–35.

Daniel 13,1–64

Susanna – schön, selbstbewußt und stark im Glauben

Ein Sonntag nach Trinitatis

Mieke Korenhof

Die Susanna-Erzählung

Die Erzählung von Susanna und den Ältesten steht in den Apokryphen der Hebräischen Bibel. Sie ist in zwei griechischen Handschriften überliefert. Susanna lebt mit ihrem Mann Jojakim und ihren Kindern in Babylon. Sie ist »sehr schön und gottesfürchtig« (Dan. 13,2), ihre Eltern haben sie nach dem Gesetz des Mose erzogen (13,3). Weil Jojakim der einflußreichste Mann in Babylon ist, finden in seinem Haus regelmäßig Gerichtsversammlungen statt. Zwei Älteste sind dort als Richter eingesetzt. Zu ihnen kommen »alle, die Rechtsstreitigkeiten« haben (13,6). Immer wenn die Leute das Gericht gegen Mittag verlassen, pflegt Susanna im Garten spazierenzugehen. Die Ältesten sehen sie das täglich tun, vernarren sich in sie, lauern ihr auf, um sich möglichst oft satt an ihr zu sehen, so daß sie »nicht nach dem Himmel blickten und an gerechte Urteile dachten« (13,9). Nachdem sie einander ihre Lust gestanden haben, verabreden sie sich, um Susanna allein zu treffen.

An einem heißen Tag geht sie mit zwei Dienerinnen in den Garten, um dort zu baden. Das Gartentor ist geschlossen; außer den Ältesten, die sich im Gebüsch verkrochen haben, ist niemand mehr im Garten. Nachdem Susanna die Mädchen nach Seife und Badeöl geschickt hat, verlassen die Ältesten ihr Versteck, gehen auf Susanna los, bedrängen sie: »Siehe, das Gartentor ist geschlossen, und niemand beobachtet uns. Wir brennen vor Begierde nach dir. Sei uns zu Willen und laß dich mit uns ein. Falls nicht, so werden wir gegen dich bezeugen, daß ein Jüngling bei dir war und daß du aus diesem Grund die Mädchen von dir schicktest« (13,20f). Susanna seufzt sehr und entgegnet, sie ziehe es vor, unschuldig in Menschenhand zu fallen als schuldig vor Gott zu werden. Dann schreit sie laut um

Hilfe, auch die Ältesten beginnen zu lärmen, und einer von ihnen öffnet die Gartentür, um es so aussehen zu lassen, als sei der Liebhaber gerade gegangen. Dem herbeieilenden Personal tischen sie die Lügengeschichte auf.

Als das Volk am nächsten Tag zu Jojakim kommt, schicken die Ältesten nach Susanna, um gegen sie das »Todesurteil zu beantragen« (13,28). Sie befehlen ihr, sich zu entschleiern, um sich an ihrer Schönheit zu befriedigen, und legen ein falsches Zeugnis ab. Susanna »weinte und blickte zum Himmel auf, weil ihr Herz auf Gott vertraute« (13,35). Die Gemeindeversammlung vertraut jedoch den Ältesten als Richtern des Volkes: Susanna wird zum Tode verurteilt.

»Da schrie sie mit lauter Stimme und betete: ›O ewiger Gott, der Du die verborgenen Dinge kennst, der Du alles weißt, noch bevor es sich ereignet! Du weißt, daß sie falsches Zeugnis gegen mich ablegten. So muß ich denn sterben und habe doch nichts von dem getan, wessen mich diese da in ihrer Bosheit bezichtigen‹« (13,42f). Gott erhört ihr Rufen, er erweckt den heiligen Geist eines jungen Mannes, Daniel, der laut ruft: »Unschuldig bin ich am Blut dieser Frau« (13,46). Er fordert das Volk auf, erneut zum Gericht zu gehen, da er Susanna nicht schuldig glaubt. Die Ältestenversammlung genehmigt ihm, die beiden Richter getrennt voneinander zu vernehmen. Als sie die Frage, unter welchem Baum sie Susanna mit ihrem Liebhaber gesehen hätten, verschieden beantworten, halten Daniel und das Volk eine Falschaussage für erwiesen. Die Ältesten werden nach dem Gesetz des Mose hingerichtet, und »unschuldiges Blut wurde gerettet« (13,62). »Da schrien alle Versammelten mit lauter Stimme und priesen Gott, der alle rettet, die auf ihn hoffen« (13,60; Übersetzung V. Hamp, M. Stenzel, 1963[15]).

Die Rezeption der Susanna-Erzählung

Susanna in der Literatur. Die Erzählung aus dem zweiten Jahrhundert v. Chr. war sehr populär und außer in griechischer auch in lateinischer, syrischer und aramäischer Sprache verbreitet. Sie kennt viele Interpretationen in Literatur und Bilddarstellung der frühen Christenheit bis ins Mittelalter. Ein Leitmotiv überwiegt: Infolge standhaften Gottvertrauens siegt die Gerechtigkeit; denn Gott rettet alle, die auf ihn hoffen. Deshalb ist es besser, Gott als den Menschen zu gehorchen. Die Kirchentradition hat den Text lange wie kanonisch behandelt; das rechtfertigt wohl auch, ihn in unsere Sammlung aufzunehmen.

Die frühen Väter (erste Hälfte des dritten Jahrhunderts) Tertullian, Hippolyt von Rom und Cyprian erwähnen Susanna in verschiedenem Kontext. Das unvermittelte Nennen ihres Namens läßt darauf schließen, daß Leserinnen und Lesern die Erzählung vertraut war. Hippolyt und Cyprian deuten sie durchweg allegorisch, Tertullian verwendet sie in sittlicher Absicht. In seiner »Kranzschrift« (De corona) nimmt er Susanna als Beleg dafür, daß verheiratete Frauen sich in der Öffentlichkeit verschleiern müssen. Das bezieht sich auf Dan. 13,32; dort befehlen die Ältesten Susanna, sich zu entschleiern. Für Hippolyt symbolisiert Susanna die Kirche; die Ältesten sind Typus der Juden und der Heiden, die die Kirche verfolgen. »Bad« steht für »Taufe«, »Salböl« für den »Heiligen Geist«. Die Kirche wünscht die Taufe, deshalb bedarf sie zweier Dienerinnen, denn im »Glauben an Christus« und in der »Liebe zu Gott« gründet die Taufe. Die Verfolger bedrängen zwar die Kirche, sie jedoch weiß, daß sie in einer solchen Lage besser Gott als den Menschen gehorcht. Ungehorsam gegen ihn bedeutet ewigen Tod, durch Menschen sterben heißt vor Gott leben. Zu Wachsamkeit und Gottvertrauen sind Christinnen und Christen in der Nachfolge Susannas gerufen – wissend wie sie, daß Gott in allen Dingen siegt (PG 10, 690–698).

Auch Cyprian typisiert Susanna, er vergleicht ihre Reinheit mit der Reinheit der Lehre. Er warnt seine Gemeinde davor, sich in Sachfragen auf Alter und Würde zu verlassen. So wie die Ältesten versucht haben, die reine Susanna zu schänden, so bedrohen falsche Lehren die Reinheit der Kirche und schänden das wahre Evangelium (PL 4, 336). Grundlage der Hoffnung und des Glaubens nennt er die Gottesfurcht, er belegt das mit zahllosen Bibelstellen, u. a. mit Dan. 13,2, der gottesfürchtigen Susanna (PL 4, 748). Er rühmt ihre Schönheit, weit schöner jedoch ist ihr sittliches Verhalten: Sie hofft auf Gott und geht aus der Bedrängnis als zweifache Siegerin hervor. Sie entgeht der Lust und dem Tode (PL 4, 824).

Auch die frühen griechischen Theologen Clemens und Origenes verwenden unsere Geschichte. Wenn Clemens erörtert, daß Frauen wie Männer dazu fähig sind, vollkommen zu sein, nennt er nach Mose, Judith und Esther *Susanna*... als Zeugin der Keuschheit, die Standhaftigkeit und Ausdauer bewiesen hat (PG 8, 1327–1330). Origenes vergleicht in seinem Kommentar zu Joh. 11,41 Susanna mit Jesus: So wie er die Augen nach oben, zum Himmel hin richtete, so tat es auch sie (Dan. 13,35), während die Ältesten »ihre Gesinnung verdrehten und wegschauten, um nicht in den Himmel zu blicken« (GCS, Orig. IV, 394f.).

Ende des vierten, Anfang des fünften Jahrhunderts haben bei gleicher Argumentation die Susanna-Auslegungen in den Predigtsammlungen und Homilien des Augustin (PL 33, 550; 37, 1662f; 39, 1857) eine große Rolle gespielt. Neu gegenüber früheren Auslegungen ist bei ihm und Maximus von Turin, Zeno von Verona und Chrysostomos (lateinisch) der Vergleich Jesu mit Susanna als Angeklagte im Prozeß bzw. des Danielurteils mit dem des Pilatus. Jesus und Susanna schweigen auf die Anklage hin; sie haben es, da unschuldig, nicht nötig, sich zu verteidigen. Nicht auf Worte, sondern auf Verhalten kommt es an: auf »Wahrheit« (Jesus) und »Keuschheit« (Susanna); sie sind die wahren Verteidiger. Daniel und Pilatus halten sich beide für unschuldig am Blut der Verurteilten (Dan. 13,46; Matth. 27,24). Dennoch ist das Danielurteil besser, weil es Susanna freispricht, während Pilatus wissentlich einen Unschuldigen verurteilt und ihn zur Vollstreckung der Strafe ausliefert. Ältester Beleg dieses Grundgedankens in Kurzform ist der damals schon publizierte Lukaskommentar des Ambrosius, der mit dieser Deutung die Geschichte »christianisiert« hat (Ambrosius, Exp.Luc. X, CCL XIV, 373f; Aug. Sermo CLII, PL 39, 2040f; s. ebd. die Anmerkungen; Aug. Sermo CCCXLIII, PL 39, 1505–1515; s. auch dort die Anmerkungen). So erscheint es sinnvoll, daß zu den Predigten *liturgische Texte* entstehen wie dieses *Sterbegebet*, das »Susanna« in der »Beispielsammlung« nennt:

»... Errette, Herr, die Seele deines Dieners,
wie du errettet hast den Noah aus der Sintflut,
den Abraham aus Ur im Chaldäerland,
den Job aus seinem Leide,
den Isaak vor der Opferung und der Hand seines Vaters Abraham...

den Daniel aus der Löwengrube,
die drei Knaben aus dem brennenden Ofen
und der Hand des bösen Königs,
Susanna vor der falschen Anklage...« (Kaiser-Minn, S. 325).

Wegen der märchenhaften Motive – die verfolgte Unschuld und der weise Junge – ist die Erzählung später in die Sammlung »1001 Nacht« aufgenommen worden (Frenzel, S. 709). Der erbauliche Charakter der Geschichte machte sie für das Drama des 16./17. Jahrhunderts geeignet; unter anderem schrieb Sixt Birk (1532) »Die History von der frommen Gottesforchtigen Frouwen Susanna. Im M.CCCCC.XXX.II. Jar. offentlich inn Mindren Basel durch die jungen Burger gehaltenn«. In ihr erscheint Susanna als Musterbeispiel christlicher Lebensweise; die frühchristliche Symbolik tritt zurück.

Susanna in der Kunst. Zahlreich sind die Susanna-Darstellungen frühchristlicher Zeit (3./4. Jahrhundert) in Katakomben und auf Sarkophagen (s. die Liste bei Schlosser, S. 246f). Hier überwiegen die Gerichtsszenen, zum Beispiel der Freispruch Susannas und die Verurteilung der Alten durch Daniel (2./3. Jahrhundert) in der Kallistuskatakombe in Rom (Wilpert, Taf. 86), oder der Susanna-Zyklus auf dem Sarkophag in Arles (Museum), der Pilatus im Gericht, Überfall der Alten und ihre Verurteilung durch den zu Gericht sitzenden Daniel mit Susanna abbildet. In den Ecken wird das Danielurteil dem Pilatusurteil gegenübergestellt. Das Motiv der Rettung scheint in diesen Darstellungen mit einer Jenseitshoffnung verbunden zu sein.

Francesco di Giorgio Martini (Siena, 1450) und Lorenzo Lotto (Florenz, 1480) malen Badeszenen. Bei Giorgio steht Susanna, umgeben von einem Heiligenschein, die Hände vor der Brust gefaltet, in einem rechteckigen Bad, das an ein Taufbekken erinnert, so daß die Badeszene einem Taufritual gleicht. Die beiden Ältesten stehen zurückgezogen im Hintergrund. Auch Lotto malt Susanna mit Heiligenschein; sie ist teilweise entkleidet, die Hände abwehrend den Alten entgegengestreckt, die auf sie zukommen. Auf diesen Bildern stehen also Keuschheit und Heiligkeit der Susanna im Mittelpunkt. Sie bestätigen die Auslegung der Väterliteratur und des genannten Dramas; der religiöse Charakter steht im Vordergrund.

Ganz anders, und uns heute vermutlich bekannter, sind die

vielen Susanna-Darstellungen der Renaissance- und Barockzeit (16./17. Jahrhundert). Hier gibt es ausschließlich Badeszenen; die Ältesten treten als Lustgreise auf; Susanna erscheint als lockende Verführerin. Der religiöse Charakter ist zugunsten der Erotik verschwunden; es geht um den weiblichen Akt. Aus der Fülle der Darstellungen möchte ich einige näher beschreiben. Sie spiegeln eine männliche Sicht weiblicher Sexualität, die über die Art der Geschlechterbeziehung Aufschluß gibt (s. die Kritik von van der Linden und Westen an der rein formalen Sicht der Kunsthistoriker; dort auch weitere Bilder. Erfreuliches Gegenbeispiel ist Renate Berger u. a. [Hrsg.], Der Garten der Lüste).

Jean Baptiste Sauterre, Susanna im Bade (Paris, 1704). Eine nackte Susanna sitzt allein vor einer Mauer neben ihrem Waschgeschirr, sie hält Scham und Brüste verdeckt: die charakteristische Haltung der »Venus pudica«. Ihr gilt die ganze Aufmerksamkeit des Zuschauers, die Ältesten dagegen warten ganz winzig im Hintergrund jenseits der Mauer.

Jacopo Tintoretto, Susanna (München, 1550). Susanna liegt halb sitzend und nackt auf einer Erhöhung. Unter ihr ist ein herrliches Tuch prachtvoll ausgebreitet. Sie liegt in Venuspose, einen Arm angewinkelt über dem Kopf, und zeigt dem betrachtenden Auge, was sie zu bieten hat. Ihre Dienerinnen haben sie hergerichtet und zeigen ihr das Ergebnis im Spiegel. Der Garten ist geradezu in ein Bordell verwandelt. Die Ältesten schauen aus der Distanz zu, sehen also nicht, was der Zuschauer sieht.

Jacopo Tintoretto, Susanna und die beiden Alten (Wien, 1550). Eine kokette Susanna sitzt nackt und wohlgerundet, kunstvoll frisiert, mit kostbarem Schmuck behangen in einem Garten, der wie ein »locus amoenus«, ein Lustgärtlein, aussieht. Ein Bein schlenkert sie im Wasser des Teiches, das andere hält sie angewinkelt, so daß der Zuschauer und der voyeuristische, glatzköpfige Alte, der um den Rosenhag lugt, ihr zwischen die Schenkel schauen kann. Sie selbst blickt mit sichtbarem Wohlgefallen in einen Spiegel vor der Hecke. Dem zweiten Ältesten wird nur aus der Ferne, dem hinteren Ende der Hecke, ein Blick auf Susanna gewährt.

Diese Bilder bringen die Freude an der Schönheit des weiblichen Körpers zum Ausdruck. Susanna fühlt sich sichtlich wohl in ihrem Körper. Aber auch der Betrachter soll bei ihrem Anblick ein Lustgefühl vermittelt bekommen. Abgesehen von den dramatis personae haben diese Bilder nichts mehr mit dem Inhalt der Susanna-Erzählung zu tun. Das Bademotiv – Entkleiden zum Waschen– dient offenbar als Vorwand, Frauen nackt darzustellen.

Willem Key, Susanna im Bade (Pommerfelden, Schloß Weissenstein 1546). Susanna, nackt von Kopf bis Fuß, steht wie eine griechische Statue neben einem Brunnen, ihr Kopf ist leicht nach links gewendet, ihr Blick schweift in die Ferne. Die Finger ihrer linken Hand berühren die linke Brustwarze. Unmittelbar hinter ihr stehen die Ältesten, der eine bärtig und urwüchsig, der andere weißhaarig und zart. Sie schauen über die Schultern der Frau mit Wohlgefallen auf sie nieder. Ihre Blicke, von Susannas Fingern gelenkt, richten sich auf die Brüste.

Peter Paul Rubens, Susanna und die Ältesten (Stockholm, 1614). Eine dralle Susanna sitzt nackt an einem Brunnenrand, die Füße im Wasser. Der Brunnen liegt in einer Steinnische. Susanna ist von der Seite zu sehen, sie dreht sich gerade um, schaut entsetzt hinter sich: Dort lauern die Ältesten. Von ihnen sind bloß Köpfe und Hände sichtbar. Die Blicke sind gierig; die Hände gleichen Tatzen, die jeden Augenblick zugreifen könnten.

Während das Gemälde von Rubens eine Verbindung von Gewalt und Sexualität bereits nahelegt, malt Key Susanna wie ein Ausstellungsstück, ohne innere Regungen. Selbst unbeweglich, soll sie anderen zur Lust dienen!

Gerard van Honthorst, Susanna im Bade (Rom, 1655). Susanna steht mit nacktem Oberkörper bis zu ihren Schenkeln im Wasser eines Brunnens. Vor dem Brunnen stehen die Ältesten. Sie versuchen ihr das Tuch, das sie um den Unterleib gebunden hat, zu entreißen. Sie wehrt sich, drückt mit der rechten Hand das Tuch fest an die Schamgegend, mit der linken versucht sie sich loszureißen. Ihr Mund ist in einem Schrei geöffnet. Den Männern scheint es Spaß zu machen, sie zu bedrängen.

Anthonis van Dyck, Susanna im Bade (München, 17. Jahrhundert). Susanna sitzt an einem Brunnen. Ein Tuch bedeckt teilweise ihren Körper, läßt Schulter und die übereinandergeschlagenen Beine frei. Die Ältesten stehen schräg rechts neben ihr. Der eine hält sie an der Schulter fest, der andere entreißt ihr das Tuch, so daß ein Teil ihrer Brust sichtbar wird. Sie duckt sich, ihr Blick ist starr vor Entsetzen, mit der Linken preßt sie das Tuch an ihre Brust, mit der Rechten versucht sie sich loszureißen. Ihre Haare sind aufgelöst; einer der Ältesten redet zudem noch mit erhobenem Zeigefinger auf sie ein. Das Bild macht einen gespenstischen, finsteren Eindruck.

Jacopo Tintoretto, Susanna und die Ältesten (Madrid, 1550). Susanna sitzt lässig zurückgelehnt auf einem Stein, hinter ihr ist ein Gebüsch. Sie ist nackt, wohlgeformt, hübsch frisiert und prächtig geschmückt. Schräg neben ihr steht einer der Ältesten, der ihre Brüste streichelt. Seine Haltung drückt Konzentration aus. Ihr linker Arm kommt ihm entgegen: ein Liebespaar! Der andere macht links im Bild seine Aufwartung. Er verbeugt sich empfehlend: Der Nächste bitte!

Die Bilder von Honthorst und van Dyck zeigen deutlich die uralte Verbindung von Gewalt und Sexualität. Sie malen einen Vergewaltigungsversuch. Tintoretto dagegen stellt eine einwilligende Susanna dar, die passiv und friedlich den Männern wie eine reife Frucht zufällt.

Die Susanna-Erzählung – einige Bemerkungen aus feministisch-theologischer Sicht

Gewalt und Sexualität. Die Ältesten versuchen Susanna zu einem von ihr nicht gewollten Geschlechtsverkehr zu zwingen. Sie drohen ihr mit Verleumdung: Falls sie nicht einwilligt, werden sie sie des Ehebruches bezichtigen. Sie bringen Susanna damit in eine verzweifelte Lage. Wie immer sie sich entscheidet, sie ist mit Gewißheit eine Todeskandidatin. Denn in beiden Fällen, sei es Einwilligung oder Ablehnung, ist Ehebruch im Spiel, für den das damalige Gesetz (5. Mose 22,22) die Todesstrafe kannte. Zur unbedingten ehelichen Treue sind nur Frauen verpflichtet. Männer brechen die Ehe nicht, wenn sie ein außereheliches Verhältnis eingehen, allerdings dürfen sie nicht in eine andere Ehe einbrechen (2. Mose 20,14; 5. Mose 5,18), denn darauf steht die Todesstrafe (3. Mose 20,10). Es geht hier – im Falle der Susanna – also um einen frauenspezifischen Konflikt. Susanna will nicht gegen Gottes Verbot verstoßen, sie entschließt sich deshalb, den Ältesten nicht zu Willen zu sein. Damit steht sie vor Gott unschuldig da, die Menschen jedoch halten sie aufgrund der Falschaussage der Ältesten für eine Übertreterin des göttlichen Gebots. Sie wird zum Tode verurteilt, denn die »Ältestenversammlung und das Volk« glauben, daß die Ältesten ihrer Funktion als Richter zufolge die Wahrheit gesagt haben. Die Männer greifen die Institution Ehe an, die sie als Richter nach dem Gesetz hätten schützen sollen. Hier – wie in der Beurteilung des Ehebruchs – wird mit zweierlei Maß gemessen. Dabei wird aus dem Opfer der versuchten Vergewaltigung auch noch eine Angeklagte. Dies zeigt, welche Aggressionen die Ablehnung von Männern durch Frauen – hier Susanna – hervorruft. Gewalt im Sexualverhalten beruht fast immer auf Machtungleichheit, damals wie heute – hier in der Susanna-Novelle sind es einmal die Ältesten in der gehobenen Position des Richters (Rat der Weisen), zum anderen ist es die schwache Rechtsposition der Frau als Besitz des Mannes nach dem damaligen israelitischen Recht.

Von der doppelten Moral sind Frauen damals wie heute auch doppelt betroffen. Anders als Susanna können sie durchweg nicht mit einem »Danielurteil« rechnen. Im Gegenteil, Vergewaltigung – auch in der Ehe – wird verschleiert, von der Rechtsprechung häufig heruntergespielt. Und was sind Sextourismus und Prostitution anderes als Formen der Ausbeutung von Frauen zugunsten von Männern?

Keuschheit. Die in der Auslegung der Kirchenväter hochgeschätzte »castitas, pudicitia« der Susanna bedeutet weder Enthaltsamkeit noch Lustfeindlichkeit, sondern soviel wie »eheliche Treue«. Das deutsche Wort »keusch« für »castus, pudicus« wurde im frühen Mittelalter aus dem Gotischen im Sinne von »wissend, bewußt« (lat. conscius) übernommen. »Keusch« ist dogmatisch gesprochen ein Verhalten, das der christlichen Lehre entspricht. Der Begriff wird sehr bald eingeengt: »Keusch« zielt bloß noch auf Sittlichkeit im Sinne einer moralisierenden Sexualethik. Nicht bloß die biblischen Schriften, auch der Hellenismus kennt die »Monogamie« als eine Errungenschaft, die gegenüber der weit verbreiteten Polygamie einen Fortschritt bedeutete: gegenseitige Achtung der Person vor der Individualität des anderen, ob männlich oder weiblich. Das ist die eine Seite. Die andere: Die Bindung weiblicher Sexualität an die Ehe bedeutet(e) des öfteren, daß die Sexualität der Frau zu einer von Männern im Interesse der Besitzwahrung *kontrollierten* Sexualität wurde. Die Eheauffassung der Erzählung richtet sich nach dem mosaischen Gesetz, das die Frau zur unbedingten ehelichen Treue verpflichtet, dem Manne aber im allgemeinen sexuelle Freiheit läßt. Daran ist die Rechtsposition der Frau als Besitz des Mannes abzulesen.

Selbstbestimmte Sexualität, Integrität der Person statt deren Erniedrigung infolge des Verfügbarseins ist im Sexualverhalten die einzige Alternative. Diese Auffassung unterscheidet sich von der in den Renaissance- und Barock-Bildern beschriebenen Sexualität. Dort wird »Keuschheit« in Erotik umgedeutet: Sie spiegelt jedoch eine Sexualität, die gewalttätiges oder lustvolles In-Besitz-Nehmen der Frau durch den Mann ist. Die Frau ist bloß im Gefallen (Tintoretto) oder in der Abwehr (van Dyck, Honthorst) aktiv. Sie ist optisch verfügbar – dem dargestellten wie dem betrachtenden Zuschauer. Mit einer Betrachterin rechnet der männliche Künstler nicht. Damit bestätigt auch diese Bildbetrachtung die Aussage der Susanna-Erzählung, trotz angeblicher Erotisierung. Das Lustmotiv der Susanna-Novelle hat gewiß zur populären Verbreitung der Erzählung beigetragen, trotz Unterdrückung dieses Aspektes im Verlauf der Erzählhandlung.

»Susanna« zwischen »Eva« und »Maria«. Leitmotiv der Erzählung selbst ist das Gottvertrauen der Susanna. Ihr Herz hängt an Gott; sie weiß, daß er alle Dinge kennt, auch die verborgenen. Deshalb wendet sie sich in einer ausweglosen Situation, dem Tod preisgegeben, an ihn in der Hoffnung, auch weiterhin von ihm geführt zu werden – wider allen Augenschein. Das ist Glaube: Susanna hofft, was sie nicht sieht. Sie ist nicht bloß stark im Glauben, sie ist auch theologisch versiert und sehr selbstbewußt in ihrem Auftreten. Nachdem sie ihre theologische Position geklärt hat, nämlich lieber in den Augen der Menschen als vor Gott schuldig zu werden, beginnt sie laut um Hilfe zu schreien. Sie wehrt sich; sie ist kein stummes Opfer. Erst zu ihrer

Verteidigung schweigt sie – den Menschen gegenüber, mit Gott redet sie in der Gewißheit, daß er für sie eintreten wird. »Was gut ist, hat Gott uns Menschen gesagt«, erzählt der Prophet Micha, »zu tun, was recht ist, zu lieben, was gut ist« (6,8). Susanna hat dies gelebt. Sie ist »wie ein Baum, gepflanzt an Wasserströmen, der Frucht bringt zu seiner Zeit, und dessen Laub nicht welkt, und alles, was sie tut, gelingt. Nicht so die Gottlosen; sie sind vielmehr wie Spreu, die der Wind verweht« (Ps. 1,3f). Das Gegenstück zu Susanna sind die beiden Männer, denn sie »blicken nicht zum Himmel« und lassen sich deshalb durch Schönheit zur Verletzung der Person und zur Korrumpierung der Justiz verleiten. »Darum sind die Gottlosen nicht standhaft im Recht und die Sünder nicht in der Gemeinschaft der Gerechten, der Weg der Gottlosen aber geht verloren« (Ps. 1,5f).

Als Gerettete ist Susanna jahrhundertelang eine Quelle der Hoffnung für Christinnen und Christen, wie die altkirchliche Sepulkralsymbolik (Sarkophage, Katakombenmalerei) zeigt. Auch die Kirchenväter rühmen zwar das Gottvertrauen der Susanna, jedoch verdrängt der dort bei einigen Theologen hinzugekommene Aspekt der »Sittlichkeit«/»Keuschheit« immer mehr das »Gottvertrauen«. Die Maler Giorgio und Lotto betonen die Heiligkeit und Keuschheit der Susanna (»Maria«), die Künstler der Renaissance-Barock-Zeit machen sie zur lockenden Verführerin (»Eva«). Wenn Frauen in Geschichten eine Rolle spielen, scheinen sie von Männern irgendwann fast zwanghaft auf Sex und Schönheit festgelegt werden zu müssen. Als glaubensstarke Frau hat Susanna keine Geschichte gemacht, als »Heilige und Hure« dafür um so mehr.

Die Susanna-Erzählung in Predigt, Bibelarbeit und Unterricht

Wie die Kirchenväter könnten Pfarrerinnen und Pfarrer heute in ihren Predigten Susanna als Beispiel für Glaubenshoffnung, für theologisches Gespür und kühnes Verhalten nehmen, ihre Geschichte erzählen, sie durch Gedenken vor Vergessenheit bewahren und damit zugleich uns selbst daran erinnern, woher wir stammen. »Keuschheit« im Sinne des damaligen Sittlichkeitsdenkens, die Sexualisierung von Sünde, können wir heute, da zeitgebunden, so nicht übernehmen.

Die Geschichte sollte außerdem Anlaß sein, empfindsamer gegenüber Gewalt an Frauen zu werden. Der Unterricht könnte zeigen, wie die kirchliche Tradition mit einem Text umgeht, wie und weshalb Akzente verschoben und welche Bilddarstellungen durch die Jahrhunderte aufgenommen worden sind.

Musik: Joh. Seb. Bach, Kantate BWV 45 »Es ist dir gesagt, Mensch, was gut ist«.

Verwendete Literatur

Walter Baumgartner, »Susanna«, in: Archiv für Religionswissenschaft 24, 1926, S. 262ff.

Renate Berger und Daniela Hammer-Tugendhat (Hrsg.), Der Garten der Lüste. Zur Deutung des Erotischen und Sexuellen bei Künstlern und ihren Interpreten, Köln 1985.

Manfred Brauneck (Hrsg.), Sixt Birk, Sämtliche Dramen II, Berlin/New York 1976.

N. Brüll, »Das apokryphische Susanna-Buch«, in: Jahrbücher für jüdische Geschichte und Literatur 3, 1877, S. 1–69.

Elisabeth Frenzel, Stoffe der Weltliteratur, Stuttgart 1970[3].

Helga Kaiser-Minn, »Die Entwicklung der frühchristlichen Sarkophagplastik bis zum Ende des 4. Jahrhunderts«, in: Spätantike und frühes Christentum, Frankfurt/M. 1984, S. 318–338.

Riet van der Linden und Mirjam Westen, »Susanna en de oudsten – een lust voor het oog?«, in: Speling 2, 1983, S. 72–83.

Alfred Rahlfs (Hrsg.), Septuaginta, id est Vetus Testamentum graece iuxta LXX interpretes, II, Stuttgart 1935, 1952[5].

Hanspeter Schlosser, »Die Daniel-Susanna-Erzählung in Bild und Literatur der christlichen Frühzeit«, in: Wolfgang Schumacher (Hrsg.), Tortulae, Studien zu altchristlichen und byzantinischen Monumenten, Freiburg 1966, S. 243–249.

Joseph Wilpert, Die Malereien der Katakomben Roms, I und II, Freiburg 1903.

Giuseppe Wilpert, I sarcofagi Christiani antichi, I, Roma 1929, II, 1932, III, 1936.

Ernst Würthwein, Der Text des Alten Testaments, Stuttgart 1963.

PL: Migne, Patrologia latina

PG: Migne, Patrologia graeca

GCS: Die griechischen Schriftsteller der ersten drei Jahrhunderte

CCL: Corpus Christianorum series latina (Maximus v. Turin, ed. Almut Mutzenbecher, 1962)

Hosea 2, 16–20

Das Wunder in der Wüste

3. Advent

Helgard Balz-Cochois

Text und Exegese

Der Text:

16 Wohlan, so will ICH sie nunmehr *betören,*
ich will sie in die *Wüste* führen und ihr zu Herzen reden.
17 Und von dorther will ich ihr die Weinberge wiedergeben
und ihr das Achortal zur Hoffnungspforte machen.
Daselbst wird sie mir *angehören* wie in ihren Jugendtagen,
wie am Tage, da sie aus Ägypten heraufzog.
18 An jenem Tage, spricht Jahwe,
da wirst du sagen *»Mein Mann«*
und wirst mich nicht mehr nennen »Mein Baal«.
19 Ich entferne die Namen der Baale aus ihrem Munde,
und man wird ihrer Namen nicht mehr gedenken.
20 Und ich schließe einen Bund für sie an jenem Tage
mit den Tieren des Feldes, den Vögeln des Himmels
und dem Gewürm des Ackerbodens.
Und Bogen, Schwert und *Krieg* zerbreche
und entferne ich aus dem Lande,
und ich lasse sie wohnen in *Sicherheit.*

Der literarische Kontext und seine Form

Hos. 2, 16–19 ist der mittlere Teil eines »großen Eifersuchtsmonologs«, den der Prophet Hosea im Kreise seiner Anhängerschaft hält. Diese Ansicht ist umstritten. Die gängige Meinung hält Hos. 2, 4–25 für eine redaktionelle Zusammenstellung einzelner Prophetensprüche zum gleichen Thema. Voraus geht der Rechtsstreit eines Ehebruchsverfahrens (2, 4–7. 10a.11–15), enthaltend Anklage und Verurteilung der Ehebrecherin und »Hure« Israel durch den Eheherrn und Richter JHWH. Es folgt das Drama in der Umkehr durch JHWHs unerwartetes Entgegenkommen und Liebeswerben in der Wüste

(2, 8f. 16–19). Den Abschluß bildet das Heil des neuen Ehebundes (V. 20–25).

Der dichterischen Form nach handelt es sich um ein *Gleichnis* mit persönlichem Erfahrungshintergrund: Die Ehe des Propheten ist Quelle theologischer Intuition – anders die vorwiegende Meinung, es handele sich um eine aus Traditionsgut konstruierte Allegorie. (Vgl. den Gottesbefehl Hos. 1, 2: »Nimm dir ein Hurenweib und zeuge Hurenkinder; denn das Land hurt hinter Jahwe weg.«)

Der religionsgeschichtliche Hintergrund

Die Anpassung Israels an die kanaanäische Umwelt war seit der Landnahme (um 1200 v. Chr.) im Gange. Sie erreichte im 8. Jahrhundert, also zur Zeit Hoseas, einen kritischen Höhepunkt: Die bäuerliche Bevölkerung war dabei, JHWH zu »kontextualisieren«, ihn zu einem Gott unter anderen, zu einem »Baal« zu machen. Auf den Höhen (heilige Haine nahe beim Dorf, wo man zu den Kultfeiern zusammenkam) verehrte man neben JHWH auch den jeweiligen Baal der Höhe und dazu Aschera, ein mütterliches Vegetationsnumen, neben Astarte, der zu Ehren man sich einer als Opfer verstandenen Festpromiskuität hingab. Aufgrund solcher Sexualriten bezichtigte Hosea, selber halbnomadischen Kreisen angehörend und orthodoxen Traditionen verhaftet (Erstes Gebot!), das »fortschrittlich« akkulturierte Volk der »Hurerei« und des »Ehebruchs« seinem allein legitimen »Eheherrn« JHWH gegenüber.

Zu den nomadischen Traditionen Hoseas gehört neben dem Ersten Gebot *die Wüste* als Ort der »ersten Liebe« und der Erwählung Israels (Hos. 2, 17; 9,10; 13,5). Für den Kulturlandbewohner ein Land ohne ausreichende Lebensmöglichkeiten, ist die Wüste für den Nomaden ein Land der Freiheit in Bedürfnislosigkeit, was gleichwohl seiner Sehnsucht nach Kulturland keinen Abbruch tut. Für Hosea wird die Wüste zum Ort der Umkehr. Danach findet Rückkehr ins Land Kanaan (durch das Achortal) statt.

Einzelheiten zur Exegese

Hos. 2, 16 *»betören«* (hebr. patah) ist ein mehrdeutig schillernder Begriff: ein verführerisches Überreden auf erotisch-sexuellem Gebiet (2. Mose 22,15 in bezug auf eine Jungfrau) wie auf religiösem (Jer. 20,7 in bezug auf des Propheten zwiespältige Erfahrung mit JHWH). Den gleichen Ausdruck findet man Spr. 1,10: »Wenn dich die bösen Buben locken...« Es geht um die Erfahrung einer Macht, der man widerstrebend und dennoch lustvoll erliegt.

Hos. 2,17 *»angehören«* ist eine verdeutlichende Übersetzung des sehr blassen und stark verhüllenden Ausdrucks, hebr. canah, »antworten, reagieren, zu Willen sein«.

Hos. 2,18 *»mein Mann«* (hebr. 'ischi) ist volksetymologisch auf »Frau« ('ischah) bezogen wie in 1. Mose 2,23 (Luther: Mann – Männin). Gemeint ist das naturhafte Urverhältnis von Mann und Frau *vor* aller Institutionalisierung. Die Ehefrau redet den Eheherrn als »ba'al« an: »Herr, Besitzer«.

Fortlaufende Auslegung

Die zentrale Bedeutung dessen, was in Hos. 2,16 geschieht, erfordert einen Rückblick auf den ersten Teil des Monologs. Der patriarchal-autoritäre, sich völlig im Einklang mit dem geltenden Recht befindende Eheherr zieht die hurende Ehefrau zur Rechenschaft, fordert sofortige Abkehr von den Liebhabern und droht mit Schandpfahl und Tod. Eifernde Gerechtigkeit, brennende Eifersucht und Rechtsanspruch sind nicht voneinander zu trennen. Eine vorbeugende Schutzmaßnahme (Versperren der Wege) führt auf seiten der Frau zu Frustration und Besinnung; der Not, nicht dem eigenen Trieb gehorchend, will sie zurückkehren zu ihrem »ersten Mann«: aus reiner Berechnung zurück in eine »Versorgungsehe«.

Hos. 2,16: Unter dem Leidensdruck der Eifersucht und um das Herz der Ehefrau, ihre spontane Zuneigung zu gewinnen, ändert der Eheherr sein Verhalten völlig: Er wird zum Verführer. Die erotische Metapher des »Betörens« läßt sich entfalten zur prophetisch-eschatologischen Vision einer »Betörung in der Wüste«. Eros als Gnade: Israel »verfällt« JHWH, wie eine

Frau »in Liebe fällt« (to fall in love). Das wortlose Ereignis wird sodann aufgehoben ins Wort des Zu-Herzen-Redens; denn es ist das *Wort* der Liebe, die Personalisierung des Geistes wie des Triebes. Die zwei sind in diesem Falle eins: Der Geist *ist* Trieb, spontan.

Hos. 2,17: Würde Israel der Verlockung durch Geschenke erliegen, so wäre der Sinn der Betörung dahin. JHWH wäre Mittel zum Zweck, wieder in den Besitz Kanaans zu gelangen. Das Land wäre ein anderer und größerer Gott. Das Geschenk der Weinberge als pars pro toto kann daher nur Versinnbildlichung der Liebe sein: Zeichen als Antwort auf das »Angehören«.

Hos. 2,18f: Mit der richtigen Anrede und dem Vergessen der Baale kommt das Liebeswerben JHWHs zur Erfüllung im Liebesbekenntnis Israels: Erfüllt ist das Erste Gebot.

Hos. 2,20: Das erste der Heilsgüter bezieht sich auf Frieden mit Tier und Mensch. Dem Bauern schädliche Tiere werden gebannt durch einen Bund (eine Verpflichtung). Sie werden nicht ausgerottet. Ausgerottet, zerbrochen und entfernt werden die Waffen. Es soll, innerhalb Israels, weder Verteidigungs- noch Angriffskriege mehr geben. – Wichtig ist zweierlei: Frieden und Sicherheit werden verheißen auf der Grundlage eines maßvollen bäuerlichen Auskommens. Es geht nicht um die »Segnungen« einer »höheren« Kultur. Und JHWH wird Frieden schaffen, nicht Israel.

Die feministische Dimension des Textes

Sie wäre nur auf der Bildebene des Ehegleichnisses zu finden und ist, von der Sache her gesehen, um die es geht (Umkehr, Erstes Gebot), von durchaus sekundärem Interesse. Daher in Kürze nur dies:

Ehe ist angesichts heutiger (westlicher) Vorstellungen von »Partnerschaft« nicht mehr gleichnisfähig im Hinblick auf das Erste Gebot (dazu ausführlicher: Ev. Theol., Jan./Febr. 1982, S. 61f).

Sünde und Sexismus. Die religiöse Wahrheit »je größer die Sünde, um so überschwenglicher die Gnadenerfahrung« sollte heute nicht mehr durch eine Analogie veranschaulicht werden (die zur Braut begnadigte Hure/Ehebrecherin), die belastet ist durch uralte Vorstellungen von der Minderwertigkeit des Weibes. Jesus hat dieselbe Sache im Gleichnis vom verlorenen Sohn nicht sexistisch dargestellt.

Erotisches im Gottesbild. Positiv aufnehmen ließe sich die Analogisierung von Eros und Gnade: beides unverfügbar, unverdienbar und von großer Gefühlsintensität: Lebensgrundstürzend, richtungsändernd; durchaus nicht nur »schön«, sondern auch »schrecklich«. Man sollte es jedoch tunlichst nicht von der Kanzel predigen. Es ist nicht jedermanns und sicher auch nicht jeder Frau religiöser »Geschmack« (Schubart).

Auf der Sachebene interessiert feministische Theologie sich vermutlich für den kultur- und politkritischen Aspekt »Frieden und Sicherheit« durch Abrüstung. Das »Zerbrechen« der Waffen ist jedoch nur verheißen für den Fall der gottgewirkten Umkehr. Hinsichtlich »Umkehr« kann feministische Theologie jedoch nicht etwas Eigenes für sich beanspruchen. Es handelt sich um eine religiöse Kategorie; das kompliziert die Sache.

An dieser Kategorie der Umkehr (die »Sünde« vorausgesetzt), die Frauen und Männer gleichermaßen betrifft, müssen einseitige und pauschale Schuldzuweisungen hinsichtlich Krieg, sozialer Ungerechtigkeit und ähnlicher Dinge an ein »böses Patriarchat« (im Gegensatz zu einem »guten Matriarchat«) letztlich scheitern. Eine These wie die von Gerda Weiler (s. u.) ist unhaltbar. Das darf Frauen jedoch nicht hindern, im Vorletzten konkreter Machtverhältnisse und ideologischer Voraussetzungen Patriarchal-Böses anzuprangern. Der/die einzelne als sittliches Subjekt ist wichtig; denn die Grundentscheidungen des Lebens hat jede mündige Frau, jeder mündige Mann trotz aller sozialen Verflechtungen, und bisweilen auch gegen Gruppendruck, in eigener Verantwortung vor Gott zu treffen und auch dafür einzustehen.

Folgerungen für Kirche und Gesellschaft – und für die jeweils einzelnen

Aus einer eschatologischen Vision läßt sich nur die Folgerung ziehen: So sollte es sein; so wäre es schön. Auf die Frage: »Was sollen wir tun?« gibt sie nur die eine Antwort: umkehren. Aber wie und wohin? Und woran erkenne ich die in Christus und im Heiligen Geist entgegenkommende Gnade? Wo gibt es eine christliche Sozialutopie – außer in den unzumutbaren Aphorismen der Bergpredigt?

Zum Hauptthema »*Wunder in der Wüste*« wären selbstkritische Fragen zu adventlicher Besinnung angebracht: Wie stelle ich mir »Umkehr« vor in *meinem* Leben? Und wenn ich umkehre, was nützt es, wenn andere nicht mitmachen? Muß ich mich auf die Innerlichkeit beschränken?

Wie kann ich »Frieden und Sicherheit« wollen, wenn mir soziale Gerechtigkeit im Grunde egal ist (es sei denn, es geht um *mein* Recht)?

Wie unterscheide ich »andere Götter« von den Heilsgütern, die als Segen Gottes zu betrachten sind? In welcher Rangfolge stehen für mich Güter/Götter personaler, politischer und materieller Art? Welche Reihenfolge des »Unverzichtbaren« gilt für mich? (Fast beliebiger Katalog: das Privatauto, die Eigentumswohnung, die berufliche Karriere, das Gehalt, die Gleichberechtigung, die »Freiheit«, die noch ungeschriebenen Bücher, noch ungeborenen Kinder: Was von alledem könnte ich aufgeben als Preis für »Frieden und Sicherheit«? Oder will ich auf jeden Fall »alles«?)

Wäre ein neuer »Wüstenaufenthalt« (in welcher Form? ein neuerlicher »Nullpunkt«?) vonnöten, um Kirche und Gesellschaft zur Besinnung darüber zu bringen, was wirklich lebensnotwendig ist und wo der unverantwortbare Luxus beginnt, der schuldig macht – das »Huren hinter anderen Göttern her«?

Last not least: Traue ich mir als Frau bessere Einsichten zu, als sie die herrschenden Männer bisher zu haben scheinen? Bin ich als Frau weniger in »Sündenversuchung«, einschließlich Machtstreben und Herrschsucht?

Vorschläge zur Predigt (oder Bibelarbeit)

Der dritte Sonntag im Advent ist dem letzten Propheten des Alten Bundes, Johannes dem Täufer, gewidmet, der Umkehr predigte und umgebracht wurde. Hosea wurde nur für verrückt erklärt (Hos. 9,7b). Welche Narrenfreiheit darf sich die Predigerin auf der Kanzel einer Volkskirche erlauben?

Kurze Schilderung der Zeit Hoseas und der Hintergründe seiner Umkehrvision. Zielfrage: Wie und wo geschieht das Wunder der Umkehr für uns heute? Die im vorigen Abschnitt gestellten Fragen aufnehmen, endend in der Zusatzfrage: Wenn die von Hosea erschaute Wende von Gott in Jesus Christus herbeigeführt wurde, warum merkt die Welt so wenig davon? Ist *sein* Reich vielleicht doch nicht von dieser Welt?

Adventszeit als Besinnungszeit in Erwartungshaltung: Wie soll ich dich empfangen? Wie kann mir Heil zuteil werden, wenn so vieles andere so viel wichtiger ist als das Eine, das nottut – und von dem ich vielleicht nicht einmal weiß, was es ist?

Nachdenken über einige Zeilen eines Gedichtes von Christine Lavant:

»Ich bin sehr reich und kann mich nicht verarmen
Dies Eigentum zerstören keine Kriege
Und wenn ich auch der Schenksucht unterliege
Und der Verschwendung oder dem Erbarmen:
Von diesen Gütern werd ich keines los.«

(Das große deutsche Gedichtbuch, S. 904)

Verwendete Literatur

HELGARD BALZ-COCHOIS, »Gomer oder die Macht der Astarte«, in: Evangelische Theologie 42, 1982, S. 37–65.
H. FREY, Das Werben Gottes um seine Kirche, Stuttgart 1961[2].
JÖRG JEREMIAS, Der Prophet Hosea, ATD, Göttingen 1983.
CHRISTINE LAVANT, »Ich bin sehr reich…«, in: KARL OTTO CONRADY (Hrsg.), Das große deutsche Gedichtbuch, Kronberg/Ts. 1977.
WALTER SCHUBART, Religion und Eros, München 1941, 1966[2].
GERDA WEILER, Ich verwerfe im Lande die Kriege, München 1984.
HANS W. WOLFF, Hosea, BK XIV, 1, Neulirchen-Vluyn 1976[3].

Matthäus 13,33

Das Brot geht auf

Ein Sonntag nach Trinitatis

Sharon H. Ringe

Und Jesus erzählte ihnen noch ein Gleichnis: Mit dem Himmelreich ist es wie mit dem Sauerteig, den eine Frau unter einen großen Trog Mehl mischte, bis das Ganze durchsäuert war (Matth. 13,33).

Außerdem sagte Jesus: Womit soll ich das Reich Gottes vergleichen? Es ist wie der Sauerteig, den eine Frau unter einen großen Trog Mehl mischte, bis das Ganze durchsäuert war (Luk. 13,20–21).

Interpretation des Gleichnisses

Die Verheißung des aufgehenden Brotes: Wir schauen staunend auf den schweren Teig, der lebendig wird. Unser Mund wird wäßrig im Vorgeschmack auf den warmen, knusprigen Brotlaib, der jetzt sicher bald aus dem Ofen kommen wird. Der Duft fängt schon an, unsere Nase zu kitzeln. Bilder von der Gastfreundschaft des Hauses und der Speisung von hungrigen Menschen dieser Welt verschmelzen in dieser schlichten, kurzen Darstellung des höchsten Willens Gottes.

Die Geschichte ist so einfach und so kurz, daß sie unter den vielen Gleichnissen, die auf das Reich Gottes weisen, leicht übersehen wird. Es ist das vierte von neun Gleichnissen, die in Matth. 13 zusammengestellt sind. Zusammen mit seinem Gegenstück, dem Gleichnis vom Senfkorn, mit dem es sowohl bei Matthäus als auch bei Lukas gekoppelt ist (Fitzmyer, Sp. 1018–1019; Jeremias, S. 145, 147; Schweizer, S. 199–200), dient es im Lukasevangelium dazu, die Heilung einer »Tochter Abrahams« (Luk. 13,10–17) als Manifestation des Reiches Gottes zu interpretieren. Es ist ein Bibeltext, der in den USA bei den im Lektionar vorgesehenen Lesungen übergangen wird und der – wenn überhaupt – als Teil einer viel längeren Lesung etwa um den neunten Sonntag nach Pfingsten im ersten Jahr des Lektionars vorkommt.

Ein ähnliches Gleichnis erscheint im Thomasevangelium, Logion 96: »Das Königreich des Vaters gleicht einer Frau. Sie nahm ein wenig Sauerteig, verbarg ihn in Teig und machte ihn zu großen Broten« (Fitzmyer, Sp. 1018). Es wäre zwecklos, zu versuchen, einen wirklichen Unterschied zwischen dieser Form und den kanonischen Versionen des Gleichnisses festzustellen. Denn in beiden Fällen erstreckt sich der Vergleich über die Geschichte als ganze, wie Wissenschaftler bereits seit langem festgestellt haben (Jeremias, S. 146). Die wissenschaftliche Diskussion hat sich statt dessen auf die Frage konzentriert, ob das Gleichnis als Text anzusehen ist, dessen Schwerpunkt auf dem Gegensatz zwischen der geringen Menge Sauerteig und der großen Menge Mehl liegt (Jeremias, S. 147–148; Windisch, S. 907–908), auf dem Kontrast zwischen dem unbedeutenden Anfang und dem überreichen Ergebnis (Fuchs, S. 240; Boucher, S. 69), auf dem Detail der Verborgenheit und des Geheimnisses (Crossan, S. 38) oder auf der Zwangsläufigkeit, mit der das Ergebnis eintritt, sobald der Prozeß des Wachsens oder der Umwandlung in Gang gesetzt wurde (Fitzmyer, Sp. 1019).

Wie Madeleine Boucher aufzeigt, spiegelt unsere Position in der oben dargestellten Diskussion Meinungen wider, die wir uns schon früher über die Grundtendenz von Jesu Verkündigung des Reiches Gottes gebildet haben (Boucher, S. 67). Wenn wir also eine Verbindung zwischen dem Reich Gottes und der schrittweisen Veränderung der menschlichen Gesellschaft sehen würden – ob nun durch menschliche Anstrengungen oder als Ergebnis von Gottes gnadenreichem Handeln –, dann würden wir eher den Prozeß oder das Wachsen oder dessen Zwangsläufigkeit betonen. Fitzmyer faßt zusammen:

> »Sobald das Königreich in der menschlichen Geschichte – wenn auch auf verborgene Weise – gegenwärtig ist, muß es aufgrund seiner charakteristischen aktiven Bestandteile zwangsläufig das Ganze durchsäuern. Mehl ist wichtig für das Brot, aber ohne Sauerteig gibt es kein wirkliches Brot! Seine Kraft wird vor allem benötigt« (Fitzmyer, Sp. 1019; vgl. Schweizer, S. 199; Jülicher, S. 578–579).

Wären wir der Meinung, daß Jesus entweder das unmittelbar bevorstehende Kommen des Reiches Gottes als einzelnes Ereignis betonte oder die Tatsache, daß dieses Ereignis bereits in seinem Wirken gegenwärtig ist, dann würden wir dazu neigen, den Schwerpunkt des Gleichnisses auf das Endprodukt zu legen. Wenn wir mit Jeremias von »dem eschatologischen Weg der Verwirklichung« sprechen, dann würde uns dies dazu führen, den Gegensatz zwischen Anfang und Ende zu betonen, aber auch zu erkennen, daß das Ende bereits im Anfang inbegriffen ist (Jeremias, S. 148 und 152; Boucher, S. 75; Windisch, S. 907–908).

Eine Möglichkeit, aus einer solchen sich im Kreise drehenden Analyse auszubrechen, könnte darin bestehen, die Details der Geschichte selbst zu prüfen und zu sehen, welches Licht sie eventuell auf das Verständnis des Evangelisten vom Reich Gottes werfen, auf das wir zu reagieren eingeladen sind. Wissenschaftler und Wissenschaftlerinnen haben diesen Details durchaus Beachtung geschenkt, aber meistens haben sie dort plötzlich aufgehört, wo es darum ging zu untersuchen, welche neuen Akzente unsere Auffassung vom Reich Gottes aufgrund dieser Details bekommt. So erwähnen die meisten beispielsweise, daß das Brotbacken generell als Frauenarbeit angesehen wurde – sowohl zur Zeit Jesu als auch in der Gesellschaft der Autoren des Evangeliums – und daß diese Tätigkeit ebenso wie das Säen der Männer als Bild dienen kann, um vom Reich Gottes zu sprechen. Einige weisen auch auf die ungewöhnlich große Menge Mehl hin – genug, um Brot zu backen, das für etwa hundert Menschen ausreicht, statt der Menge, die von einer Familie in einem einzigen Tag verbraucht wurde, wie es in einer Zeit, als es noch keine künstlichen Konservierungsmittel gab, üblicher gewesen wäre. Diese Wissenschaftler weisen auf Parallelen zu 1. Mose 18,6 hin; sie verweisen darauf, daß Geschichtenerzähler gewöhnlich übertreiben, oder darauf, daß der »eschatologische Charakter... durch ausmalende Züge noch unterstrichen (wird)... Diese... wollen sagen: Es handelt sich um Realitäten Gottes« (Jeremias, S. 146; Fitzmyer, Sp. 1019; Boucher, S. 75). Es wird oft erwähnt, daß Sauerteig keine Substanz ist, die wir in einem Gleichnis über das Reich Gottes zu finden erwarten, denn in jüdischen, griechisch-römischen und christlichen Schriften wurde er gewöhnlich mit bösen oder giftigen Dingen assoziiert (Windisch, S. 906–908; Greenstone, S. 655; Jeremias, S. 149; Jülicher, S. 579). Die Tatsache, daß er hier zum Vergleich herangezogen wird, wird als Teil von Jesu Umkehrung von erwarteten Formen und Normen bei seiner Charakterisierung des Reiches Gottes verstanden (Jeremias, S. 149; Schweizer, S. 199). Der Vergleich ist nach Windisch kennzeichnend für die Perspektive des einfachen Volkes, das über die Kraft des Sauerteigs erstaunt ist (Windisch, S. 907–908), oder er wird (in einer Interpretation, die ernsthaft antijüdische Züge trägt) als Hinweis darauf gesehen, daß Jesus die Absicht hatte, ein Reich Gottes darzustellen, das im Gegensatz zu dem von den Priestern vermittelten Gottesreich stand (Grundmann, S. 384).

Wenn wir diese Details zu dem Bild verschmelzen lassen, das das Gleichnis bietet, ergeben sich jedoch einige andere Einsichten in die Natur des Gottesreiches. Die Geschichte beschreibt eine gewöhnliche Tätigkeit, eine Arbeit, die bis in die jüngste Vergangenheit für praktisch jede Hausfrau den Rhythmus des Alltagslebens bestimmte und dies für die Frauen in zwei Dritteln der Welt noch immer tut. Nur die Reichen und Privilegierten können so tun, als habe Brot für das Leben nebensächliche Bedeutung. Für die Armen ist das Produkt der Mischung von Mehl und Sauerteig der Rohstoff des Lebens selbst – ein Schutz gegen Hunger, ja gegen den Hungertod. Wenn diese gewöhnliche Aufgabe und die Zutaten des Brotbackens zu einem Mittel für das Reden über das Reich Gottes werden, können wir im Alltagsleben selbst ein Echo von heiliger Zeit hören, und das einfachste Nahrungsmittel wird zur Vorspeise des himmlischen Mahls.

Das Gleichnis stellt keine Frage nach der Reinheit oder Unreinheit der Zutaten oder der Tätigkeit. Vielmehr sind sowohl die Tätigkeit als auch die Zutaten wertvoll, wenn sie zu dem Ort werden, wo die Macht Gottes erkannt wird – ein »Allerheiligstes«, in dem das Modell von Gottes Gegenwart auf Erden offenbart wird. Dieses Modell ist von Überfluß und Fülle gekennzeichnet; Überfluß tritt an die Stelle von Ungewißheit und Knappheit, die die Hausfrau zwingen, gewöhnlich gerade genug Brot für einen Tag zu backen. Für die Armen, die sich immer noch fragen, ob sie für jeden neuen Tag Nahrung finden, weist diese Vision auf eine veränderte Schöpfung, in der das niedrige Leid des Hungers der Vergangenheit angehört und wo menschliches Leben, gekennzeichnet von Gerechtigkeit, Liebe und Kreativität, winkt.

Aber was ist mit uns, die im Überfluß leben? Was macht das

Reich Gottes aus, das uns im Bild dieses Gleichnisses begegnet? Welchen Ruf hören wir? Was geschieht, wenn unsere Welt durch dieses Bild vom Willen Gottes umgestaltet wird? Sicher muß jede für sich auf diese Fragen antworten. In dieser Geschichte, in der eine einfache tägliche Pflicht zu einem Mittel wird, um über das Reich Gottes zu sprechen, erkenne ich die Heiligung allen Lebens wieder und sehe aufs neue, daß das Bild Gottes, das der Menschheit aufgeprägt ist, männliche und weibliche Züge einschließt. In diesem besonderen Bild von Gottes höchstem Willen bin ich wieder aufgerufen, am »Bakken« teilzunehmen, so daß wir sehen, daß Gott die Nahrung für das Leben segnet, und dies erkennen, wo immer es Hunger und Ungewißheit gibt – die Angst davor, daß für den nächsten Tag kein Brot da ist.

Das Gleichnis im Leben der Kirche

Zwei vertraute Momente im liturgischen Leben der Kirche könnten durch die Entbindung der Metaphorik dieses Gleichnisses bereichert werden. Erstens gewinnt die Bitte um das »tägliche Brot« im Vaterunser seine ursprüngliche Besonderheit und seinen anfänglichen Reichtum wieder, wenn wir an ihre Verbindung mit dem Reich Gottes erinnert werden, für dessen Kommen wir auch beten sollen. Zweitens ist das gebrochene Brot der Eucharistie – der Leib Christi, der für uns gebrochen wird – im gleichen Laib abgebildet, in dem wir die Gastlichkeit und Großzügigkeit des Reiches Gottes erkennen. Dieses Gleichnis erinnert uns daran, daß – so wie der, den wir »Christus« nennen, zu uns kam und unser gewöhnliches Schicksal teilte – auch unser tägliches Leben zu einem heiligen Raum und zu einer heiligen Zeit geworden ist, wo Gott selbst offenbar wird.

Dieses Gleichnis könnte durchaus zum Mittelpunkt einer Besinnung werden, die sich mit der Frage des Welthungers beschäftigt. Die Auseinandersetzung mit dem Gleichnis, mit anderen biblischen Geschichten über »Brot« (wie beispielsweise 1. Kön. 17,8–16; Luk. 11,5–8; Joh. 6; 1. Kor. 11,17–34; oder die Traditionen des »Letzten Abendmahles« in den synoptischen Evangelien) und mit lokalen oder globalen Hungerkrisen könnte mit dem Brotbacken verwoben werden. Dieses Brot könnte dann zum Mittelpunkt einer darauf folgenden Liturgie werden, in der die Teilnehmerinnen und Teilnehmer gemeinsam geloben, »Brotbäckerinnen« und »Brotbäcker« zu werden, damit das Leid des Hungers in einer neuen Verkörperung von Gottes Gegenwart und Reich geheilt werde.

Das Brot geht auf!

Gott, du Bäckerin

Gott, du Bäckerin,
ich bin dein lebendiges Brot.
Stark, braun; Gott, du Bäckerin,
ich bin dein flacher, weicher Laib,
der Gestalt annimmt.
Ich bin dein Brot, das aufgeht, gut geknetet
von einem Paar göttlicher und knotiger
Knöchel, von deinen warmen Erdenhänden.
Ich bin gut geknetetes Brot.

Lege mich in dein Feuer, Gott, du Bäckerin,
lege mich in dein eigenes helles Feuer.

Ich bin warm, durchwärmt wie du vom Feuer.
Ich bin weiß und golden, weich und hart,
braun und rund.
Ich bin so schön durchwärmt vom Feuer.

Brich mich, Gott, du Bäckerin.
Ich werde gebrochen unter deinem fürsorgenden Wort.
Tauche mich in Stücken in deinen besonderen Saft.
Tauche mich in dein Blut.
Ertrunken, ich, in der großen roten Flut.
Sich selbst hingebender Kelch, schlucke mich.
Meine Haut strahlt in göttlichem Wein.
Mein Gesicht ist vom Kelch bedeckt, und ich ertrinke.

Ich tauche auf in einem roten Teich,
in einer goldenen Welt,
wo deine sonnendurchglühte Hand ist,
um mich aufzufangen und zu halten.
Gott, du Bäckerin, mach mich neu.

Alla Bozarth-Campbell, USA
(in: Die tägliche Erfindung der Zärtlichkeit)

Aus dem Englischen übersetzt von Hildegard Schneck

Verwendete Literstur

MADELEINE BOUCHER, The Parables, Delaware 1981.
JOHN DOMINIC CROSSAN, In Parables: The Challenge of the Historical Jesus, New York 1973.
JOSEPH A. FITZMYER, The Gospel According to Luke X-XXIV, Anchor Bible Vol. 28a, Garden City, N.Y. 1985.
ERNST FUCHS, »Das Wesen des Sprachgeschehens und die Christologie«, in: Glaube und Erfahrung. Zum christologischen Problem im Neuen Testament, Tübingen 1965.
JULIUS H. GREENSTONE, Artikel »leaven«, in: The Jewish Encyclopedia, Bd. VII, Gordon Press 1976.
WALTER GRUNDMANN, Das Evangelium nach Matthäus, THNT I, Berlin 1968.
JOACHIM JEREMIAS, Die Gleichnisse Jesu, Göttingen 1984[10].
ADOLF JÜLICHER, Die Gleichnisreden Jesu, (1910), Darmstadt 1963.
EDUARD SCHWEIZER, Das Evangelium nach Matthäus, Göttingen 1973[13].
HANS WINDISCH, Artikel »zymē, zymoō, azymos«, in: ThWNT 2, Stuttgart 1935.
Die tägliche Erfindung der Zärtlichkeit. Gebete und Poesie von Frauen aus aller Welt. Hrsg. von SYBILLE FRITSCH und BÄRBEL VON WARTENBERG-POTTER, Gütersloh 1986, »Gott, du Bäckerin« © Wir sind keine Fremdlinge mehr, Evangelisches Missionswerk, Hamburg.

Matthäus 20,1–16

Die Letzten werden die Ersten sein

Ein Sonntag nach Trinitatis

Luise Schottroff

Wo sind die Frauen?

Das Gleichnis von den Arbeitern im Weinberg erwähnt keine Frau. Die Arbeitswelt in der Landwirtschaft erscheint in ihm frauenlos: Es gibt Tagelöhner, einen Aufseher (20,8) und den Großgrundbesitzer. Man kann erwägen, ob die »Arbeiter« in Wirklichkeit »Arbeiter und Arbeiterinnen« sind, also die Frauen nur deshalb fehlen, weil die Sprache androzentrisch ist, das heißt »normalerweise« nur Männer erwähnt, auch wenn Männer und Frauen gemeint sind. Diese Erwägung ist deshalb angebracht, weil Frauen und Kinder in dieser Zeit überall im Römischen Reich auch auf dem Feld arbeiten, besonders bei der Ernte von Getreide, Wein und Oliven (Mischna Jebamot XV,2; Schottroff, S. 99). Doch in dem Gleichnis wird eine große Arbeitslosigkeit in der Landbevölkerung vorausgesetzt. Tagelöhner stehen »müßig«, das heißt arbeitslos (20,3) auf dem Marktplatz und warten darauf, eventuell doch noch Arbeit für den Tag zu finden. Sie sind sogar bereit, gegen ungewissen Lohn zu arbeiten. Die Arbeiter, die vormittags um 9 Uhr – »dritte Stunde« – und danach gemietet werden, haben keinen Arbeitsvertrag mehr, anders als die »Langarbeiter« (20,2), für die ein korrekter Vertragsabschluß berichtet wird: die Übereinkunft über den Lohn. Die »Kurzarbeiter« müssen zufrieden sein mit dem, was der Grundbesitzer ihnen gibt, eventuell auch mit einigen Trauben von der Ernte. Diese Arbeitslosigkeit in der Landbevölkerung, die durch das Wachsen von Großgrundbesitz und rationellen Methoden der Landbearbeitung zunahm, dürfte Frauen keine Chance gelassen haben, bezahlte Arbeit als Tagelöhner in der Ernte zu erhalten. Die Frauen fehlten also nicht nur wegen der frauenverschweigenden Sprache.

Die Frauen und Kinder der »Langarbeiter« dürften abends ihren Gerstenbrei kochen können, die Frauen der »Kurzarbeiter« und vor allem derer, die keine Arbeit fanden, jedoch nicht. Wir wissen, daß Menschen in dieser Lage versucht haben, die eigenen Kinder und Frauen in Sklaverei und Prostitution zu verkaufen (s. nur Matth. 18,25). Wo also sollen wir die Frauen dieser Arbeiter suchen? Sie werden hart arbeiten, um das Leben aufrechtzuerhalten, aber nicht gegen Geldlohn. Die »Langarbeiter« im Text sind die Spitze des Elendsberges, der im Text selbst schon sichtbar wird. Unsichtbar bleibt das Frauenelend noch unterhalb des Elends der Arbeitslosen auf dem Markt. Durch eine Aufhebung der androzentrischen Sprache bei der Übersetzung von »ergatai« (»Arbeiter und Arbeiterinnen«) wäre das Frauenschicksal nachträglich auch noch verharmlost.

Die Frauen der Aufseher auf einem solchen Gut wird man sich als Aufseherin im Hausbereich vorzustellen haben: Sie kontrolliert die Produktion von Vorräten und Kleidung und die tägliche Versorgung der Mitglieder des »Hauses«, der Sklaven und Sklavinnen und der Familie des Grundbesitzers im engeren (biologischen) Sinne. Die Frau des Grundbesitzers hat selbst nicht mit der Hand gearbeitet, allenfalls in der Spinnstube mit Hand angelegt. Vor allem das Werk des römischen Agrarschriftstellers Columella (1. Jahrhundert n. Chr.) gibt einen Einblick in die Verhältnisse auf Großgütern, die überall im Römischen Reich ähnlich organisiert waren.

Die Gottesvorstellung

Das Gleichnis von den Arbeitern im Weinberg will von Gott reden, indem es vom Handeln eines Großgrundbesitzers erzählt, der die Letzten zu den Ersten gemacht hat. In der wissenschaftlichen Auslegung dieses Textes wird häufig bestritten, daß 20,16 ursprünglicher Bestandteil des Gleichnisses sei, denn dieser Vers halte sich am Oberflächlichen fest: an der Reihenfolge der Lohnauszahlung. Diese Annahme wird jedoch dem Gleichnis nicht gerecht, es erzählt vom Handeln Gottes, der die Letzten zu den Ersten macht: Die Kurzarbeiter stehen für die Letzten, die keinen ausreichenden Lebensunterhalt mehr zu erwarten haben, sie schließen exemplarisch auch noch die ein, die (auf der Bildebene des Gleichnisses) noch unter diesen Letzten sind: die vollständig arbeitslosen Männer und die unsichtbaren Frauen und Kinder. Sie alle sind die Letzten in der Gesellschaft, und um sie dreht sich das Gleichnis. Es ist eine Formalisierung des Zusammenhangs von Gleichnis und Schlußvers (20,16), die zu der Annahme führt, dieser Vers sei sekundär. Er drückt den Inhalt des Gleichnisses zutreffend aus.

Der Gott dieses Gleichnisses ist – oberflächlich betrachtet – patriarchal vorgestellt: Er verfügt über andere Menschen, steht an der Spitze einer Hierarchie. Er ist Großgrundbesitzer. Seine Gnade ist Gnade von oben nach unten (20,15). Doch sein gnädiges Handeln stellt zugleich die ganze Hierarchie der realen Arbeitswelt in Frage. Ein normaler Großgrundbesitzer würde so nicht handeln: den Kurzarbeitern den vollen Tageslohn geben, sie nach ihrem Bedürfnis bezahlen, auch wenn sie kein Recht darauf haben. Der Protest der Landarbeiter ist unsolidarisch den Letzten gegenüber und versucht, die Hierarchie aufrechtzuerhalten. Das Gleichnis richtet sich an Menschen, die sich mit dem Protest der Langarbeiter identifizieren können, und versucht, sie zu werben für die Solidarität mit den Letzten und die Teilnahme am Prozeß der Gerechtigkeit Gottes, der zuerst das Elend der Letzten verändert.

Eine feministische Kritik, die nur den Patriarchalismus dieser Gottesvorstellung wahrnimmt, bleibt oberflächlich. Die feministische Frage kann hier doch nur heißen: Was fangen wir Frauen mit dem Gott an, der die Niedrigen erhöht und die Letzten zu den Ersten macht, auch wenn er als – allerdings merkwürdig handelnder – Großgrundbesitzer vorgestellt wird? Auf die feministische Frage angesichts dieser Gottesvorstellung komme ich zurück.

Der Antijudaismus der christlichen Auslegungstradition

Die christliche Auslegungstradition hat diesen Text zum Kristallisationspunkt einer Disqualifizierung der jüdischen Religion gemacht. Man sagt: Der Gott Jesu ist gnädig und barmherzig, gibt den gleichen Lohn für alle, der Gott der Juden jedoch ist ein implizites Gegenbild, der Gott der Langarbeiter, die

Lohn für Leistung erwarten. Die jüdische Religion wird als Gesetzesreligion, ihr Gott und ihre Frömmigkeit als gesetzlich, legalistisch und ähnliches disqualifiziert. Diese Disqualifizierung der jüdischen Religion als solcher und des Gottes der Juden sitzt in unseren christlichen Männer- und Frauenköpfen ganz fest. Es ist einfach nicht wahr, wie ich manchmal höre, daß heute doch unter Christ/inn/en niemand ernsthaft mehr antijudaistisch oder gar antisemitisch denke. Wir führen weitgehend diese Tradition unkritisiert fort. Diese Tradition sitzt so fest, daß ich die Leserinnen und Leser bitte, sich zu überlegen, ob sie den Gott dieses Gleichnisses für den gnädigen Christengott oder den gnädigen Judengott halten. Faktisch ist die Gottesvorstellung dieses Gleichnisses nicht *gegen* eine andere – jüdische – Gottesvorstellung gerichtet. Es ist der Gott Jesu *und der Gott der Juden,* dessen Handeln im Gleichnis dargestellt wird (s. nur Ps. 118). Daß der Gott Israels die Niedrigen erhöht und gerechte Beziehungen unter Menschen will, ist eine Tradition, die sich auf vielen Ebenen der von Christen »Altes Testament« genannten Schrift findet: Das Hannahlied (1. Sam. 2,1ff), das Judithbuch und Tritojesaja (Jes. 56–66) seien als drei Beispiele genannt.

Die Behauptung, das Gottesbild dieses Gleichnisses sei gegen die jüdische (oder pharisäische) Gottesvorstellung gerichtet, ist also falsch, setzt sich über die jüdische Tradition verächtlich hinweg. Im Umgang mit dem Gleichnis ist es unerläßlich, sich explizit mit dem christlichen Antijudaismus auseinanderzusetzen. Der christliche Antijudaismus war eine wesentliche Voraussetzung, die die fabrikmäßige Vernichtung des jüdischen Volkes durch Deutsche ermöglicht hat. Wer heute noch den Gott von Matth. 20,1–16 gegen den Gott der Juden abgrenzt, legitimiert nachträglich die Massenvernichtung, auch wenn das »natürlich« so niemand will. Deshalb ist die Naivität in dieser Frage unter Christinnen und Christen keine Entschuldigung mehr.

Der theologische Antijudaismus der Christen ist keine Frauenerfindung. Wenn wir heute kritisch mit Feministischer Theologie umgehen, die antijüdisch ist, sollte immer dazu gesagt werden, daß Frauen hier ein unseliges Erbe der Männertheologie weiterführen. Entschuldigen sollten wir Frauen uns damit aber nicht. Spätestens wenn das Problem benannt wird, ist es Zeit, die eigene Schuld einzugestehen. Der Gott von Juden und Christen erscheint nur dann als patriarchales Monster, wenn frau nicht richtig hinsieht, sich nicht genug für die theologischen Inhalte und ihren historischen Hintergrund interessiert. Es ist grotesk, den Gott des Hannahliedes und den des Magnificats der Maria als patriarchal zu charakterisieren. Diese Kategorie erfaßt nur einen Teil der Gottesvorstellung und blendet das *Handeln* des Gottes Israels völlig aus: »Er hat zerstreut, die hochmütig sind in den Planungen ihres Herzens. Er hat die Gewaltigen von den Thronen gestoßen und die Niedrigen erhöht« (Luk. 1,51–53).

Der theologische Antijudaismus in der Auslegungstradition dieses Textes hat in feministischer Perspektive noch eine zweite Seite: Er zeigt, daß unsere theologische Tradition mit theologischen Feindbildern arbeitet. Wieso eigentlich können wir die Liebe Gottes nicht erklären, ohne andere Götter und andere Menschen herabzusetzen? Wir sind auf Überlegenheit aus; unser Gott muß der einzige für die ganze Welt sein, der überlegene, dem gegenüber andere Götter und Menschen als minderwertig erscheinen. Feministische Theologie heißt also auch, zu üben, daß Frau und Mann ohne Disqualifizierung anderer Kulturen (auch atheistischer und kommunistischer Kultur) die Liebe Gottes bezeugen und leben.

Die Letzten werden die Ersten sein

Das Gleichnis will die Langarbeiter, die die Hierarchie der Arbeitswelt zur Waffe gegen ihre schwächeren Kollegen machen, für die Solidarität werben. Menschen, die sich mit ihrem Protest identifizieren, sollen sich hineinnehmen lassen in den Prozeß des Handelns Gottes, der an der Gerechtigkeit durch die Erhöhung der Niedrigen arbeitet. In der Praxis der Jesusbewegung sehen wir diesen Prozeß am Werk. Die Gerechtigkeit fängt unten an: »[den Kindern] gehört die Königsherrschaft Gottes« (Mark. 10,14 parr.). Damit waren Kinder gemeint und nicht »Kinder« im übertragenen Sinn, wie immer man diesen übertragenen Sinn dann auch füllt. Die Kinder gehörten in der Armutsgesellschaft des Römischen Reiches zu den Letzten: verkauft, versklavt, prostituiert – das sind nicht nur Einzelfälle gewesen. »Die Zöllner und Dirnen werden euch vorangehen in die Königsherrschaft Gottes« (Matth. 21,31). Die Dirnen waren die Letzten unter den Frauen, aber eben Exponenten des typischen Frauenelends. Wer Gerechtigkeit für die Frauen wollte, mußte bei den versklavten und prostituierten Frauen anfangen. Jesus und seine Jüngerinnen und Jünger kamen selbst aus der Welt der armen Bevölkerungsmehrheit, und sie suchten konsequent die Gemeinschaft mit den Letzten: Dirnen, Kindern, Zöllnern, Kranken, Bettelarmen. In der Jesusbewegung war ein Problembewußtsein sowohl für die Klassenfrage als auch für das Elend von Sexismus und Rassimus. Besonders deutlich ist mir das an der Gestalt des »Kämmerers aus dem Mohrenland« geworden (Apg. 8,26ff); er ist ein Schwarzer und ein Eunuche, der die Verachtung der Rassisten und Sexisten zugleich erfährt. Er ist nach der Apostelgeschichte *der erste Heide,* der getauft wird. Doch in der Auslegungsgeschichte sucht man vergeblich nach der Würdigung dieses Menschen als Vater aller Heidenchristen, denn unter den christlichen Auslegern waren und sind Rassismus und Sexismus starke Kräfte. Deshalb wird Kornelius (Apg. 10,1ff) als erster Heidenchrist gefeiert.

Die Letzten, denen Gottes befreiende Liebe zuerst gilt, sind auch schon in der Jesusbewegung als Opfer des Klassenkampfes von oben *und* des Sexismus und Rassismus verstanden worden. Der Gott von Juden und Christen wird als *Patriarch* vorgestellt, *der die patriarchale Ordnung umstürzt.* Seine Macht stärkte Kinder, Frauen, Kranke und Bettelarme, Hoffnung auf Leben und Gerechtigkeit zu gewinnen. Gott blieb in seiner Macht nicht fern von ihnen, über ihnen, sondern bei ihnen. Seine Macht, der Heilige Geist, befähigte Menschen, die patriarchalen Strukturen, die sie demütigten und ohnmächtig machten, gemeinsam zu überwinden. Der Heilige Geist ist lebendigmachende Kraft, schöpferische Mutter. Gott ist bei den Menschen, die er mit dem Geist begabt, und er verwandelt die Tödlichkeit der Welt durch die Auferstehung Christi, der das Geschick der Letzten geteilt hat.

»Patriarchat« im Sinne einer feministischen Kritik kann in dieser Zeit die gesellschaftliche Wirklichkeit im Römischen Reich durchaus genannt werden. In der Gesellschaft des Römischen Reiches waren die Frauen und Kinder der armen Bevölkerungsmehrheit die Letzten der Letzten. Aber der Gott Israels war nicht der Gott dieses Systems, sondern gerade der Gott von Menschen, die unter diesem System litten und ihm Widerstand entgegensetzten. In *Sprache* und auch in der *Rede von Gott* (wie in diesem Gleichnis) sind dabei Frauen oft unsichtbar, in der *Praxis* der Jesusbewegung und der jüdischen Religion jedoch nicht (s. dazu die Auslegung Mark. 15,40–16,8, Schottroff, S. 71–93).

Verwendete Literatur

LUISE SCHOTTROFF, »Frauen in der Nachfolge Jesu in der neutestamentlichen Zeit«, in: WILLY SCHOTTROFF und WOLFGANG STEGEMANN (Hrsg.), Traditionen der Befreiung, Band 2, Frauen in der Bibel, München 1980, S. 91–133.
DIES., »Die Güte Gottes und die Solidarität von Menschen. Das Gleichnis von den Arbeitern im Weinberg«, in: WILLY SCHOTTROFF und WOLFGANG STEGEMANN (Hrsg.), Der Gott der kleinen Leute, Band 2, München 1979, S. 71–93.

Matthäus 23, 1–12

Umwandlung von Macht zu Dienst

24. Sonntag nach Trinitatis

Rosemary Radford Ruether

Vorbemerkung

Diese Passage im Matthäusevangelium weckte zum ersten Mal meine Aufmerksamkeit am 29. Juli 1974 während eines besonderen Gottesdienstes anläßlich der Ordination von elf Frauen zum Priesteramt in der American Episcopal Church in Philadelphia. In der Liturgie war Raum für die Leute gelassen worden, die etwas gegen diese Ordination von Frauen hatten und ihre Meinung artikulieren wollen. Ein junger Priester ging zum Mikrophon und sagte:

»Jesus brach viele Regeln, aber eine hielt er aufrecht.
›Ihr sollt Gott Vater nennen, und auch seine Priester sollen Vater genannt werden.‹«

Die Teilnehmerinnen und Teilnehmer des Gottesdienstes waren völlig verblüfft angesichts dieses Beispiels für ein inexaktes Bibelgedächtnis. Der Priester der Episcopal Church nahm einfach an, seine eigene Kirchenpraxis reflektiere einen Auftrag Jesu. Aber tatsächlich hat Jesus keinen Führungsrang unter den Priestern angeordnet, der in Anlehnung an den göttlichen Titel den Titel Vater tragen sollte. Es sieht vielmehr ganz so aus, als habe er in dieser Matthäuspassage sogar jegliche Titel dieser Art für eine christliche Führungsgruppe verboten.

Kirche als Gemeinschaft von Gleichrangigen

Manche Zuhörerinnen und Zuhörer kommen vielleicht zu dem Schluß, diese Passage spiegele die Lehre der matthäischen Gemeinde und keine ausdrückliche Verfügung Jesu. Aber wir müssen doch folgern, daß diese frühchristliche Gemeinde in ihrer Gemeinschaft eindeutig die Entwicklung einer Führungsschicht verhinderte, die sich mit Titeln wie »Rabbi«, »Vater« oder »Meister« schmückte. Diese Titel waren Gott oder Christus vorbehalten.

Keine Gruppe in der christlichen Kirche sollte also Führungstitel beanspruchen, die die Titel Gottes oder Christi widerspiegeln. Denn die Kirche wurde als Gemeinschaft von Gleichrangigen verstanden, und dieses Konzept sollte aufrechterhalten werden. Die Beziehung der Jüngerinnen und Jünger zu Christus als Lehrer und Meister und zu Gott als Vater errichtet unter Christinnen und Christen keine Hierarchie zwischen Führenden und Geführten. Die Beziehung zu Gott und zu Christus stellt unter ihnen vielmehr eine Gemeinschaft von Gleichrangigen her. Christliche Frauen und Männer haben einen Lehrer, den Christus, und diese Beziehung zu Christus begründete auch zwischen den Jüngerinnen und Jüngern Beziehungen wie unter Geschwistern oder unter Brüdern und Schwestern. Der Begriff *adelphoi,* der im Text verwendet wird, um die Beziehungen der Jüngerinnen und Jünger Christi zueinander zu beschreiben, bedeutet wörtlich »Kinder einer gemeinsamen Mutter« und schließt somit weibliche wie auch männliche Geschwister ein.

Polemik gegen die Praxis, nicht gegen die Lehre der Pharisäer und Schriftgelehrten

Dieser Abschnitt über die gerechte Beziehung unter Christinnen und Christen ist in den Kontext einer Polemik gegen die Lebensweise der etablierten religiösen Führung, nämlich der Schriftgelehrten und Pharisäer, gestellt. Diese Polemik gegen die Schriftgelehrten und Pharisäer zieht nicht die Korrektheit ihrer Lehre in Zweifel. Der Autor des Matthäusevangeliums erkennt ihre Autorität als Erben der Autorität des Mose an. Er gebietet den christlichen Jüngerinnen und Jüngern Jesu, nicht nur auf das zu hören, was diese Lehrer lehren, sondern es auch zu praktizieren. Im Gegensatz zu späteren christlichen Theorien wendet er sich also nicht gegen die Schriftgelehrten und Pharisäer als »falsche Lehrer«, sondern er kritisiert sie als versagende Lehrer. Auszusetzen ist an ihnen, daß sie nicht leben, was sie predigen. Sie verbringen viel Zeit damit, vom Gesetz komplizierte Verhaltensregeln abzuleiten, und ermahnen andere, diesen Vorschriften zu folgen, aber sie versäumen es, selbst ein Beispiel für das Leben nach diesen Gesetzen zu geben.

Der Autor ist der Ansicht, daß diese Lehrer durch ihre spezielle Rolle ganz ostentativ nach persönlichem Prestige streben. Sie verlängern die Quasten an ihren Gewändern übermäßig und verbreitern ihre Gebetsriemen, die sichtbaren Zeichen eines das Gesetz befolgenden Juden. Sie fordern öffentliche Ehrerbietung und Hochachtung. Die Schriftgelehrten und Pharisäer benutzen also die Schriftauslegung und ihre Führungsrolle in ethischen Fragen, um Macht über andere in der Gemeinde zu gewinnen. Gegen diesen Mißbrauch richtet sich die Kritik des Autors.

Kritik an Kompetenzüberschreitung betrifft Pharisäer, Schriftgelehrte und Christen damals wie heute

Christinnen und Christen, die diese Polemik gegen die Schriftgelehrten und Pharisäer lesen, übertragen solche Texte leicht in einen verallgemeinerten Antijudaismus. Dem Judentum wird unterstellt, es fördere schon in seinen Grundzügen eine nach außen projizierte Religion, in deren Mittelpunkt das Anhäufen verdienstvoller Taten steht. Christinnen und Christen sollten sich von äußerlichen Taten abwenden und sich auf einen nach innen gerichteten Glauben an Gott oder auf ein Vertrauen auf Gott konzentrieren. Dieser Kontrast zwischen Glauben und Werken, zwischen der jüdischen Religion des Gesetzes und der christlichen Religion des Glaubens kann in der Matthäuspassage nicht festgestellt werden. Der Autor des Matthäusevangeliums zieht weder die Wahrheit der Lehre der Schriftgelehrten und Pharisäer in Zweifel, noch stellt er gar in Frage, ob das Tragen von Gebetsriemen und Quasten als Zeichen der Befolgung des Gesetzes angemessen ist.

Ihm geht es darum, gegen einen Klerus zu protestieren, der *breitere* Gebetsriemen und *längere* Quasten als gewöhnliche Juden tragen will, gegen einen Klerus, der nach persönlicher Macht und persönlichem Prestige strebt, während er in Wahrheit kein Vorbild ist für das Leben nach seinen eigenen Lehren. Der Autor des Matthäusevangeliums spricht als Vertreter einer kritischen Reformbewegung nicht nur innerhalb des prophetischen und messianischen Judentums, sondern auch innerhalb des Judentums der Schriftgelehrten und Pharisäer. Diese Bewegung ruft die eigene Gemeinde zurück zu einer authentischen Interpretation von Wort und Tat. Sie sieht sich nicht als neue Religion außerhalb des Judentums und im Gegensatz dazu.

Um diese Kritik an den Schriftgelehrten und Pharisäern richtig zu interpretieren, müssen heutige Christinnen und Christen, die nicht mehr zum Judentum gehören, diese Kritik an ihre eigene religiöse Führung richten. Wir sollten sie nicht zu einem Angriff auf die jüdische Religion *per se* verallgemeinern. Auf diese Weise bewahren wir die innere Intention des Textes. Er kritisiert die Tendenz der eigenen religiösen Führung, dem Volk harte Lehren zu predigen, welche sie selbst nicht befolgt, oder ihr Lehramt zu benutzen, um für sich selbst persönliches Prestige zu gewinnen. Dieser Tendenz gegenüber soll eine kritische, reformierende Haltung eingenommen werden.

Wir könnten den Text im christlichen Kontext also etwa so lesen:

»Der Klerus und die Theologen berufen sich auf Christus in der Bibel. Ihr sollt auf sie hören und praktizieren, was sie euch sagen. Aber tut nicht, was sie tun. Denn sie leben nicht, was sie predigen. Von den Menschen in den Kirchenbänken fordern sie Demut und die Bereitschaft zu leiden. Sie selbst aber halten sich von den Verhältnissen, in denen Menschen leiden, fern. Sie wollen vielmehr elegante Soutanen tragen und sich mit aufwendigen Kreuzen behängen. Sie möchten die Ehrenplätze in Gesellschaft und Kirche einnehmen und von den Menschen ›Hochwürden‹ und ›Pastor‹ genannt werden.

Ihr sollt euch nicht Pastor nennen lassen, denn ihr habt einen Hirten, und ihr seid alle seine Brüder und Schwestern. Gebt niemandem in der Kirche den Titel ›Vater‹ oder ›Meister‹, denn eure Beziehung zu Gott als eurem Vater und zu Christus als eurem Meister schafft all solche Beziehungen von Herrschaft und Unterlegenheit unter euch ab und macht euch zu Gleichrangigen, die einander gegenseitig helfen.«

»Führen« im Sinne von »Dienen«

Wenn wir diesen Text als Kritik an den Machtbeziehungen innerhalb der christlichen Gemeinde lesen, erkennen wir, daß der Autor des Evangeliums die religiöse Führung und ihre Beziehung zur Gemeinschaft der Gläubigen revolutionieren will. Die Beziehung Gottes zu den Menschen oder die Beziehung Christi zur Kirche begründet keine Hierarchie, die in einem Muster klerikaler Herrschaft und der Unterwerfung derer nachgeahmt werden muß, die zu »führen« oder zu »lehren« sind. Die Beziehung zu Gott und zu Christus überwindet vielmehr solche Machtbeziehungen innerhalb der Erlösungsgemeinde. Christus hat zwischen Gott und der Gemeinde eine neue Beziehung hergestellt, die sich nicht auf Metaphern königlicher Herrschaft stützt, sondern vielmehr eine Beziehung des Dienens ist. In Christus entäußert sich Gott der göttlichen Macht und wird zum Diener (Phil. 2,7). Dies bedeutet, daß unsere Beziehung zu Gott und zu Christus unter uns eine egalitäre Beziehung schafft, in der die Gemeinschaft im Vordergrund steht. Keine Christin und kein Christ soll nach menschlichen Machtbeziehungen von Vätern zu Kindern oder von Herren zu Dienern geprägt werden.

Dies bedeutet nicht, daß der Autor des Evangeliums nicht erkennt, daß einige Mitglieder der Gemeinde andere im Verstehen und engagierten Leben des Evangeliums übertreffen und in diesem Sinne Führer und Lehrer sind. Aber dieses Hervorragen oder die »Größe« bestimmter Mitglieder innerhalb der christlichen Gemeinde begründet für sie keine Beziehung, in der sie gegenüber anderen Christinnen und Christen einen höheren Rang oder größere Macht haben. Diejenigen, die aus der Gemeinde besonders herausragen, müssen diese Stellung als Auftrag zu dienen verstehen.

Christus hat sich zum Vorbild für diese neue Beziehung besonders engagierter Christen und Christinnen zu anderen Mitgliedern der Gemeinde gemacht. Der Hervorragendste, Christus, wurde zum Diener. Nach seinem Vorbild müssen diejenigen, die sich unter Christen und Christinnen auszeichnen wollen, dies dadurch ausdrücken, daß sie ihren Schwestern und Brüdern am meisten helfen. Hier folgt nun die paradoxe Ermahnung des Evangeliums, die die Umwandlung von Macht zu

Dienst erklärt. »Der (die) Größte von euch soll euer(e) Diener(in) sein. Denn wer sich selbst erhöht, wird erniedrigt werden, und wer sich selbst erniedrigt, wird erhöht werden.«

Es ist überflüssig, zu sagen, daß wir dieses Paradoxon nicht einfach als Strategie zur Selbsterhöhung verstehen sollen, die dadurch zu erlangen ist, daß wir uns den Anschein geben, »erniedrigt« zu sein! Das Sich-Erhöhen und Erniedrigt-Werden in der ersten Hälfte des Satzes ist nicht im gleichen Sinne zu verstehen, wie das Sich-Erniedrigen und Erhöht-Werden in der zweiten Hälfte. Der Autor versteht vielmehr unter einem Menschen – ob Frau oder Mann –, der sich selbst erhöht, jemanden, der nach selbstsüchtigem Prestige und dominierender Macht strebt. Ein solcher Mann, eine solche Frau wird von den Menschen, die das Evangelium verstehen, abgelehnt und diskreditiert. Andererseits werden die Frauen und Männer, die ihre Gaben wahrhaft dafür einsetzen, der Gemeinde zu dienen und deren Leben zu bereichern, im authentischen Sinne erhöht werden; das heißt, sie werden von der Gemeinde, die in Erwartung des Zeitalters der Erlösung lebt, geliebt und hoch geachtet werden.

Der Wandel des Dienstverständnisses im Laufe der Kirchengeschichte

Für Christinnen und Christen war eine herausragende Stellung als Dienst an der Gemeinde zu verstehen. Im Laufe der Geschichte wurde jedoch die Sprache, mit der diese Auffassung zum Ausdruck gebracht wurde, mystifiziert und verzerrt. Einerseits wurden die Begriffe für das Wirken und Dienen in Titel für eine neue klerikale Elite verwandelt, die sich in Macht und Rang über »jene« stellt, »denen sie dient«. Andererseits wurde die Sprache des Dienens benutzt, um die Knechtschaft von Sklaven oder Frauen zu bestätigen. Wenn die Unterjochten in der Gesellschaft nach Befreiung und Gleichrangigkeit rufen, wird dies als Hochmut und Mangel an »christlicher« Demut beurteilt. Unterdrückte Menschen sollen ihre Stellung als Unterjochte als Gelegenheit zum Dienen in Selbstverleugnung akzeptieren. Sie werden ihren Lohn im Himmel erhalten. Das Evangelium dagegen verkündet die Umwandlung von Beziehungen, in denen Macht ausgeübt beziehungsweise gedient wird. Diese sozialrevolutionäre Botschaft wird durch die Verzerrung des Dienstverständnisses ihres Inhalts beraubt und zur Grundlage dafür gemacht, die *bestehenden Verhältnisse* von Herrschaft und Knechtschaft zu rechtfertigen.

Die biblische Umwandlung von Macht in Dienst überwindet beherrschende Macht und Knechtschaft als Zustand, in dem Menschen beherrscht und ausgebeutet werden. Christlicher Dienst ist weder ein Kennwort für eine neue klerikale Machtelite, noch ist er eine Methode, Knechtschaft zu rechtfertigen. Jesus ermahnt die Menschen, die geknechtet sind, nicht, sich zu den »glücklichen Dienern oder Dienerinnen« zu zählen, die ihre Rolle freiwillig akzeptieren. Das eine Mal, wo Jesus negativ vom Dienen spricht, ist vielmehr die Stelle, an der er Martha dafür tadelt, daß sie »ganz davon in Anspruch genommen (ist), für ihn zu sorgen«. Martha repräsentiert das traditionelle Ideal der Frau, der es nicht erlaubt ist, mit dem Rabbi die Schrift zu studieren; sie soll sich besser darauf beschränken, für die Männer zu kochen und sauberzumachen. Jesus kontrastiert die Rolle Marthas mit der Marias, die auf gleicher Ebene mit ihren Brüdern zusammensitzt und den Lehren des Rabbi Jesus zuhört. Maria wird zum Beispiel der neuen Gleichrangigkeit von Frauen und Männern in der Jüngerschaft. Sie hat »das Bessere« gewählt, das ihr nicht genommen werden soll (Luk. 10,42).

Wieviele christliche Predigten zu diesem Text bemühen sich, genau dies zu tun, nämlich Maria den besseren Teil zu nehmen, indem sie insistieren, Marthas Rolle dürfe nicht verunglimpft werden? So wahr es auch sein mag, daß wir diejenigen, die die Küchenarbeit tun, nicht herabwürdigen sollten, dies ist im Text nicht der springende Punkt. Hier geht es darum, daß Jesus die Jüngerschaft auf Frauen ausgeweitet hat. Jüngerin oder Jünger sein ist für Frauen und Männer gleichermaßen normative Identität. Diese soll Frauen nicht genommen werden, indem darauf beharrt wird, daß sie dienend oder sorgend in die Küche gehören.

Jesus richtet seine Mahnung »Der Größte von euch soll euer Diener sein« nicht an Frauen und Sklaven, die bereits in Knechtschaft leben, sondern vielmehr an jene Männer, die gerne annehmen, daß ihr gesellschaftlicher Rang und ihre Begabungen sie dafür geeignet machen, Führer zu sein. Gerade gegenüber diesen Menschen, welche Führung mit Herrschaft übersetzen, beharrt Jesus darauf, daß eine hervorragende Stellung in der Kirche bedeutet, sich im Dienen auszuzeichnen. Andererseits werden jene, die traditionell mit dem Dienen assoziiert werden, nämlich Frauen und Sklaven, in die Jüngerschaft von Gleichrangigen gerufen.

Kirche und Macht

Es gibt viele Wege, sich den Auswirkungen dieser Umwandlung von Macht in Dienst zu entziehen. Außer den Verzerrungen, die ich bereits erwähnt habe, gibt es noch subtilere. Eine dieser Verdrehungen besteht darin, die Kirche als Handlangerin für die Machtsysteme dieser Welt zu sehen. Nach diesem Verständnis sollte die Kirche die Ungerechtigkeit dieser Machtsysteme nicht in Frage stellen, sondern die Menschen lehren, sich ihren Herren zu unterwerfen. Eine andere Verzerrung finden wir dort, wo eine Führungsweise propagiert wird, die ihre Aggressivität kaschiert, indem Macht manipulativ benutzt wird und Konflikte und Zorn übertüncht werden. Zu »guten Christen und Christinnen« werden jene Menschen, die Konflikte und die ehrliche Diskussion von Meinungsverschiedenheiten vermeiden.

Wir müssen die revolutionären Auswirkungen des biblischen Verständnisses von Macht als Dienst wiederentdecken. Dies bedeutet einen Verzicht auf entfremdete, männliche Macht, die eine Führungsschicht als Herrschaft ausübt. Wer hat es jemals erlebt, daß die Mächtigen diesen Verzicht freiwillig geleistet hätten? Dies ist bisher noch nie geschehen! Deshalb leitet Gott selbst diese Machtrevolution in Christus ein, indem er sich entfremdeter göttlicher Macht entäußert, die als Stütze für menschliche Herrschaftssysteme benutzt wird, und so selbst zum Diener wird. Gott unterstützt nicht länger Herrschaftssysteme; Gott hat sich auf die Seite der Unterdrückten gestellt.

Dieser Verzicht Gottes im Dienst an der Menschheit befreit jene, die in die Knechtschaft gezwungen wurden. Frauen, Sklaven, diejenigen, die durch ausbeuterische Arbeit niedergedrückt sind, werden von Christus befreit, um in die Jüngerschaft von Gleichrangigen einzutreten. Die Rolle derer, die besondere Gaben haben, besteht darin, die Unterdrückten fähig zu machen, ihre Talente und Gaben zu entfalten. Sie haben die Aufgabe, diese Gemeinschaft gegenseitigen Dienstes zu schaffen. Die Menschen, die das größte Engagement zeigen wollen, müssen dies durch die Solidarität mit denen tun, die am härtesten unterdrückt werden. Die Menschen, die in diesem gegenwärtigen System ungerechter Macht am tiefsten verachtet werden, werden im kommenden Zeitalter der Erlösung die Ersten sein. Die Menschen, die sich in der Erlösungsgemeinde auszeichnen wollen, müssen dies verwirklichen, indem sie sich hinter die stellen, die am meisten unterdrückt sind, und in Solidarität mit ihnen leben. Nur dadurch, daß wir in diese Umwandlung von Macht zu Dienst und von Knechtschaft zur Befreiung eintreten, fangen wir an, die Ganzheit unseres Menschseins in Gemeinschaft miteinander zu entdecken, indem wir die Trennungen zwischen Reichen und Armen, Mann und Frau, Erster und Dritter Welt überwinden. Darin besteht die befreite und versöhnte Gemeinde, auf die das Evangelium weist. Wir in der Kirche müssen noch lernen, an diese frohe Botschaft zu glauben und sie zu leben.

Aus dem Englischen übersetzt von HILDEGARD SCHNECK

Matthäus 27,19

Der Traum von Frau Pilatus

Passionszeit

Esther Gebhardt

Zur Auslegung

Matth. 27,19 gehört in den größeren Zusammenhang des Berichtes über den Prozeß vor Pilatus. Mit ihrer Dramaturgie, mit Rede und Gegenrede ist die ganze Szene als Erzählstück gestaltet, das seinen Höhepunkt im Urteilsspruch über Jesus findet (27,25).

Der Bericht über den Traum der Frau des Pilatus gehört zum Sondergut des Matthäus. Verschiedene Wendungen (kat'onar) begegnen nur hier. Es mag sein, daß er Traditionsgut literarisch aufgearbeitet und in den Prozeßbericht eingefügt hat. Die Bezeichnung kat'onar gehört wahrscheinlich zu einer von Matthäus bevorzugten Wortgruppe und ist wahrscheinlich später mit dem Bericht vom Traum der Frau des Pilatus verknüpft worden, um einen besonderen Kontrast herzustellen: Ausgerechnet die Heidin ist es, die Jesus als unschuldig erkennt. Es liegt in der Erzählabsicht des Matthäus, Pilatus als neutral und am Geschehen unbeteiligt darzustellen, während er den Juden die alleinige Verantwortung für das Urteil über Jesus anlastet.

Schlatter zeichnet Pilatus als Mann, der jedem ernsthaften Konflikt mit den Juden aus dem Weg gehen will. »Die jüdischen Überzeugungen und Hoffnungen lehnte er völlig ab; dagegen kannte und fürchtete er den jüdischen Fanatismus und zog Kompromisse vor« (Schlatter, S. 772).

Weitaus schwieriger ist es, etwas über die Frau des Pilatus in Erfahrung zu bringen. Da sie anderwärts nicht auftaucht, erfahren wir über ihre Persönlichkeit und ihren Einfluß auf das Geschehen nichts. Durch den römischen Geschichtsschreiber Tacitus wissen wir, daß es in jenen Jahren den Frauen der Statthalter erlaubt war, ihre Männer in die Provinzen zu begleiten. Mann und Frau vertreten gemeinsam Rom, und es ist anzunehmen, daß den Frauen eine bestimmte Mitwirkung nicht abgesprochen wurde.

Später erhält sie einen Namen, Procula Claudia. In der griechischen und äthiopischen Kirche wird sie allein als Heilige verehrt, in der abessinischen Kirche zusammen mit ihrem Mann. Offensichtlich gab es schon früh ein Interesse an den Personen, die in der Leidensgeschichte eine Rolle spielten. In außerkanonischen Schriften wird die bekannte Szene vor Pilatus ausgeschmückt und weitergeführt.

In der exegetischen Literatur zu Matthäus 27,19 besteht wenig Interesse an der Frau des Pilatus. Ihre Rolle in der Passionsgeschichte findet kaum Beachtung – und das liegt ganz in der Tradition unserer Forschung, die nicht sonderlich aufmerksam ist, was die Rolle der Frauen in der Geschichte des Glaubens betrifft.

Matth. 27,19 spricht über ein im Neuen Testament seltenes Traumerlebnis. In der vorderorientalischen Antike spielt der Traum als mehr oder weniger verschlüsselte »Offenbarung der Gottheit« eine bedeutende Rolle. Es gab regelrechte Zünfte, die sich mit Traumdeutung beschäftigten (Jer. 27,9), und es waren häufig Frauen, die man zur Deutung rätselhafter Träume aufsuchte. Auch im Alten Testament wird die Auffassung geteilt, daß der Traum ein Offenbarungsmedium sein kann (zum Beispiel die Träume in der Josefgeschichte 1. Mose 37 und 40).

Im Unterschied zum AT spielen im NT Träume nur eine nebensächliche Rolle. Die zentrale Botschaft, das Evangelium, gründet sich auf der direkten Begegnung von Jesus Christus mit den Menschen, nicht aber auf wie auch immer zu deutenden Träumen. Im Gegensatz zur antiken Umwelt und radikaler noch als das AT ist das NT traumkritisch. In den Träumen des NT erscheint ein Gottesbote oder Engel, der eindeutige Weisungen gibt (Apg. 27,23). Gott gibt seine Botschaften direkt und nicht verschlüsselt.

Es fällt auf, daß Matthäus verschiedentlich Träume in seinem Bericht verwendet. An einigen Stellen erhalten die handelnden Personen »im Traum« Winke und Wegzeichen, die ihnen die kommenden Schritte aufzeigen (Matth. 1,20: der Traum des Josef; 2,12: die Weisung an die Magier; 2,13.19.22: Weisungen an Josef im Zusammenhang mit der Flucht; 27,19: unser Text). Bezeichnenderweise sind die Adressaten göttlicher Traumbotschaften stets vor- oder nichtchristliche Figuren. Die Traumerzählungen des Matthäus stammen aus der Legendenbildung und sind unter apologetischen Gesichtspunkten in das Evangelium eingearbeitet; somit sind sie wohl eher Zeugnis spätneutestamentlichen Denkens.

Erzählabsicht des Matthäus ist, aufzuzeigen, daß das Leben Jesu immer wieder vom göttlichen Willen gelenkt und behütet ist. Auch der Frau des Pilatus wird noch in der dramatischen Situation des Prozesses ein göttlicher Fingerzeig zuteil, der jedoch von Pilatus nicht erkannt wird. Mit seinen Traumberichten trifft Matthäus offensichtlich das Bewußtsein seiner Zuhörerinnen und Zuhörer, die sich eine solche göttliche Lenkung auch für ihr Leben erwünschen.

Eine Auslegungsschiene besonderer Art: In der Literatur mittelalterlicher Passionsspiele wird eine dämonische Deutung von 27,19 erkennbar: Die Warnung der Frau des Pilatus geschieht durch einen Teufel, der hier, als Engel getarnt, sich an die Frau wendet. Die mittelalterlichen Dichter wollen damit besonders ausdrücken, daß die Juden als Satans Gesellen am Tode Jesu schuldig sind. Zwei gefährliche Tendenzen enthalten diese Passionsspiele des 16. Jahrhunderts: den Antisemitismus des Mittelalters und ein Frauenbild, das die Frau als besonders für die Einflüsterungen des Teufels anfällig ausweist. So ist es kein Zufall, daß vor allem Juden und »Hexen« im Mittelalter auf dem Scheiterhaufen landeten.

Traum und Wissenschaft

Wie lassen sich die biblischen Träume mit der heutigen Wissenschaft zusammenbringen? Dazu gibt es verschiedene Theorien. Ich zitiere einen wichtigen Ansatz für eine Predigt zu Matth. 27,19:

»Die Bibel betrachtet vor allem jene Träume, die wir als bedeutende und große verstanden haben, als gottgesandt. Die Wissenschaft sagt darüber aus, daß es tatsächlich eine Reihe von Träumen gibt, die in eine übersinnliche Sphäre jenseits von Raum, Zeit und Kausalität reichen und uns Kenntnisse und Aufschlüsse vermitteln können, die alles, was wir uns dem Unbewußten als Möglichkeit zuzuschreiben getrauen, erheblich übersteigen. Sie besitzen in ihrem Wahrheitsgehalt und in der Tatsache, daß sie Vorkommnisse in der Ferne oder erst in der Zukunft eintretende Begebenheiten vor das innere Auge des Träumenden rücken, weiterreichende Bedeutung und entziehen sich einem rein psychologischen Verständnis. Damit wird die transzendente Funktion des Traumes und die Berührung mit einer jenseitigen, uns nicht mehr erfaßbaren Welt auf dieser Ebene grundsätzlich anerkannt, sowie die Möglichkeit einer Begegnung des Menschen mit Gott im nächtlichen Traum zugestanden« (von Eltz-Hoffmann, S. 239).

Folgerungen für die Predigt

Eine Deutung aus der Sicht der Tiefenpsychologie gibt Eugen Drewermann. Die Textstelle (27,19) zählt er zu einer Gattung, die er »Legende der Unfertigen« nennt. Absicht dieser literarischen Form ist es, den Hörer, die Hörerin zu einer Identifikation mit der Erzählung zu bringen. »Ihre Auslegung verlangt also wesentlich, daß man die Gefühle herausarbeitet, die in den Worten und Handlungen, in der Porträtierung und im Auftreten der einzelnen Personen in der jeweiligen Erzählung sichtbar werden« (Drewermann, S. 432).

Hier liegt ein sinnvoller Zugang zu einer Predigt über Matth. 27,19. Von Pilatus wissen wir wenig, von seiner Frau noch weniger. Aber das wenige kann ausreichen, um der Phantasie Stoff zu geben für eine Ausgestaltung der in Vers 19 beschriebenen Szene.

Geht es um den Konflikt von Macht und Barmherzigkeit? Pilatus kann der Vertreter einer männlichen Herrschaftsmacht sein, deren oberstes Prinzip Ordnung und Ruhe im Land ist. Ihm graut vor Auseinandersetzungen innerhalb des Judentums; Konflikte werden von oben gelöst. Was die Bibel selbst (Luk. 13,1f), aber auch außerbiblische Zeugen (Josephus) über den Regierungsstil des Pilatus berichten, zeigt, daß er in der Wahl seiner Mittel hart und grausam war. Was zählt ihm ein Menschenleben, sei es unschuldig, wenn es darum geht, störungsfrei die Geschäfte Roms weiterbetreiben zu können? Muß er nicht den einzelnen opfern, um den »Frieden« – wie zweifelhaft auch immer – im Lande zu sichern? Sind es auch hier wieder einmal die »Sachzwänge«, die ihn heißen, gegen besseres Wissen, einen Unschuldigen ans Messer zu liefern? Sie sind uns nicht fremd, diese Verhaltensweisen. Wieviel Konflikt erträgt eine Gemeinde? Siegt nicht immer wieder der Wunsch nach Ordnung und »Frieden im Land«?

Pilatus gegenüber steht seine Frau. Als Frau des römischen Statthalters ist sie nicht ganz ohne Mitwirkungsmöglichkeiten im öffentlichen Leben. Ich stelle mir vor, daß sie durchaus Einfluß auf ihren Mann gehabt hat. Es gehört Sicherheit dazu, in eine Gerichtsverhandlung hinein einen Boten mit der dringenden Warnung zu senden. Ihr Rat mag Pilatus teuer gewesen sein; aber größer war seine Angst vor Konflikt und Rebellion.

Was ist in ihr vorgegangen in den frühen Morgenstunden nach traumschwerer Nacht? Welche Gedanken und Überlegungen veranlassen sie, einzugreifen in ein Geschehen, in dem sie doch nichts zu sagen hat?

Gott schickt seine letzte Warnung durch einen Traum, und eine heidnische (!) Frau ist Empfängerin dieser Warnung. In der dramatischen Zuspitzung der Entwicklung, die zur Kreuzigung Jesu führen wird, ist hier noch einmal eine Chance zur Umkehr. Wenn schon die Repräsentanten des Gottesvolkes, der Rat der Juden, nicht erkennen, welches Unheil hier vorbereitet wird, wird es dann eine Frau schaffen, dem Einhalt zu gebieten? Eine Frau, eine Heidin war die letzte Chance. Ungewöhnlich vielleicht für eine patriarchalisch geordnete Welt, aber nie ungewöhnlich für Gott, der seine Geschichte oft genug mit Frauen schreibt.

Sensibilität und Intuition, Barmherzigkeit und Mut – welche Eigenschaften braucht es, um sich für diesen Mann Jesus einzusetzen, mit dem sie doch als Heidin eigentlich nichts zu tun hat? Die Frau des Pilatus erkennt, daß keine Herrschaftsansprüche, keine Gewalt und Aggression ausgehen von Jesus Christus. Wenn es eine Gefahr gab, dann ging sie nicht von Jesus aus, sondern von dem, was in den Herzen der Menschen vorging.

Diese Erkenntnis, die sich im Traum umgesetzt hat, läßt sie leiden um Jesus, der ein Gerechter, ein Unschuldiger und Gewaltloser ist. Aus dem Leid um Jesus, aus dem Mit-Leiden erwächst ihr die Kraft, eine Botschaft an Pilatus zu schicken.

Vergeblich – wie wir wissen. Das Wissen, einen unschuldigen Menschen ans Kreuz auszuliefern, hat ihm keine schlaflosen Nächte bereitet.

Medium ihrer Erkenntnis ist der Traum. Der böse Traum oder der Warntraum. Die Frau des Pilatus träumt ja nicht für sich selbst, sie träumt für einen Menschen, der ihr nahesteht: Eine Fehlentscheidung, die viel Leid über die Beteiligten bringt, wird im Traum vorgewarnt.

Warnträume, Alpträume: Welches Wissen liegt in ihnen verborgen? Was weiß das Unbewußte, das das Tagesbewußtsein nicht erreicht? Und welche Möglichkeiten gibt es, mit Alpträumen umzugehen?

Eine Möglichkeit ist bekannt: die Alpträume leugnen, sie abtun als Hysterie und Spinnerei. Der nüchterne Tagesmensch steht voll Verachtung dem Träumer, der Träumerin gegenüber. Die Ängste der Nacht – wir schieben sie am Morgen aus unseren Gedanken weg. Aber ist das richtig? Hier war es offenbar nicht richtig. Ein Ernstnehmen des Traumes hätte neue Verhaltensweisen zeigen können. Wie, wenn Pilatus sein Unbehagen und die Warnung des Traumes ernst genommen hätte?

Die Wahrheit der Geschichte ist, daß »man zunächst die Botschaft der Träume töten muß, ehe man Christus zu töten fähig ist« (Drewermann, S. 431).

Und wenn wir die Botschaft unserer Angst- und Alpträume vom Atomkrieg, von der unbewohnbaren Erde, von der verpesteten Natur nicht töteten, sondern ihr endlich Gehör schenkten! Angst sollten wir nicht haben vor denen, die träumen, sondern vor denen, die keine Träume haben.

Eine Predigt zu Matth. 27,19 möchte ich von den eigenen Angstträumen ausgehen lassen, etwa mit folgendem Ablauf:
– Mein Angsttraum (ein tatsächlicher, gedachter oder in der Literatur vorgestellter Angsttraum kann Ausgangspunkt sein).
– Was mit unseren Träumen am Tag geschieht (die Verdrängung unserer Ängste).
– Der Traum der Frau des Pilatus (z. B. erzählend die Gedanken und Überlegungen der Frau am Morgen nach dem Traum nachempfinden).
– Gott gibt uns Träume und die Fähigkeit zum Träumen – wie also können wir diese Träume stärker in unser Leben einbeziehen?

Verwendete Literatur

JOSEF BLINZLER, Der Prozeß Jesu, Regensburg 1960.
EUGEN DREWERMANN, Tiefenpsychologie und Exegese, Bd. 1, Freiburg 1985.
LISELOTTE V. ELTZ-HOFFMANN, »Biblische Träume und ihre Deutung im Blickfeld der modernen Psychologie«, in: Wege zum Menschen 12, 1960.
GERHARD KITTEL, Theologisches Wörterbuch zum Neuen Testament, Bd. V, Artikel »onar«, Stuttgart 1954, S. 220–238.
EDUARD LOHSE, »Der Prozeß Jesu«, in: Die Geschichte des Leidens und Sterbens Jesu Christi, Gütersloh 1964.
ADOLF SCHLATTER, Der Evangelist Matthäus, Stuttgart 1948³.

Markus 14,3–9

Eine Unbekannte salbt Jesus

Ein Sonntag in der Passionszeit

Renate Jost

Exegetische Überlegungen

Bei Markus wie auch bei Matthäus steht die Erzählung zwischen der Entscheidung des Synhedrions, Jesus umzubringen, und dem Verrat des Judas. So unterbricht sie den Zusammenhang des Todesbeschlusses. Diese Beobachtungen lassen auf eine ursprünglich selbständige Überlieferung der Erzählung schließen, vermutlich außerhalb des Passionsberichtes. Trifft dies zu, sind die Verse 8b und 9 übereinstimmend als redaktionell anzusehen (zur Stelle Grundmann, S. 375). Demnach ist der Kern der Tradition der vormarkinischen Fassung: Eine Frau salbt Jesus. Die Umstehenden weisen ihre Tat zurück. Jesus gibt dieser Frau recht. Er bestätigt ihr Handeln (Schüssler-Fiorenza, XIII ff). Die Auslegung der Geschichte hängt entscheidend davon ab, wie die folgenden zwei Fragen beantwortet werden: Was bedeutet die Salbung, und wie ist die Frau in diesem Zusammenhang zu sehen?

Die Salbung kann verstanden werden als Huldigung, Ehrerbietung, Zeichen der Liebe, der Dankbarkeit und der Gastfreundschaft. Doch ist dies meines Erachtens eine zu schwache Erklärung für die Überlieferung dieser Geschichte. Vielmehr scheint sie mir in der Tradition der Königs- und Messiassalbung der Hebräischen Bibel zu liegen. Ein Priester (1. Kön. 1, 34) oder ein Prophet (2. Kön. 9, 1ff) salben des Erwählten Kopf und machen ihn so zum König. Ähnlich salbt hier eine Frau Jesus in einer prophetischen Zeichenhandlung zum Messias. Er bestätigt ihre Tat und erkennt sie damit als Prophetin an. So ist die Frage Grundmanns nach dem Sinn des Ereignisses außerhalb der Passionsgeschichte beantwortet (Grundmann, S. 375). Markus selbst übernimmt diese Deutung, fügt allerdings eine neue Dimension hinzu: *Jesus ist der Messias durch seine Passion und seinen Tod hindurch,* so wie es in der ersten Leidensankündigung angesprochen ist (8,29–31). Die Umstehenden kritisieren die Tat der Frau als verschwenderisch (14,4). Einleuchtend argumentieren sie, man hätte das teure Salböl für 300 Denare (das Jahreseinkommen eines Arbeiters) als Almosen an die Armen geben können. Doch Jesus weist ihren Einwand zurück. Die unbekannte Frau hat, anders als sie, das einzig Richtige getan, indem sie Jesus salbte. Denn sie hat als erste die schon in 14,8 suggerierte Bedeutung der Passion und des Todes Jesu erkannt (Schweizer, S. 158). Ähnlich wie die Frauengruppe, die Jesus an Kreuz und Grab begleitet (dazu: Schottroff), erweist sie sich so als wahre Jüngerin. Die Erzählung gipfelt in Vers 9 mit einem Amen-Wort: Es leitet die Pointe der Erzählung bei Markus ein. Nur die Männer und Frauen verstehen Jesus richtig, die sich als wahre Jüngerinnen und Jünger in ihrem Handeln zu Jesus als dem leidenden und gekreuzigten Messias bekennen. Deshalb gehört die Erinnerung an die Tat dieser Frau auch unauflöslich zur Verkündigung des Evangeliums (14,9). Doch wie bei vielen Berichten über andere Frauen wird im NT ihr Handeln verharmlost.

Die Überlieferung bei Matthäus und Lukas

Matthäus deutet ähnlich wie Markus, stilistische Abweichungen ausgenommen. Johannes verändert die Geschichte entscheidend. Er nennt die Frau namentlich: Sie heißt Maria und ist die Schwester der Martha und des Lazarus. Er wandelt ihre Tat so ab, daß nichts mehr auf die zeichenhafte Messiassalbung hinweist: Maria salbt nicht den Kopf, sondern die Füße. Das ist nur noch ein Zeichen der Liebe, Ehrerbietung und Gastfreundschaft. Er verweist auch auf Jesu Begräbnis, doch fehlt die Verbindung von der Tat der Frau mit der Verkündigung des Evangeliums in aller Welt. Damit entfällt die Spitze der markinischen Fassung.

Bei Lukas ist die Erzählung von der Salbung Jesu durch eine Frau so umgestaltet, daß einige Exegeten meinen, es lägen verschiedene Traditionen vor. Ich gehe davon aus, daß der Erzählung, zumindest in der lukanischen Redaktion, die Markus-Tradition zugrunde liegt. Denn sie fehlt in der Passionsgeschichte, vermutlich um eine Dublette zu vermeiden. Die »Frau« bei Markus wird hier zur »stadtbekannten Sünderin« – von prophetischer Begabung ist nicht mehr die Rede. Statt dessen »weint«, »küßt« und »salbt« sie seine Füße. Diese Geschichte betont die Vergebung ihrer Schuld durch Jesus und nicht mehr ihre zeichenhafte Tat (7,48ff).

Zur Auslegungs- und Wirkungsgeschichte

Mark. 14,3–9 und Luk. 7,48ff stehen in der Perikopenordnung. Doch die Salbung der Sünderin (Luk. 7,48ff) hat die weitaus größte Wirkungsgeschichte. Auf diesem Hintergrund wird auch die Jüngerin in Mark. 14 oft als Sünderin bezeichnet. Die lateinische Kirche setzt sie seit Gregor dem Großen mit Maria Magdalena gleich. Damit wird nicht nur die unbekannte Prophetin und Jüngerin Jesu vergessen, sondern auch die Bedeutung der Maria Magdalena als hervorragende Jüngerin verschleiert. Die griechische Kirche kennt dagegen sehr wohl die Unterscheidung der drei Frauen in die Unbekannte, die Sünderin und Maria Magdalena (Gnilka, S. 228). Aber auch die Tendenz einiger neuerer Kommentare geht dahin, die Bedeutung dieser Frau und ihrer Tat zu mindern. So überwiegt noch die Deutung der Salbung als liebevolle Huldigung; die Frau weiß im Grunde nicht so recht, was sie tut, und wird von Jesus belehrt. In diesem Sinn macht Lohmeyer die Frau zum »unbewußten Werkzeug« (S. 295), und selbst Grundmann, der eine messianische Salbung für möglich hält, interpretiert die Geschichte bei Markus so, daß die Frau über ihr falsches Verständnis der Messianität Jesu aufgeklärt werden muß. Es kam ihm offenbar nicht in den Sinn, daß die Frau auch wußte, was sie tat.

Das beste Beispiel ist Schmithals, der zwar die Geschichte in Vers 9 gipfeln läßt, aber wie folgt kommentiert: »Der historisierenden Tendenz des Evangelisten ist auch die theologische Geschmacklosigkeit zuzutrauen, auf dem Höhepunkt der Geschichte den Blick von Jesus wegzuwenden, dem doch der Dienst der Frau galt« (S. 590). Entschieden wendet er sich gegen eine »Jüngerinnenerinnerung«. Seine Formulierung verrät schon sein theologisches Vorverständnis: »In dieser Weise historisch genommen, können sich dann namenhafte Ausschmückung des Themas ›Jesus und die Frauen‹, oder geschmacklose Phantasien über das Liebesleben Jesu an diese Salbungsgeschichte anschließen. Indessen gibt es überhaupt keine so rein biographische, sondern nur eine von kerygmatischem Interesse gebildete Jesusüberlieferung« (S. 591).

Auch die Kunstdarstellungen bestätigen die Aussagen der Kommentatoren. So schreibt E. Moltmann-Wendel:

»Auch in die Kunst ist die hoheitsvolle Frauengestalt, die den Messias salbt, kaum eingegangen. Hätte sich in solchem Bild nicht Herrschaft andeuten können? Herrschaft einer Frau über den Mann? Ein mißzuverstehendes Oben–Unten? Während die Fußsalbung eines der beliebtesten Motive der Malerei wurde, sind nur ganz vereinzelt Bilder der Kopfsalbung Jesu zu finden. Für den Psalter eines Zisterzienserinnenklosters entstand um 1260 ein Abendmahlsbild, auf dem eine Frau in Nonnentracht hinter Jesus steht und Öl über seinen Kopf gießt. Hatten die in dieser Zeit zu Selbständigkeit und Selbstgefühl kommenden Nonnen es bestellt oder selbst gemalt? Und haben sie Zugeständnisse an die Tradition gemacht, indem sie eine fußsalbende Frau noch unter dem Tisch ansiedelten? Eine Jesus um Kopfgröße überragende Frau, die über ihm eine männlich-prophetische Handlung vollzieht, entspricht schon in der Körpersprache nicht dem christlichen Frauenideal. Die dienend-demütige Haltung der Fußsalbung hatte eine alte frühchristliche Erinnerung verdrängt« (S. 104).

Zur feministischen Dimension des Textes und ihrer Bedeutung für die Gegenwart

An diesem Text lassen sich sowohl Unterdrückung als auch Befreiung von Frauen innerhalb der biblischen Tradition ablesen. Diese Frau ist namenlos; das, was sie getan hat, ist im Prozeß der Überlieferung innerhalb des NT und der androzentrischen Bibelauslegung in Vergessenheit geraten. Dennoch mißt Markus der Frau eine Bedeutung bei, die ich noch einmal zusammenfasse: Indem sie Jesus in einer Zeichenhandlung zum Messias salbt, durchbricht sie patriarchalische Strukturen, in denen sich Frauen oft auf ein passives Verhalten festlegen lassen. So ermutigt sie auch Frauen heute, es ihr gleichzutun, wie eine kirchliche Mitarbeiterin bei einer Bibelarbeit es formulierte: »Das Verhalten dieser Frau macht mir Mut in meiner Arbeit, in meinem Beruf, denn es ist eine der vielen oft vergessenen Geschichten, in der das übliche, als christlich verstandene passive Rollenbild von Frauen durchbrochen wird.«

Markus stellt sie Petrus und den anderen Jüngern, die die Bedeutung von Passion und Tod Jesu nicht verstehen, gegenüber (Mark. 8,31ff; 9,31ff). Indem sie durch die Salbung auf Jesus als den Leidenden und Gekreuzigten hinweist, zeigt sie sich als wahre Jüngerin.

Dies tun auch heute viele Frauen. Sie setzen sich für die Gequälten, Gefolterten und Ermordeten ein. Leider wird ihr Einsatz wenig beachtet. Laura Pinto ist zum Beispiel eine einfache Hausfrau und Mutter aus El Salvador. Obwohl sie wußte, daß es für sie gefährlich war, reiste sie durch die BRD und berichtete unter anderem auch in unserer Kirche von den verschwundenen, gefolterten und ermordeten Frauen und Männern in ihrem Land. Nach ihrer Rückkehr nahm man sie in Haft. Sie blieb wochenlang im Gefängnis. Oder Beate Klarsfeld: Sie weist immer wieder beharrlich auf die von den Nazis begangenen Verbrechen an der jüdischen Bevölkerung hin; sie wird nicht müde, die Täter aufzuspüren und anzuklagen; auch vor ungewöhnlichen Aktionen schreckt sie nicht zurück: Sie ohrfeigte Kiesinger.

Vorschlag für eine Bibelarbeit

In einer feministischen Bibelarbeit ist für mich zweierlei wichtig: die Erkenntnisse der Exegese und die Erfahrung von Frauen, die die Geschichte auslegen. Beides läßt sich oft nicht voneinander trennen. So habe ich in unterschiedlichen Gruppen mit folgender Bibelarbeit gute Erfahrungen gemacht. Ich wähle zwei Zugänge zum Text. Einmal konzentriere ich mich stärker auf die übliche Exegese des Textes, danach bemühe ich mich vor allem um die Auslegung des Textes durch Identifikation, das heißt um sein Verständnis im Kontext der eigenen Erfahrungen. Teil I eignet sich auch für einen Gemeindeabend. Teil II ist nur im Rahmen einer längeren Veranstaltung (Seminar, Werkstatt oder ähnliches) zu empfehlen und auch nur dann, wenn die Leiterin der Gruppe Erfahrung mit Bibliodrama hat.

Arbeit am Text. Ein Vergleich zwischen Markus und Lukas:

Je nachdem, wieviel theologisch-exegetische Kenntnisse vorausgesetzt werden können, empfiehlt es sich, einige Hinweise zur Quellentheorie und zur Theologie von Markus und Lukas zu geben. Für Markus ist der leidende und gekreuzigte Christus wichtig, während Lukas besonders Jesu Hinwendung zu Zöllnern und Sündern betont.

Wir lesen die Geschichte bei Markus und Lukas. Anschließend klären wir Fragen. Falls nötig, gebe ich Hinweise zu verschiedenen Bedeutungen der Salbung.

Die beiden Texte werden in Kleingruppen verglichen. Wie wird die Frau und das, was sie tut, bei Markus dargestellt, wie bei Lukas? Was bedeutet die Salbung bei Markus, was bei Lukas? Welche Schlußfolgerung ziehe ich aus dem Vergleich der beiden Texte? Die Gruppen schreiben die Ergebnisse auf eine Wandzeitung.

Die Gruppen vergleichen ihre Einsichten. Eventuell ergänze ich ihre Ergebnisse durch meine Exegese oder konfrontiere sie mit ihr.

Wenn wir damit zum Schluß der Arbeit kommen, ist es sinnvoll, abschließend über die eigenen Identifikationsmöglichkeiten mit dieser Frau und über die Frage nach der Gegenwartsrelevanz der Geschichte zu sprechen.

Auslegung der Geschichte im Kontext der eigenen Erfahrungen. Wir lesen die Geschichte noch einmal. Jede Frau überlegt sich, welche der handelnden Personen sie spielen möchte: die Frau, Jesus oder die Unwilligen.

Die Frauen oder auch Männer finden sich in den drei Gruppen zusammen und sprechen über ihre Rolle, um sich so in die von ihnen gewählte Person hineinzudenken.

Die Geschichte wird gespielt, Abweichungen und Veränderungen von der biblischen Fassung sind möglich.

Auswertung: Wie ging es mir dabei? Was habe ich an mir und den anderen beobachtet? Was trägt das, was wir gespielt haben, zur Interpretation und zum Verständnis der Geschichte bei?

Abschließend gehen wir noch einmal den gesamten Prozeß durch.

Um die unterschiedlichen Positionen der wissenschaftlichen Diskussion zu verdeutlichen, haben Ute Knie, Eva Renate Schmidt und ich im Anschluß an ein Bibliodrama in einer Art Rollenspiel aus den Kommentaren zur Stelle zitiert. Wir haben in angedeuteter Verkleidung abwechselnd aus Lohmeyer, Schmithals, Schlatter, G. Marcel Martin, L. Schottroff und E. Schüssler-Fiorenza gelesen und darüber diskutiert. Die Frauen hielten unseren Disput zunächst für ein von uns erfundenes Kabarett und waren erstaunt, als wir ihnen die Originalzitate zeigten.

Impulse für die Predigt

Die Predigerin/der Prediger erinnert an die namenlose Frau als mutige Prophetin und Jüngerin. Sie/Er beschreibt den Prozeß der Überlieferung, die Tat der Frau zu schmälern, unter anderem mit Hilfe des Bildmaterials in Moltmann-Wendel, Ein eigener Mensch werden.

Die Predigerin/der Prediger erzählt davon, wo Frauen heute die Grenzen des ihnen vorgeschriebenen Rollenverständnisses überschreiten und gleichzeitig das Leiden von Frauen und Männern in unserer Welt sichtbar machen.

Materialhinweise

Peter Winzeler verfaßte eine Predigt über den Text, die einige der genannten Aspekte aufnimmt (Texte und Kontexte, S. 5ff).

Gloria

Beschenkt mit dem Krug aus Alabaster
Jeder von uns beschenkt
mit dem Krug aus Alabaster,
beobachten wir und hören auf die Zeit,
wenn es richtig ist,
ihn aufzubrechen,
um den kostbaren Inhalt zu verschütten
über das, von dem wir erkannt haben,
es ist ewig, gut und wahr.

Es wird Lärm darum gemacht werden.
»Nicht praktisch!«
»Welche Verschwendung!«
»Wir sagten nicht, daß ihr das tun könntet!«
»Ihr seid im Unrecht!«

Aber eine Stimme,
kann sein flüsternd,
tritt in das Chaos ein
und sagt für die, die hören:

»Laßt sie allein.
Warum quält ihr sie?
Sie hat etwas Wunderbares
für mich getan!«

(Aus Fritsch/von Wartenberg-Potter, S. 45)

Glaubensbekenntnis einer Frau

Ich glaube an Gott,
der Frau und Mann zum Bilde
Gottes schuf,
der auch die Welt schuf
und beiderlei Geschlecht
die Erde zu treuen Händen übergab.

Ich glaube an Jesus,
Kind von Gott,
von Gott auserwählt,
von Maria, einer Frau, geboren,
der den Frauen zuhörte und sie gern hatte,
der in ihren Häusern war,
der über das Reich Gottes mit ihnen sprach,
der Jüngerinnen hatte, die ihm nachfolgten
und ihn auch finanzierten.

Ich glaube an Jesus,
der mit einer Frau am Brunnen
über Theologie sprach
und ihr zuerst anvertraute,
daß er der Messias sei,
so daß sie hinging und in der Stadt
die große Neuigkeit herumsagte.

Ich glaube an Jesus,
der sich salben ließ von einer Frau in Simons Haus,
der die männlichen Gäste zurechtwies,
die sich darüber empörten.

Ich glaube an Jesus,
der sagte, daß man an diese Frau und ihre Tat
denken wird –
ein Dienst an Jesus.

Ich glaube an Jesus,
der eine Frau am Sabbat heilte
und sie wieder aufrichtete,
denn sie war ein Mensch.

Ich glaube an Jesus,
der von Gott sprach
als von einer Frau, die den verlorenen Groschen sucht,
als von einer Frau, die das Haus kehrt,
um das Verlorene zu finden.

Ich glaube an Jesus,
der Schwangerschaft und Geburt
mit Ehrfurcht ansah
und nicht als Strafe – sondern
als ein Geschehen,
wo sich eins aus dem anderen losreißt,
ein Sinnbild für Umwandlung;
wiedergeboren
aus dem Schmerz hinein in Freude.

Ich glaube an Jesus,
der von sich sprach
als einer Glucke,
die ihre Küken unter
ihren Flügeln versammelt.

Ich glaube an Jesus, der zuerst
Maria Magdalena erschien
und sie mit der aufrührenden Botschaft losschickte:
Geh und sag es den anderen . . .

Ich glaube an den alles umfassenden Erlöser,
für den es weder Juden noch Griechen,
weder Sklaven noch Freie,
weder Mann noch Frau gibt,
denn wir sind alle eins in der Erlösung durch ihn.

Ich glaube an den Heiligen Geist,
die sich über die Wasser der Schöpfung
und über die Erde hinbewegt.

Ich glaube an den Heiligen Geist,
den weiblichen Geist Gottes,
die uns wie eine Glucke geschaffen hat,

die uns zur Welt brachte
und ihre Flügel über uns deckt.
(Aus: Fritsch/von Wartenberg-Potter, S. 69ff)

Vorschlag für eine Lesung: 2. Kön. 9,1ff.

Verwendete Literatur:

SYBILLE FRITSCH und BÄRBEL VON WARTENBERG-POTTER (Hrsg.), Die tägliche Erfindung der Zärtlichkeit. Gebete und Poesie von Frauen aus aller Welt, Gütersloh 1986, »Gloria« © S. Fritsch; »Glaubensbekenntnis einer Frau« © Wir sind keine Fremdlinge mehr, Evangelisches Missionswerk, Hamburg.

JOACHIM GNILKA, Das Evangelium nach Markus, EKK II/2, Neukirchen-Vluyn 1979.

WALTER GRUNDMANN, Das Evangelium nach Markus, Berlin 1977.

ERNST LOHMEYER, Das Evangelium nach Markus. Kritisch-exegetischer Kommentar zum NT, Göttingen 1953.

ELISABETH MOLTMANN-WENDEL, Ein eigener Mensch werden. Frauen um Jesus, Gütersloh 1980.

WALTER SCHMITHALS, »Das Evangelium nach Markus«, in: Ökumenischer Taschenbuchkommentar zum NT 2/2, Gütersloh 1979.

LUISE SCHOTTROFF, »Maria Magdalena und die Frauen am Grabe Jesu«, in: Evangelische Theologie 42, Jan./Febr. 1982, S. 3–25.

ELISABETH SCHÜSSLER-FIORENZA, In Memory of Her. A Feminist Theological Reconstruction of Christian Origins, New York (1983) 1985².

EDUARD SCHWEIZER, Das Evangelium nach Markus, NTD Teilband 1, Göttingen 1983.

PETER WINZELER, »Markus 14, 3–9«, in: Texte und Kontexte 13, Berlin 1982.

Lukas 1, 26–33.38

Maria, eine Knechtin Gottes

4. Advent; Christi Himmelfahrt

Wilhelm Fuhrmann

Exegese

Die »Verkündigung Mariae« steht nicht isoliert, sondern ist verbunden mit der anderen Ankündigungs- und Geburtsgeschichte: »Im sechsten Monat aber« (1,26) – nämlich der Schwangerschaft Elisabets, der Mutter Johannes des Täufers. Wie bei Elisabets Mann, dem Prieser Zacharias (Luk. 1,11ff), tritt auch jetzt Gabriel (= »Gottes Starker«) auf: »der vor Gottes Sicht gestellt ist« (1,19), der Thronengel also, der damals als Ankünder der letzten Zeit vor dem Ende angesehen wurde. Zur Vermeidung von Verwechslungen mit »Weihnachtsengeln« empfiehlt es sich, das Wort »Engel« zu vermeiden und die biblischen Bezeichnungen wahrzunehmen: griechisch »angelos«, hebräisch »mal'ak« = Melder, Bote, Gesandter (1,26: abgesandt von Gott!). Über Gabriels Gestalt ist hier nichts ausgesagt.

Es gibt wichtige Anzeichen dafür, daß die (auch von der »Ordnung der Predigttexte« eingeklammerten) Verse 34–37 nicht in der Originalerzählung von dem Besuch Gabriels bei Maria gestanden haben, sondern später (von Lukas?) eingefügt wurden, um doch scheinbar »Genaues« festzustellen. Zur Problematik dieser »Erklärung« ist in Kürze zu erwähnen: Vers 35 (»heiliger Geist wird auf dich kommen, und Kraft des Höchsten wird dich überschatten«) scheint die sehr viel vorsichtigeren Formulierungen aus Matth. 1,18.20 (»aus heiligem Geist«) »anschaulich« machen zu wollen.

Damit geht es zugleich um das spätere Dogma der »Jungfrauengeburt« und der »semper virgo«, der immerwährenden Jungfräulichkeit Marias. Dies hängt zusammen mit entsprechenden Vorstellungen im hellenistisch-orientalischen Raum, die durch derartige Mythen die Besonderheit bestimmter hervorragender Menschen als Heroen und Halbgötter hervorheben wollten:

»Gottes und Marien Sohn« heißt der Halb-Gott Jesus. Und spätere Theologie mußte sich alle erdenkliche Mühe geben, um diese naheliegende Vorstellung wieder zu korrigieren: Ganz Gott und ganz Mensch zugleich, zwei Naturen ungetrennt und unvermischt.

Das mythologische Interpretament der Jungfrauengeburt (Parthenogenese), das auch schon in Joh. 1,13 (»nicht aus Blutsverwandtschaft noch aus Fleisches Willen noch aus Willen eines Mannes, sondern aus Gott geworden«) umschrieben wird, bot sich um so mehr an, als die Belegstelle für die »Erfüllung« (Matth. 1,22f) einer bestimmten Prophetenstelle von der vorchristlichen griechischen Übersetzung der Hebräischen Bibel (»Septuaginta«, LXX) bereits hellenistisch verzeichnet wurde: Während drei »nicht offizielle« Übersetzungen die »'al-'māh«, die gebärfähige »junge Frau« aus Jes. 7,14 richtig als »heanis« übersetzen, macht die Septuaginta daraus eine »parthenos«, eine physische »Jungfrau«.

Der Satz, der diesen ganzen Einschub veranlaßt und die Folgerungen begründen will (»wie wird das sein, nachdem ich keinen Mann erkenne?«, V. 34), visiert offensichtlich die »immerwährende Jungfrauenschaft« an und gibt sich eben nicht mit der bloßen Aussage des Verses 31 zufrieden, während er die »heilsgeschichtliche« Deutung des Geschehens in Vers 32f völlig ignoriert.

Zur Situation: Sie ist im Ganzen unmöglich, weil nicht sein kann, was nicht sein darf: »Man« geht nicht in das »Galiläa der Heiden«, nicht nach Nazareth, woher sprichwörtlich nichts Gutes kommt (Joh. 1,46); man betritt nicht das Zimmer eines verlobten Mädchens, schon gar nicht als »Erzengel«, und: »Eine Frau grüßt man überhaupt nicht!« hatten die Rabbinen dekretiert. Trotzdem wird dieser Bote Gabriel, Gottes starker Mann, von Gott genau dahin gesandt. Bemerkenswert ist, daß Maria sich nicht über den »Engel« (s. o.), sondern über seinen Gruß wundert; nicht darüber, *daß* er sie gegen die erwähnte rabbinische Meinung grüßt, sondern Maria »überlegt hin und her, *was* denn dies für ein Gruß wäre« (V. 29). Der Gruß ist alltäglich genug: die übliche griechische Begrüßungsformel »chaire«, bei der kein Mensch mehr daran denkt, daß er damit »freu dich!« sagt – sowenig wir uns in Wahrheit einen »guten Tag« wünschen.

Die scheinbare Alltäglichkeit des Grußes wird durch ein Wortspiel durchbrochen: ›chaire, kecharitomenè‹ – freu dich, Freudenvolle! Insofern ist Martin Luthers Vorschlag, ihn mit »Grüß Gott, liebe Maria!« zu übersetzen, doch nicht ganz glücklich. Das gleiche gilt vom »Ave, Maria, gratia plena« (»voll der Gnaden«), was Luther zu einigen Sarkasmen (»volles Faß«) veranlaßte. Trotzdem hat sich diese Formulierung aber gegen Luthers profanen Vorschlag durchgesetzt, weil sie mit der Würde des Traditionell-Liturgisch-Sakralen belastet ist. Dies für Protestanten in geradezu unerträglicher Weise, weil dieses »Ave Maria« (1,28) auch noch mit dem »Benedicta es« – »gebenedeit seist du unter den Weibern ...« aus Lukas 1,42 verbunden ist und damit dem »Christus solus« Abbruch zu tun scheint.

Weder unsere Bedenken noch Marias Hin-und-her-Überlegen nach dem »was denn?« dieses Grußes ändern etwas an ihm. Auch Luthers »volles Faß« ändert nichts daran, daß der Gruß eben dies bildhaft im Blick hat: mit Freuden vollgegossen. Vielleicht ist es endlich hilfreich, in unserem Denken, Fühlen und Sprechen die traditionelle »Gnade« durch »Freude« zu ersetzen: »Du hast Freude bei Gott gefunden« (1,30) und so auch Freude in dir und an dir – von ihm her. Wie weit die Ausdrucksweise »mit Freude vollgegossen« wie auch schon das »Eingehen« sexuelle Erlebnisse umschreiben wollen, sei offengelassen. Der wesentliche Inhalt der »Verkündigung« ist nicht die »wunderbare Geburt«, sondern deren Zielsetzung (1,32f). Die kann ich zwar »erklären«, aber nichts »dazu« sagen. Die hier angekündigte »Christus-Königschaft« betrifft »den Thron seines Vaters David und das Königsein über das Haus Jakob in die Weltzeiten hinein«. Hier möchte ich weder auf das »neue Israel« (den »wahren Jakob«?) umdeuten noch die »Erfüllung« dieser Ankündigung im derzeitigen Staat Israel sehen – beiden, der Kirche (den Kirchen) wie diesem Staat, fehlt jeweils genau das, was hier ausgesagt ist.

Der Gottesbote Gabriel, der Ankünder des Endes, hat diese Worte damals ins Offene hineingesagt, und wir werden sie so offenlassen müssen, wie wir sie jetzt in der Erzählung des Lukasevangeliums lesen. Maria hat nach dieser Erzählung dem Boten seine Worte abgenommen – und Gott das letzte Wort überlassen. Denn die nächsten Worte – »wie wird das sein?«

(1,34) – beziehen sich nicht auf diese Ankündigung, sondern wollen – wie wir sahen – nähere Aufklärung über Zeugung, Empfängnis und Geburt einfordern. Bezeichnend genug, daß das »neue Israel« der christlichen Kirchen vor allem dafür Interesse hatte, während ihm der Thron Davids und das Haus Jakobs gleichgültig, wenn nicht zuwider waren. So hat denn das »neue Israel« entgegen der Ankündigung des Gottesboten den Sohn der Maria monopolistisch für sich selbst reklamiert und dabei offensichtlich das Signal seines Namens überhört. Er ist eben nicht das weihnachtliche »liebe Jesulein«, sondern Jesus = »jēšûa'« = »Befreiung«. Nicht Befreiung der Kirche von Israel, sondern Befreiung für das Haus Jakob und für alle Zeiten.

»Neutestamentliche Theologie« hat das auf die Theorie der »Erlösung von den Sünden« konzentriert und eingeengt, und zwar forensisch verstanden: Durch das Kreuzopfer ist uns juristisch gültig Freispruch attestiert worden. *Uns* – nicht etwa dem Haus Jakob! Die Botenansage meint wohl etwas anderes: Mit dem Namensruf (1,31) soll Maria Befreiung proklamieren aus allen Bindungen, Strukturen, Zwangsläufigkeiten, Eigengesetzlichkeiten, und was sonst noch damals und heute an vermeintlich ewigen Gesetzen proklamiert wurde. Und ihr Sohn ist mit seinem Leben und Sterben das Signal dieser Befreiung – bis heute. Sein Name ist das Programm Gottes: das, was Gott schon vor-geschrieben hat. Das wird hier proklamiert. Das ist von uns zu proklamieren – immer noch: vorweg zu rufen. Wir rufen, indem wir auf diesen Jesus damals zurückzeigen, nach vorn: »Befreiung!«

Hat dieser Abschnitt eine »feministische Dimension«?

Ich sehe sie an drei Stellen: Anders als bei Matthäus (1,20) ist nicht Josef, sondern Maria angesprochen. Sie, nicht er, soll den Namen, soll Befreiung proklamieren.

Nach Luther antwortet Maria der Ankündigung Gabriels: »Siehe, ich bin des Herrn Magd – mir geschehe, wie du gesagt hast« (V. 38). Das hat nichts mit »weiblicher Demut« zu tun, und sie bezeichnet sich auch nicht als »dulé« = Sklavin. Im Gegenteil: Was sie sagt, ist geradezu »unerhört«, bis dahin so noch nicht gehört worden. Sofern wir hier überhaupt eine »historische Begebenheit« suchen wollen, werden wir voraussetzen müssen, daß das Gespräch Gabriels mit Maria nicht auf griechisch, sondern auf aramäisch oder hebräisch geführt wurde. Was Maria sagt bzw. was Lukas sie sagen läßt, hieße zurückübersetzt: »hinēnî ‘aḇ’dat JHWH – j’hî-lî kid’ḇāräḵā« = »Da! Ich – SEINE Dienstbeauftragte! Es werde für mich, wie deine Reden!« Damit stellt sie sich dem »‘äbäd JHWH« Deuterojesajas (Kap. 42–53!) an die Seite: SEINEM Dienstbeauftragten, den wir gewöhnlich den »Gottesknecht« nennen und von dem wir sagen, das sei »Jesus allein«. Maria sagt: »Da! Ich auch!« Und der Bote geht wieder von ihr weg und überläßt ihr dieses letzte Wort. Es ist nur noch anzumerken, daß in der Hebräischen Bibel die feminine Form von »‘äbäd« (»‘ab’dāh«) noch nicht vorkommt (Buber).

Eine weitere »Erstmaligkeit« ist in der »Jungfrauen-Erklärung« der Verse 34–37 unterlaufen, und zwar in der Einleitungsfrage 1,34 (Luther: »Wie soll das zugehen, sintemal ich von keinem Manne weiß?«). Das könnte spätere Mariologie und zugleich Ablehnung jeglicher Sexualität sein. Aber nun ist Maria – bewußt oder versehentlich? – eine Ausdrucksweise in den Mund gelegt worden, die bis dahin ausschließlich den Männern vorbehalten war: Der Mann »erkannte« seine Frau (1. Mose 4,1). Jetzt sagt *die Frau*: ». . . nachdem ich einen Mann nicht erkenne.« Das hebräische Verbum jd‘, das eben nicht »wissen«, sondern »erkennen« heißt, ist die übliche Bezeichnung für die geschlechtliche Vereinigung (vom Mann her gesehen, aber jetzt von der Frau!) – nicht als verschleiernde Umschreibung (Euphemismus), sondern als Bezeichnung des wirklichen Geschehens: nicht Notiz nehmen, sondern Kontakt aufnehmen und so des Partners »innewerden«.

Es sei noch in Erwägung gezogen: Die Frage (1,34), die besonders in Luthers Übersetzung den Eindruck sexueller Uninformiertheit und Ahnungslosigkeit erweckt, könnte noch anderes ausdrücken wollen. Das auslösende Moment des »Durcheinandergebrachtwerdens« (1,29) war ja der »Gruß«. Im Zusammenhang mit dem »Eingehen« (s. o.) könnte vermutet werden, daß Maria die Begegnung mit »Gabriel« – wie real oder »irreal« sie gewesen sein mag – als ein überwältigendes »Widerfahrnis von drüben« empfunden hat, so daß sie also in ihrem Empfinden tatsächlich »einen Mann nicht erkannt« hat.

Politische, soziale, kirchliche Konsequenzen?

Das Stichwort »Befreiung« sollte meditiert werden, und zwar aus der Sicht der Frau, die sie in unserer Geschichte proklamieren soll. Und: Wir sollten »innewerden«, daß nicht »Jesus allein« der »'äbäd JHWH« ist. Eine christomonistische Theologie übersieht zu leicht, daß wir von Gott her irgendwann einmal gesagt bekommen könnten: »Jetzt du!« Und dann werden wir wohl wie Maria sagen müssen: »Da! Ich!« – und nicht: »Jesus allein!« Und von Gott her gibt es »'ab̲'dîm« *und* »'ab̲'dôt« – »Dienstbeauftragte m *und* f«! – Angemerkt sei noch, weit ab von aller Dogmatisierung: Wer da glaubt, daß der »Knecht Gottes« in den Himmel aufgenommen wurde, darf konsequenterweise glauben, daß auch die »Knechtin Gottes« in den Himmel aufgenommen wurde. Wie »leiblich« diese assumptiones sein mögen, darüber brauchen wir uns keine Gedanken zu machen – sowenig wie wir physische Jungfräulichkeit glauben oder beweisen müssen, dank Uta Ranke-Heinemann. Ob und wie etwaige Feste Jesu und Mariae Himmelfahrt gefeiert werden könnten, wäre vielleicht zu überlegen. Vielleicht wird die eine oder der andere einmal dessen inne.

Impulse für die Predigt

Am 4. Advent, an Christi Himmelfahrt und, falls der 15. August auf einen Sonntag fällt, an »Mariae Himmelfahrt« würde ich diesen Abschnitt predigen, das heißt das »auslegen«, was die Exegese an »darin Liegendem« zutage gefördert hat. Dabei würde ich durchaus dessen gedenken, daß die Männer, Väter und Brüder der andern Konfession etwas Richtiges falsch ausgedrückt haben. Lieder fallen mir nicht ein. Die jeweiligen de-tempore-Lieder (Advent, Weihnachten, Himmelfahrt) singen im allgemeinen nicht das, was hierzu gesungen werden sollte. Luthers »Sie ist mir lieb, die werte Magd, und kann ihrer nicht vergessen« ist bei uns einerseits vergessen, andererseits zu mario-ecclesiologisch. Am ehesten gibt der reformierte Psalter noch etwas her, falls Matthias Jorissen sich erträglich ausdrückt.

Zu erwägen wäre, ob die, die hier ohnehin das Gewohnte

erwarten, mit der Zweideutigkeit der Erzählung (vgl. »fürchte dich nicht, Maria!« 1, 30) optisch konfrontiert werden könnten. Dazu bietet sich der Verkündigungsaltar von Ste. Madeleine in Aix-en-Provence an (s. Kindlers Malerei-Lexikon, S. 27–32). Maria kniet in einer gotischen Hallenkirche vor dem Verkündigungsengel mit Eulenflügeln und eindeutig-zweideutiger Handhaltung, zwischen ihnen giftige Blumen und im Lichtstrahl der »unbefleckten Empfängnis« ein – Affenbaby. So meinte der unbekannte Künstler um 1440 das zu sehen. Ich glaube nicht, daß er mit dieser »Gotteslästerung« die Sexualität verteufeln wollte. Eher scheint er mir die zu meinen, denen nichts anderes einfällt als solche Verteufelung. Die positive Sicht dieses Bildes könnte zeigen: Wenn uns SEIN Reden trifft, das kann unheimlich, zweideutig, verwirrend sein – wie damals für Maria. Gott (oder seinen Boten) zu begegnen ist riskant – manchmal sogar Sonntagvormittag um zehn.

Verwendete Literatur

Martin Buber, Der Glaube der Propheten, Zürich, 1950, S. 309 ff.
Ders., Werke, Band 2, München und Heidelberg 1964, S. 465 ff.
Kindlers Malerei-Lexikon, Band 1, München o. J.

Lukas 1, 39–56

Frauen proklamieren Gottes Weltrevolution

4. Advent

Wilhelm Fuhrmann

Exegese

Dickgedruckter Mittelpunkt des Abschnitts ist das Magnificat, der »Lobgesang der Maria«, Verse 46b–55. Dabei ist nicht zu übersehen, daß Lukas diesen wie auch zwei weitere Hymnen (»Benedicat« 1, 68–79 und »Nunc dimittis« 2, 29–32) eingebettet hat in Rahmenerzählungen seiner sogenannten Kindheitsgeschichte (Luk. 1 und 2). Diese Beobachtung sollte verhindern, die Hymnen als isolierte Lyrik zu exegesieren, zumal Predigten »über« Psalmen vielfach vergessen, daß es sich dabei um zu singende Lieder handelt. »Lobe den Herren ...« (EKG 234) will zunächst gesungen und nicht analysiert und reflektiert werden.

Der vertrauliche Anfang dieses Liedes (Luk. 1, 46–55) »Meine Seele erhebt den Herren, und mein Geist freuet sich Gottes, meines Heilandes« assoziiert Weihnachtsstimmung, zumal uns unser Gedächtnis ab Vers 48 vielfach im Stich zu lassen pflegt. Die liturgische Tradition des Magnificat als festem Bestandteil der Vesper, des kirchlichen Abendgebets, unterliegt der Gefahr jeder Tradition, die zur Routine wird: Man singt, sagt, betet das allfällig Übliche, ohne noch zu wissen, was man da vor sich hin sagt. Endlich: Unzählige Magnificat-Kompositionen vermitteln die Erinnerung einer berauschend schönen Festmusik, bei der eher unsere Seele erhoben wird, als daß diese »den Herrn erhebt«.

All das läßt nicht ahnen oder vergessen, daß dieses Lied ein Revolutionslied ist. Es besingt die totale Veränderung der Zustände und Verhältnisse, ja deren Umkehrung (1, 51–53). Den Armen und Ohnmächtigen soll geholfen werden, und zwar auf Kosten der Reichen und Mächtigen. Das mag zwar nicht »christlich« sein – es ist aber »göttlich«: *Gott* veranstaltet diese

Revolution! Wie diese Proklamation hier und da aufgenommen wurde, könnte immerhin an ihrer musikalischen Exegese und Interpretation der verschiedenen Vertonungen studiert werden: dem »Deposuit« (1,52) und »Esurientes« (1,53). Auch die liturgische Zuordnung des 9. Psalmtons, des tonus peregrinus, gehört zur Wirkungsgeschichte: Das Magnificat ist ein »Übergangs-Lied«, ein Lied auf dem Wege »nach draußen«, außerhalb jeden Schutzes und jeder Sicherheit.

Zum Sprachlichen: Was die Sängerin singt (meine Seele = ich mit meinem ganzen Leben) steht im Präsens, in der Gegenwart. Alles folgende erscheint im Aorist (was ausschließlich Gott tut), einer »nicht abgegrenzten« Verbform, wiederzugeben etwa mit »... und dann passierte es, daß...«. Dieser Folge von Präsens und Aorist im Griechischen entspricht im Hebräischen die Folge von Perfekt und Imperfekt: »meine Seele macht IHN groß« – ein »perfektes«, in sich vollendetes Tun. Aber alles andere, was nun noch kommt, geht »unvollendet« weiter: Was Gott tut, hat noch kein Ende, da ist noch etwas zu erwarten.

Dieser grammatikalische Hinweis relativiert die Überlegungen, ob dieses Magnificat ein frühchristliches oder noch vorchristliches Lied sein könne, ob Zitat eines solchen oder lukanische Dichtung. Es ist jedenfalls eine Aneinanderreihung verschiedener Liedzitate und Anklänge aus der Hebräischen Bibel. Die Revolutionsproklamation dieses Liedes ist also nicht »neu«, sondern »alt«. Insofern aber ist es weder »alt-« noch »neutestamentlich«, sondern hebräisch.

»Neu« ist, daß dieses Weltrevolutionslied von Lukas einer Frau in den Mund gelegt wird. Was eine Männergemeinde im Tempel und in der Synagoge seit Jahrhunderten schon als Lied 34, 107 oder 147 des Psalters gesungen haben mag, wird jetzt aktuell und konkret. Diese Aktualisierung und Konkretisierung heißt nun auffälligerweise nicht »Jesus«. Davon ist wohl in der Vorgeschichte geredet worden (1,26–38), aber Maria läßt in ihrem Lobgesang jeden Hinweis auf diese Vorgeschichte vermissen. »Und dann passiert es, daß« *Gott* – nicht Jesus! – große Dinge macht und die Mächtigen stürzt und die Unterdrückten hochhebt. Was sich in der Vorgeschichte ereignet hat, konzentriert sich für Maria auf die Erfahrung: Gott hat auf die Niedrigkeit seiner Magd gesehen (1,48), hat sie trotz aller Niedrigkeit und Erniedrigung nicht übersehen. Als Folge davon erwartet Maria nun alles andere, was Gott noch an Umwälzung der herrschenden Verhältnisse bewirken wird. Ob ihr Sohn dabei eine Rolle mitspielen mag, sagt sie nicht. Die Revolution, die sie selbst erfahren hat, ist ihre eigene Erhöhung, ihre Ent-niedrigung.

Konsequent sagt deshalb die andere Frau in dieser Erzählung, ihre nicht näher bezeichnete Verwandte Elisabet: »Gesegnet (wörtlich: gutgesagt) bist du unter Frauen, und (insofern) auch gutgesagt die Frucht deines Leibes« (1, 42). Und die Antwort singt Maria: »Sieh nämlich: von diesem Nun an werden *mich* (wörtlich:) überragend machen alle Geschlechter!« (1, 48).

Jetzt ist anzumerken, daß einige frühere Handschriften der altlateinischen Übersetzung und etliche alte Kirchenväter das Magnificat offenbar *nicht* für den »Lobgesang der Maria« gehalten haben. Sie leiten es nämlich in 1, 46 ein: »Und es sagte Elisabet: ...« Daraus muß gefolgert werden: Als historischer Tatsachenbericht versagt diese Erzählung. Sie ist also eine »Legende«. Die exegetische Forschung vermutet, daß die Erzählungen in Lukas 1 und 2 ursprünglich Kindheitslegenden aus dem Schülerkreis Johannes des Täufers waren, die erst nachträglich durch entsprechende Jesus-Erzählungen »ergänzt« und überhöht worden seien.

Wie auch immer – das Interesse des vorliegenden Abschnitts liegt nicht an einem Mehr oder Weniger von Jesus oder Johannes dem Täufer. Beide kommen in dieser Geschichte nur embryonal vor: Johannes intrauteral hüpfend und scherzend (1, 44), was anscheinend damit gleichgesetzt wird, daß seine Mutter »mit heiligem Geist erfüllt wird« (1, 41); Jesus wird zwar von Elisabeth als »mein Herr« bezeichnet, aber bezeichnenderweise nur in Abhängigkeit von seiner Mutter: »Woher mir das, daß die Mutter meines Herrn zu mir kommt?« (1, 43). Diese Genitiv-Verbindung, diese »Werde«-Abhängigkeit von seiner Mutter sollte nicht übersehen werden.

Aber eine Marien-Verehrung oder auch nur eine Mariologie bleibt gebrochen, da ja einige Versionen die Aussage von 1, 48 der Elisabet zuschreiben: Wer soll nun »selig gepriesen«, überragend gemacht werden? Die eine – oder beide – oder überhaupt: die Frau? Die Frau nämlich, die offenbar erfährt und erkennt, was bis dahin »in keines Mannes Herz gekommen ist« (1. Kor. 2, 9). Daher will diese »Legende«, weit ab von aller vermeintlichen historischen Verifizierung, uns »auflesen« (lat. legere!) lassen, was an wirklicher Wahrheit zu erkennen ist: Der Frau – ob sie nun Maria oder Elisabet »heißt« – ist das »Erhöhtwerden«, die Erfahrung, die Erkenntnis geworden, daß es von Gott her anders werden kann, als es sogenannte historische Fakten »zwangsläufig« erscheinen lassen. Und dies ebenfalls nicht als punktuelles historisches Ereignis (Ankündigung der Geburt und ähnliches), sondern als Einsicht in das, was Gott »prinzipiell im Haupt« hat (»in principio«, »b·rē'šît«, 1. Mose 1, 1).

Die feministische Dimension

Es ist eine Geschichte von zwei Frauen – ohne Mann. Maria kommt zwar »in das Haus des Zacharias« (1, 40), aber Zacharias hat hier gerade noch den Stellenwert einer Hausnummer. Als Mensch tritt er nicht in Erscheinung, als Priester (nicht glaubend, 1, 18 im Gegensatz zu Maria: »großgemacht die gerade Glaubende«, 1, 45) anscheinend »außer Dienst«, jedenfalls verschweigend, was sein Name sagt: »JHWH erinnert sich«. Um so sprechender dagegen die Namen der beiden Frauen, freilich auch schillernd, nicht »eindeutig«, vieles offen lassend. Elisabet, die Frau des Priesters Zacharias, hat eine Namensschwester aus uralten Tagen: die Frau des Priesters Aaron (2. Mose 6, 23). Ihr Name ist seltsam dreideutig: »'ălîšäba'« = »mein Gott hat geschworen«; »mein Gott ist Aufhören und Ruhe«; »mein Gott ist ›Sieben‹«. Offen bleibt, was »mein Gott« in diesem Falle sein könnte, sein wollte, sein wird. Auch die andere Frau, Maria – Mirjam, hat eine »Vor-Geschichte«: Vorzeiten einmal Moses und Aarons Schwester, die »Prophetin« (2. Mose 15, 20). Eine auffällige »Verwandtschaft«, die sich »in diesen Tagen« (1, 39) »in der Stadt Juda« zusammenfindet! »Mir'jām« – bitteres Wasser, Meerestropfen, Meeresleuchten« (»Meerstern, ich dich grüße, o Maria ...«!) – etwas scheinbar ganz Abwegiges, aber im Zusammenhang unseres Abschnittes geradezu »einleuchtend«: »ihre widerspenstige Provokation« – endlich und »historisch« am wahrscheinlichsten: Geliebte Amons, des ägyptischen Sonnengottes. In diesen beiden Frauen findet sich offenbar Gottes gesamte, von ihm gewollte und »angesehene« (V. 48) Frauenwelt zusammen, und zwar in ihrer ganzen Vielschichtigkeit und keineswegs uniform.

Es geht bei den beiden Frauen um Begegnung: Maria hatte im Blick auf ihre eigene, unerklärliche Schwangerschaft (1, 34) den Hinweis auf die ebenfalls unerklärliche Schwangerschaft der unfruchtbaren Elisabeth erhalten (1, 36f): Bei Gott sei kein Wort ohne Kraft. Marias Reaktion wird zum Beginn unseres Abschnitts in auffällig archaischer und zugleich fast atemloser Sprache erzählt: »Aufstehend aber Maria in diesen Tagen ging durch in das Bergige mit Eile in eine Stadt Juda und ging hinein in das Haus des Zacharias und grüßte Elisabet.« Die junge Frau treibt es zu der alten: Es ist gleichsam eine Rückkehr, die es ihr möglich macht, dann – »nach ungefähr drei Monaten« – auch wieder »in ihr eigenes Haus« zurückzukehren.

Aber auch die alte Frau kehrt gleichsam zu der jungen zurück und erkennt sich in ihr wieder – »mit großem Gekreisch« (1, 42), mit dem lauten Aufschrei der Prophetin, die erkennt, was kommt: Gottes Revolution. Bezeichnend, daß die meisten biblischen Handschriften aus diesem »Gekreisch« eine vergleichsweise harmlose »Stimme« gemacht haben. Andere, um »Genauigkeit« bemühte Handschriften haben sich an dem »ungefähr«, dem »so etwas wie« in 1, 56 gestoßen und daraus exakte »drei Monate« gemacht. Aber hier geht es weder um abgezählte Kalendertage noch um authentische Dialoge und Liedtexte. Hier tönt nicht weniger als eine neue Variation des alten Mythos von Demeter und Kore ...

Die politisch-soziale Dimension

Ihr Stichwort: Revolution, Zurückwälzung, Rückkehr in die von Gott gewollten prinzipiellen Verhältnisse. Nur: Wie sind die? Wollte und will *ER* die Große Sozialistische Oktober-Revolution: »Proletarier aller Länder, vereinigt euch!«? – »Ihr habt nichts zu verlieren als eure Ketten!« sagt der vorletzte Satz des Kommunistischen Manifests. »Er stößt die Mächtigen vom Thron, die Reichen schickt er leer davon« (1, 52f) – ist das die 1850 Jahre später geforderte »Expropriation der Expropriateure«? Gottes Revolutionsziel ist offensichtlich nicht das Ziel der Französischen Revolution: »Freiheit – Gleichheit – Brüderlichkeit!« Von »égalité« kann jedenfalls keine Rede sein, wenn die Mächtigen vom Thron und die Unterdrückten hinauf sollen, die Hungrigen Gutes in Fülle bekommen und die Reichen mit nichts davongejagt werden. In unserer Gesellschaft – egal, ob in der Ersten, Zweiten oder Dritten Welt (darin besteht ganz sicher »égalité«!) – werden bekanntlich die Reichen immer reicher und die Armen immer ärmer. In Gottes Revolution werden die Reichen arm und die Armen reich. Und dann?!

Das Magnificat ist sicher nicht die Regieanweisung für *unsere* Revolution. *Gott* revolutioniert so – wir erinnern uns: »imperfekt«, unvollendet! So, wie Karl Marx sich das vorgestellt hat, hat diese Umwälzung bis heute nicht stattgefunden. Deshalb meinte er ja, sie selbst in die Wege leiten zu sollen, und Lenin hat es dann gemacht. Mit dem Ergebnis, das wir heute »real existierend« nennen. Warum Gott ihn diesen mißglückten Versuch hat machen lassen, statt seine Revolution selbst (»perfekt«?) durchzuführen, weiß ich nicht. Ich habe nicht in Gottes Ratschluß gesessen (Jer. 23, 18). Daß es erst »am Ende« so kommen werde, ist nur eine Vermutung. Und von diesem »letzten Ende«, dem Eschaton, dem »Äußersten«, wissen wir weder das Wann noch das Wie. Ich sehe nur, daß ich, daß wir, Kirche, Christinnen und Christen, uns an diesen Zuständen und Verhältnissen, die Gott revolutionieren will und wird, nicht beteiligen sollen, nicht beteiligen können. Wir mögen das »gewaltlosen Widerstand« oder »zivilen Ungehorsam« nennen. Wie das in Südafrika, in Chile und *Gott* weiß wo noch auf der Erde konkret aussieht, kann ich von hier aus nicht beurteilen. Auf jeden Fall kann ich es nicht *ver*urteilen, wie das seitens unserer offiziellen Kirche zumindest tendenziell geschieht.

Wenigstens sollten wir dieses Lied von Gottes Weltrevolution aber nun wirklich mit Pauken und Trompeten singen und sagen, weil es die unhaltbaren Zustände unserer Welt unmißverständlich benennt. »Mehr« haben Maria und Elisabet damals auch nicht getan. Aber daß es gerade Frauen waren, die so völlig »unfraulich« diese revolutionären Warnschreie ausstießen, könnte uns hellhörig und etwas mutiger und konkreter werden lassen in unserem eigenen Reden und Verhalten.

Hinweise zur Predigt

Nicht nur die Bibelarbeit, auch die Predigt sollte die Exegese erzählen: alles das aus-legen, was diese Erzählung zu bieten hat. Als Warnsignal aus dem Gesangbuch bietet sich immer noch EKG 390 an: »Wach auf, wach auf, du deutsches Land! Du hast genug geschlafen!« Auch, wenn möglicherweise zu hören ist, die BRD dürfe mindestens seit 1982 so nicht beleidigt werden. Statt geistig-moralischer Wendeversuche haben wir immer noch die Weltrevolution Gottes zu proklamieren. Und beten sollten wir spontan, wie es uns über die Zunge kommt und für das, was uns beim Hören und Sehen in die Quere kommt.

Lukas 13, 10–17

Die Heilung einer gekrümmten Frau

Passionsgottesdienst / Ostergottesdienst / Friedensgottesdienst für Frauen

Andrea Bauer

Exegese

Die Heilung der gekrümmten Frau gehört innerhalb der neutestamentlichen Heilungsgeschichten zu der kleinen Gruppe von Texten, in denen eine Heilung am Sabbath beschrieben wird. Während bei anderen Heilungen die Kranken selbst oder deren Angehörige oder auch Freunde auf Jesus zukommen und ihn um Hilfe bitten, ergreift Jesus am Sabbath von sich aus die Initiative.

Die Perikope hat zwei Teile: die eigentliche Heilung (V. 10–13) und das Streitgespräch (V. 14–17) darüber, ob Heilen am Sabbath erlaubt ist. Die Erzählung ist nicht nur »lukanisches Sondergut« (Jeremias, S. 228ff), sondern auch in ihrem Gesamtduktus von den anderen Sabbathheilungen unterschieden: Es geht hier um eine Frau, eine Tochter Abrahams (13, 16). Die anderen Heilungen am Sabbath sind von vornherein auf einen Konflikt angelegt, während die Heilung hier auch ohne den Kontext der Sabbathdiskussion überliefert sein könnte. Bei den synoptischen Sabbathgeschichten (Mark. 3, 1–6, Par.; Matth. 12,9–14 u. Luk. 6, 6–11; 14, 1–5) beschließen die »Gegner« Jesu Tod, während hier Beschämung und Freude die Erzählung beenden.

Die Überschrift »Heilung am Sabbath«, die im Luthertext (1967) und in einigen Kommentaren (Schmithals, S. 151; Ernst, S. 421) steht, unterschlägt die Tatsache, daß es hier um die Heilung einer Frau geht. Zwei Gleichnisse rahmen die Erzählung ein: das vom Feigenbaum und das von Senfkorn und Sauerteig. Jesu Zuwendung zu der Frau ist wie das Umgraben und Düngen des Feigenbaums, damit er Frucht tragen kann. Jesu Wärme und Nähe ist wie das kleine Senfkorn verborgenen Lebens, das wachsen läßt: schöpferisch, kraftvoll und aufrecht.

Der Text spiegelt die biblische Erfahrung, daß Gott die Gebeugten aufrichtet (Ps. 145, 14; 146, 8; Luk. 21, 28): hier eine Frau am Tage des Sabbaths als eines Tages, an dem Aufrichten, Lösen, Heilen und Befreien zu geschehen hat.

Einzelexegese (Übersetzung des revidierten Luthertextes, 1984). 13, 10: Und er lehrte...«: Anders als Luk. 4, 14ff werden weder Text noch Predigt genannt: Hier wird die folgende Tat zur Verkündigung.

13, 11: »Eine Frau...«: Außer der Erwähnung ihrer Krankheit wird nichts über sie gesagt, auch kein Name genannt. Vielleicht ist sie eine der Frauen, die in Jesu Nachfolge blieben wie andere von Jesus geheilte Frauen (Maria Magdalena, Johanna und Susanna, Luk. 8, 2f)? »18 Jahre...«: Die Beschreibung der Zeitdauer einer Krankheit kommt häufiger vor (»blutflüssige Frau, 12 Jahre«, Luk. 8, 43, und »der Kranke am Teich, 38 Jahre«, Joh. 5, 5). Die Zahl 18 hat das NT nur noch in Luk. 13, 4. Die Hebräische Bibel nennt sie einige Male, damit scheint immer eine gewisse Vollzahl stilisiert zu sein (2. Chr. 11, 21; 2. Kön. 3, 1; 2. Chr. 13, 1; 1. Kön. 7, 15; Esra 8, 18; Ri. 3, 14). Die Krankheit der Frau wird als »verkrümmt« (»synkyptusa« – nur hier) näher beschrieben.

13, 12: »Als Jesus sie sah, rief er sie herbei...«: Was hier so einfach klingt, drückt jedoch die Ungewöhnlichkeit des Handelns Jesu aus, was zunächst Ärger, dann Beschämung und Freude hervorruft. Jesus nimmt die Frau wahr, die nur am Rande als Zuhörerin, als Gast stehen durfte, und sieht in ihr mehr, als andere sehen. Er sieht ihr Leiden und ihre Lebenssehnsucht. Er spricht: »Frau, sei erlöst.«: Um der Frau willen durchbricht er mehrere Schranken: die Synagogenordnung (Frauen durften nicht nach vorne, in den Raum der Männer, kommen und sich öffentlich äußern; Rengstorf, S. 170), die Sabbathvorschriften, die zwischen Mann und Frau, zwischen Gesunden und Kranken. Die Frau wagt es, den von Jesus neugebahnten Weg zu betreten, und geht zu ihm nach vorne.

13, 13: »Und er legte die Hände...«: Das macht Jesus oft bei Heilungen (Luk. 4, 40; Matth. 8, 18; Mark. 6, 5); »sogleich...«: Der Heilungserfolg wird sofort sicht- und spürbar (Luk. 4, 39; 5, 25; 8, 55). »Und pries Gott...«: Die Geheilten loben Gott unmittelbar nach der Heilung (Luk. 5, 25; 17, 15;

18,43). Hier geht eine Frau aufrecht, steht vorne in der Synagoge vor allen Männern und Frauen und lobt Gott.

13,14: »Der Vorsteher der Synagoge« ist verantwortlich für die Leitung des Gottesdienstes und die Einhaltung der Synagogenordnung. Als solcher mußte er protestieren. Er gibt den anwesenden Juden zu verstehen, daß es Tage gibt, an denen sie arbeiten, und an solchen sollen sie sich auch heilen lassen.

13,15: »Da antwortete er«: Jesus geht auf die Diskussion ein und widerspricht dem Synagogenvorsteher mit einem Wort, das – ähnlich Luk. 14,5 überliefert – die logische Figur des Schlusses vom Kleinen zum Größeren benutzt (Müller, S. 128).

13,16: »Abrahams Tochter«: Neben Lazarus (Luk. 16,24f) und Zachäus (Luk. 19,9) als »Söhne Abrahams« erwähnt 1. Petr. 3,6 eine »Tochter Sarahs«; »meine Tochter« heißt die blutflüssige Frau (Luk. 8,48). Für Jesus *muß* (Gollwitzer, S. 173) diese Tochter Abrahams gerade am Sabbath, an dem auch die Tiere zum Tränken losgebunden werden, damit sie am Leben bleiben, von ihrer Lebensbehinderung, ihrer Krankheit befreit werden.

13,17: »mußten sich alle schämen« ist Ausdruck lukanischer Redaktion (Jeremias, S. 230), er steht im »Chorschluß« nach einer Heilung am Sabbath nur an dieser Stelle. Freude und Staunen rufen Heilungen auch sonst hervor (Luk. 5,26; 7,16).

Die feministische Dimension des Textes

Folgende Zitate zeigen, daß viele Frauen heute sich mit dieser Erzählung verbunden wissen:

»Du bist an mir vorübergegangen,
zufällig und ausgerechnet
in den engen Gassen des Suk von Jerusalem.
›Da ist die gekrümmte Frau!‹
hat mein Begleiter zu mir gesagt.
Waagrecht und nach vorne gebeugt
trägst Du Deinen Körper, Deine Seele, Deine Last.
Ich weiß nicht, woher Du kommst, welche Last Du trägst,
und wohin Du gehst, Du kleine arabische Frau.
Ich sehe Dich und vergesse Dich nicht mehr, Schwester.
Du kommst daher für viele andere,
für viele Frauen in der Welt, die gebeugt sind,

nicht nur, weil sie Lasten tragen,
sondern auch, weil man ihnen gesagt hat
und sie es glauben,
daß das Lastentragen und Gebeugtsein ihre Sache ist.«
(Stotzer-Kloo, S. 26)

»Ich wußte nicht, daß es zu der Zeit, als ich geboren wurde, KZ gegeben hatte hier in diesem Lande, in dem ich nun arbeite. Ich lernte es nicht besser, als Schneiderin braucht man das nicht zu wissen... von all dem habe ich, gebeugt über Kragennähte, nichts gewußt.«
(Werkkreis Literatur der Arbeitswelt, S. 21)

»Die größten Gesundheitsprobleme (bei berufstätigen Frauen) ... die aber nicht unbedingt mit bestimmten Krankheiten gleichgesetzt werden, sind Verspannungen und Schmerzen im Nacken-Schulter-Bereich und im Rücken und Kreuz...«
(Bundesgesundheitsamt [Hrsg.], S. 35)

»Die Tatsache, daß ich diese Geschichte (Luk. 13, 10–17) erst mit 30 Jahren kennengelernt habe, obwohl ich von meinen Voraussetzungen her (Theologiestudium, Gottesdienstbesuch, Leiterin von Frauenhilfs-Bibelseminaren) durchaus bibelkundig war, öffnete mir auch die Augen dafür, daß ich eine von Männern betriebene Theologie studiert und damit in der Bibel gar nicht meine Erfahrungen als Frau gesucht habe. Seitdem mache ich immer wieder bei Frauen die Erfahrung: Die Geschichte ist unbekannt, spricht Frauen jedoch unmittelbar an, sie läßt Erfahrungen hervorsprudeln, die den obenerwähnten Zitaten ähnlich sind. Diese Erzählung ist auch meine Geschichte, obwohl meine Situation als Frau heute, als Pfarrerin, nicht dieselbe ist wie die der Frau zur Zeit Jesu. Aber auch ich stehe oft am Rande – von Erziehung und Gewohnheit bestimmt – und lasse Männer nach vorne und ans Wort (in Synoden oder bei Podiumsdiskussionen). Auch ich lasse meine Schultern oft hängen, senke den Kopf, schaue vor die Füße anstatt in die Weite und habe dadurch einen sehr begrenzten Horizont. Und ich kenne viele Frauen, die seelisch und körperlich von den Lasten des Lebens gedrückt, ja fast erdrückt werden. Und ich warte und halte Ausschau, daß Frauen die Lasten abgenommen und ihnen die Rücken gestärkt werden.

Von der Frau aus gesehen, die gebeugt und leidend am Rand steht, können wir die lukanische Erzählung von der gekrümmten Frau für eine Passionsgeschichte halten. Dann werden uns die Augen geöffnet für all die Kreuze, Leiden und Lasten, die Frauen bei uns weltweit tragen, nicht nur heute, sondern auch in den vergangenen 18, 80 und 180 Jahren; wir sehen die Kreuzschmerzen, die Verspannungen im Rücken, die zugeschriebene und geglaubte Schwäche, die Ohmachtsgefühle. Wir nehmen den engen Horizont wahr, unter dem viele Frauen leiden, weil Bildung und Information ihnen vorenthalten worden sind. Wir stellen fest: Es fehlt den vielen Frauen am Rande die Fähigkeit, aufrecht zu stehen und ihren Platz einzunehmen. Wir bemerken, daß Jesus dieses Gebeugtsein sieht, daß er sich niederbeugen kann zu Kranken, Kindern, zu seinen Jüngerinnen und Jüngern (bei der Fußwaschung) – er, der selbst unter das Kreuz gedrückt wird.

Konzentrieren wir uns auf den Vorgang des Zu-sich-Rufens, des Hand-Auflegens und des Aufrichtens, dann ist diese Erzählung eine Ermutigungsgeschichte und paßt als solche gut in Frauengottesdienste. Blicken wir auf die Frau, die aufgerichtet wurde, dasteht und jubelt, dann ist sie eine Auf(er)stehungsgeschichte, eine Oster-, eine Feiergeschichte.

Impulse zu Predigt und Bibelarbeit

Im Herbst 1986 haben wir als kleine Gruppe der »Wormser Frauen für den Frieden« aufgrund der Geschichte der gekrümmten Frau einen Frauen-Friedens-Gottesdienst gefeiert. Wir machten uns Gedanken über unsere Rücken und was sie auszuhalten haben; wir phantasierten über das Aufrechtstehen; wir starteten die Aktion »Frauen stärken sich gegenseitig den Rücken«.

Wir sangen:

»Meine engen Grenzen, meine kurze Sicht
bringe ich vor Dich (Gott).
Wandle sie in Weite. Herr, erbarme Dich!
Mein verlorenes Zutrau'n, meine Ängstlichkeit
bringe ich vor Dich.
Wandle sie in Wärme. Herr erbarme Dich!
Meine ganze Ohnmacht, was mich beugt und lähmt
bringe ich vor Dich.
Wandle sie in Stärke. Herr, erbarme Dich! (Gruppe Habakuk).

Wir sprachen:

Gott will den aufrechten Gang,
den aufrechten Gang der Bettler, die betteln nach dem
lebendigen Geist; ihnen die höchste Würde.
Den aufrechten Gang der Verzweifelten, die von Angst
niedergedrückt sind; sie seien erhoben...
Den aufrechten Gang der Geschundenen, die sich mit den
Leiden des Menschen solidarisch fühlen; ihnen Schwesterlichkeit und Brüderlichkeit aller...
Den aufrechten Gang der Verfolgten um meinetwillen,
die meine Verheißungen ernst nehmen; auch ihnen die höchste
Würde.
Leute! Geht aufrecht, wenn sie auch schmähen und bespitzeln,
weil ihr jetzt hier seid... Geht nicht mehr geduckt.
Gott will den aufrechten Gang. Freut euch, die Feier des Lebens
ist gekommen.«
(Orientierung, S. 177)

»Ich liebe das Leben
Immer dasselbe jahraus – jahrein:
›Du gehörst an deinen Platz!
So war es immer und so wird es immer sein.‹
Hegen und pflegen und freundlich sein
zu Kindern – zu Kranken, zu Männern – zu Alten,
zu allen – außer zu mir.
Wer aber bestimmt denn ›meinen Platz‹?
Ihr – die Gesellschaft, die Kirche – Gott selber,
oder bin ich's?
Ich stehe jetzt auf und bedanke mich.
Lange genug war es so, ihr habt nur profitiert.
Nun bin ich ich selber.
Ich liebe das Leben, Freundschaft und Zärtlichkeit
und alles, was Menschen bewegt,
und möchte, daß andere es teilen mit mir.«
(Stotzer-Kloo, S. 27).

Der Gottesdienst schloß mit einer Salbung und dem dazu gesprochenen Segenswort: »Gott stärke Dich, Gottes Geist erfülle Dich. Geh Deinen Weg in Freude.«

Für Bibelarbeiten schlage ich Nach- und Weitererzählungen vor: »Wenn man den aufrechten Gang lernt«, in: Biblische Geschichten weitererzählt, und »Auch so ist Auferstehung möglich«, in: Aufrecht und frei (Gegenwartsgeschichte einer gebeugten und aufgerichteten Inderin).

Verwendete Literatur

BUNDESGESUNDHEITSAMT (Hrsg.), Erwerbstätigkeit, Familienarbeit und Gesundheit bei Frauen. Erste Ergebnisse, Berlin 1985.

JOSEF ERNST, Das Evangelium nach Lukas, Regensburg 1977.

HELMUT GOLLWITZER, Die Freude Gottes. Einführung in das Lukasevangelium, Gelnhausen 1979.

JOACHIM JEREMIAS, Die Sprache des Lukasevangeliums, Göttingen 1979.

A. R. C. LEANY, The Gospel According to St Luke, London 1976.

ELISABETH MOLTMANN-WENDEL, Ein eigener Mensch werden. Frauen um Jesus, Gütersloh 1981².

PAUL G. MÜLLER, Lukasevangelium, Stuttgart 1984.

Orientierung. Katholische Blätter für weltanschauliche Information, Zürich 15.9.1986.

KARL H. RENGSTORF, Das Evangelium nach Lukas, Göttingen 1968.

WALTER SCHMITHALS, Das Evangelium nach Lukas, Zürich 1980.

EDUARD SCHWEIZER, Das Evangelium nach Lukas, Göttingen 1982.

HELMUT SIEGEL, »Wenn man den aufrechten Gang lernt«, in: HORST NITSCHKE (Hrsg.), Biblische Geschichten weitererzählt, Gütersloh 1982.

HELENE STOTZER-KLOO, »Die Befreiung der gekrümmten Frau«, in: Schritte ins Offene, Ökumenische Frauenzeitschrift der Schweiz, Zürich 1981/1, S. 25ff.

BÄRBEL VON WARTENBERG-POTTER (Hrsg.), Aufrecht und frei. Was Frauen heute in der Bibel entdecken, Offenbach 1986.

Lukas 18, 1–8

Die fordernde Witwe

Rogate

Heidemarie Langer

Vorbemerkung

Bibliodrama ist eine erlebnisbezogene Bibelarbeit, die unser Wissen braucht, unsere Phantasie; sie verlangt den Mut, sich zu zeigen, sich spielerisch mit der einen oder anderen Gestalt, einem Motiv der Geschichte zu identifizieren; sie setzt Bereitschaft zur inneren Begegnung voraus. Gespräch, meditative Übung, Arbeit mit Leib, Seele und Geist; Identifikation, Lernen für heutige Lebenssituationen – das sind Momente und Phasen im Bibliodrama. Wer sich auf einen solchen Prozeß der Begegnung zwischen Text und Gruppe einlassen will, sollte wissen, daß es ein Unterschied ist, ob ich lese, höre, rede, oder ob ich mich in eine Szene wirklich hineinbegebe. Sicher, dies lebendige Erarbeiten von Bibeltexten haben wir Frauen lang genug vermißt. Doch ist dies Erleben keine Aufführung, kein Krippenspiel für Erwachsene. Leibhaftiges, geistvolles Erfahren der Inhalte, Gehalte der Geschichte, die durch unser Zusammenspiel neu lebendig werden: das geschieht im Bibliodrama. Und das meine ich, wenn ich allen Frauen sage, die teilnehmen wollen: Achte darauf, ob dies nun deine Zeit ist, dich von einer Geschichte im Spiel berühren zu lassen, bewegt zu werden. Sie fordert heraus, und das kann manchmal so heftig sein wie das Handeln der Witwe in unserem Text.

Begleitung des Gruppenprozesses

In jeder alten Geschichte sind viele Kräfte verborgen. Es ist wichtig, mir vor dem Gruppenprozeß darüber klarzuwerden, welche Bedeutung der Text für mich selbst hat. Auch spiele ich die Geschichte, wenn irgend möglich, mit anderen durch.

Die Methode variiert, je nachdem, ob wir mit einer kleinen Gruppe (bis zu zehn Menschen) drei, vier Tage, nur einen Tag oder einen Abend beisammen sind. Haben wir Zeit, so kann ich den Verlauf begleiten; es ist ein Wechselspiel, das zwischen Frauen und Text geschieht. Geht es nur um ein paar Stunden, so muß ich entsprechend mehr vorstrukturieren, eine Arbeitsgestalt planen. Hier ist nicht der Ort, einen Bibliodrama-Prozeß von mehreren Tagen zu beschreiben; deshalb möchte ich im folgenden eine Gestaltung beschreiben, mit der ich schon oft gute Erfahrungen gesammelt habe. Diese Gestaltung kann mit unterschiedlich vielen Menschen erlebt werden; je mehr, desto größer die Herausforderung an die Begleitung, was die Konzentration im Raum betrifft. Auswertungen sehen in großen Gruppen anders aus als im gesprächsintensiven kleinen Kreis.

Textarbeit

Die Geschichte wird in der Gruppe einige Male gelesen, oder ich lese sie selbst vor. Wenn Zeit ist, sammeln wir erste Eindrücke; wir sitzen dazu im Kreis. Auch Exegese kann hier ihren Ort haben.

Wir erzählen uns gegenseitig, was wir von der Frau, ihrer Situation, was wir von dem Richter wissen. Die Geschichte spielt vor zweitausend Jahren. Was wissen wir von der Situation der damaligen Frau, die Witwe wurde? Oft kennen Frauen andere Geschichten von Witwen aus der Bibel, Verse, Hinweise; wir tragen zusammen. Die Frau gehört zum Besitz des Mannes. Stirbt er, geht sie in den Besitz seines Bruders über. Sie selbst hat keine Rechte; sie ist nur über die soziale Gemeinschaft mit der Familie ihres Mannes geschützt, gesichert und akzeptiert. Sie wird zum Anhängsel, Überbleibsel, wenn er stirbt. Der Ausruf Jesu, an die Witwen und Waisen zu denken, weist auf die Härte ihrer gesellschaftlichen Position. Sie haben sich im verbleibenden Familienverband einzufügen oder stehen rechtlos, verarmt draußen, auf Almosen angewiesen.

Das Zusammentragen unseres Wissens über die Lebenssituation von Witwen erinnert uns Frauen an heutige Rechtsungleichheiten, zum Beispiel die Rentenverteilung. Manche kennen auch die Diskriminierung von Witwen in anderen Ländern, die – ähnlich patriarchal strukturiert wie die damalige Gesellschaft im alten Israel – den Witwen eigenes Lebensrecht absprechen.

Phantasien, Bilder. Nun stellen wir uns die Witwe bildlich vor: ihr Alter, ihr Aussehen, ihre seelische Verfassung. Oft sprechen die Frauen hier bereits in Ich-Form, begeben sich dadurch in Identifikation mit ihrer Lebenssituation. Ich selbst fördere in dieser Phase noch keine Identifikation, achte eher darauf, was die Phantasie bei den Frauen bewirkt, welche eigenen Bilder, welche durchlebten Situationen aufsteigen. Oft sind auch Witwen in den Gruppen. In der Arbeit mit diesem Text werden ihnen Verlust und Trauer wieder bewußt. Erlebnisse sollen zugelassen werden, aber sie können keinesfalls so intensiv verarbeitet werden wie in einem längeren Prozeß.

Identifikation mit Leib und Seele. Die Witwe: Wir stellen uns der Witwe dieser Geschichte. Sie zieht sich nicht zurück, sie steht auf, sie kommt immer wieder, sie fordert und fordert heraus. Dies ist eine für ihre Situation ungewöhnliche Verhaltensweise. Miteinander erproben wir, wie diese Beharrlichkeit körperlich zum Ausdruck kommt, wie und wo wir Kräfte dafür in unserem Leib spüren. Was heißt »Eintreten für...«, »immer wieder kommen«, was sagt die Stimme, wenn sie fordert? Diese Arbeit stärkt, kräftigt.

Der Richter: Für diese Gestalt gehen wir durch dieselben Phasen: Was wissen wir von ihm, vom Richtersein damals? Er steht für das Recht; er hat eine hohe Stellung in der Gesellschaft. Er ist das Gegenstück der rechtlosen Witwe. Wir sammeln, gehen unsere Phantasien durch, auch in einer leiblichen Identifikation. Dabei spüren wir den Gegensatz: Der Richter als der Aufrechte, sich Brüstende, hoch Erhabene hat keine Furcht vor Gott und den Menschen. Da viele Frauen aufgrund ihrer Lebenserfahrung eher mit dem Gegenteil vertraut sind, genießen sie diesen Rollentausch.

Das Zusammenspiel von Witwe und Richter. Bislang haben wir alle Gestalten und Motive gemeinsam erlebt. Für das Spiel bitte ich nun, daß nur die Frauen mitmachen, die dazu bereit sind. Ich erläutere den Prozeß, damit sie sich entscheiden können. Erfahrungsgemäß sind alle dabei.

Es finden sich Paare; sie entscheiden sich, wer von ihnen zunächst mitwirkt, Richter, Richterin sein möchte. Später wechseln die Paare die Rollen, so daß alle beide Situationen erlebt haben.

In der Mitte des Raumes habe ich viele, auch große Steine hingelegt. Jede Frau nimmt sich einen Stein. Dann gehen die Paare auseinander, stehen sich – weit voneinander entfernt – gegenüber. Alle Richter/innen auf der einen, alle Witwen auf der anderen Seite.

Ich sage, eine Frau verliert ihren Mann und damit ihr Recht in der damaligen Gesellschaftsordnung. Ich gehe – eventuell unterstützt von einigen anderen Frauen, falls die Gruppe sehr groß ist – zu den Witwen und nehme ihnen ihren Stein. Wir haben die unangenehme Aufgabe, Unrechtsvollzieherinnen und Rechtsentzieherinnen des Systems zu sein. Die Frauen erleben, wie ihnen der Stein weggenommen wird, der für ihr Recht steht.

Wir überbringen jeder Richterin/jedem Richter den Stein von je einer Witwe. Die Richter haben nun zwei Steine, die Witwen keinen.

Das klingt einfach, fast wie ein Kinderspiel, aber es wird jedesmal ernst. Wenn du einen Stein hast, wird er schnell zu deinem eigenen. Wenn er dir ganz real genommen wird, erlebst du, daß dir wirklich als Witwe mit dem Mann auch alles andere aus der Hand genommen wird. Als Richterin spürst du, wieviel Gewicht dir gegeben wird, was du zu tragen und zu verantworten hast.

Die Frauen stehen sich gegenüber. Nun lese ich ihnen noch einmal den Bibeltext vor. Die Witwe bleibt nicht an ihrem Ort, sie zieht sich nicht zurück. Sie hat nichts in Händen, aber sie hat auch die Hände frei zum Handeln. Sie will ihr Recht, und sie holt es sich. Immer wieder geht sie zum Richter.

Ich fordere die Witwen auf: Geht hin, geht immer wieder hin und versucht mit allen euch möglichen Mitteln, euren Stein zurückzuholen, euer Recht. Ich schlage vor: Spätestens beim dritten Mal sollte der Stein ausgehändigt werden. Wenn wir viel Zeit hätten, würde ich die Situation offenlassen. Zu diesem Vorgehen aber berechtigt die Geschichte selbst: Die Witwe bekommt schließlich ihr Recht.

Die Witwen gehen nun zum Richter oder zur Richterin; sie holen sich ihren Stein, erbitten sich, erbetteln, erkämpfen, fordern ihr Recht. Manche kehren ohne Erfolg zurück, gehen wieder. Es ist harte Arbeit, sich abweisen zu lassen und doch wiederzukommen, handgreiflich zu werden, vielleicht auch laut. Auch für die Richterinnen und Richter ist es nicht leicht.

Nun tauschen wir die Rollen. Im Anschluß sitzen die Paare zusammen und tauschen ihre Erfahrung aus.

Austausch im Plenum

Nicht alles, was die Frauen erlebt haben, kann oder soll auch ins Plenum. Vieles ist in den Zweiergruppen oder in spontan gebildeten Vierergruppen besprochen worden. Hier im Plenum sammeln wir verdichtete Erfahrungen: Strukturen, Fragen, Themen.

Wir tragen Erfahrungen zusammen, die wir in der Rolle der Witwe gemacht haben. Viele von uns sind noch so erzogen worden, daß wir nicht gelernt haben zu fordern, uns einzusetzen, insbesondere nicht für uns selbst. Für die meisten ist es ein erstes Üben. Wir entdecken eher alte Verhaltensmuster; wir staunen über unsere eigenen Kräfte, über unsere Ausdauer und Einfälle. Wir denken darüber nach, wie wir mit physischer Gewalt umgehen; wie wir dranbleiben, wenn wir abgewiesen werden.

Ebenso tragen wir die Erfahrungen zusammen, die wir in der Rolle als Richterin oder Richter gemacht haben. Von außen gefiel uns der Richter oft nicht, in der Identifikation entdecken wir, daß wir sie, ihn kennen. Wie ist es, Macht zu haben, abweisen zu können, nicht herzugeben?

Wir entdecken für uns typische Verhaltensweisen, eigene Lebensthemen, die wir im Spiel erlebt haben oder die uns in diesem Austausch deutlich werden: Lebensberichte und politische Erfahrungen, Erlebnisse von Macht und Ohnmacht. Immer wieder setzt sich die Erkenntnis durch: Allein schaffe ich das nicht, nur gemeinsam sind wir stark. In manchen Spielsituationen habe ich erlebt, daß sich Frauen spontan zusammenfinden und gemeinsam die Witwe spielen.

Ähnliches gilt auch für die Mächtigen; denn die Erfahrung der Mächtigen ist anders, wenn sie sich in Gruppen verstärken. Anderes Verstehen kommt auf, wenn wir die Bedrohung, die Stärkung, die Verhärtung oder auch Unterstützung von beiden Seiten aus erlebt haben.

Besinnung. Nach dem Austausch bitte ich die Frauen, sich zu setzen oder hinzulegen, um den Erfahrungen nachzusinnen und still im Inneren noch einmal die Witwe nachzuerleben, den Richter und die Richterin, sich der eigenen Themen zu vergewissern, sie loszulassen und zur Ruhe zu kommen. – Stille.

Dann stelle ich die zugrundeliegende wesentliche Frage: Was in deinem Leben ist so wichtig, so wesentlich, daß du dich – würde es dir genommen – auf den Weg machtest, es zurückzuholen? – Zeit geben und Stille.

Danach sage ich der Gruppe, daß Jesus das Verhalten der Frau »Beten« nennt.

Verarbeitung. Die Frauen kommen nach einiger Zeit wieder im Kreis zusammen. Wenn viel Zeit ist, sagen sie sich in kleinen Gruppen, was ihnen so wesentlich ist, oder sie schreiben es sich auf. In jedem Fall aber kommen wir noch einmal im Kreis zusammen.

Das also sei Beten, soll Jesus gesagt haben. Oft erleben wir die Geschichte und vergessen dabei diesen ersten Satz. Die meisten haben die Geschichte als Geschichte des Richters kennengelernt. Immerhin wird bis hinein in die Kommentare und Predigten überliefert, daß dies ein Beispiel dafür sei, daß Gott eben ganz anders als dieser ungerechte Richter sei.

So die Überlieferung, das In-uns-hinein-Gelernte. Aber die Geschichte ist, wie der erste Satz sagt, ein Beispiel, allezeit zu beten und nicht müde zu werden, und stellt die Witwe als Vorbild vor. Dies löst oft Erstaunen und Fragen aus: Was ist Beten? Ist Beten so? So fordernd, so beharrlich, so einklagend?

Viele verstehen unter Beten etwas anderes. Die fordernde Witwe als betende Witwe stößt oft auf Widerstand, verursacht Scheu. Vom Beten zu sprechen ist intim, innig, auch ungewohnt. Dieses Gleichnis beschreibt eine neue Wirklichkeit: Die fordernde Frau ist die betende.

Lukas 23, 55 – 24, 12

Glaube wurzelt in der Erinnerung

Ostersonntag

Arbeitsgemeinschaft Innsbruck

Ihr Frauen, treue Gefährtinnen
mutige
verzweifelte
liebende
ihr seid die Füße der Freudenboten,
die ankünden die frohe Botschaft (Jes. 52,7).
Die Liebe sieht schneller, begreift schneller.
Es hat euch zurückgezogen zu dem Ort, wo das war,
was noch von ihm geblieben ist.
Ein nachtschwarzer Sabbat voll Angst hinter euch,
ruhelos und erschöpft, betäubt und hellwach zugleich.
Daß es so geendet hat...
Zum Grab eurer Hoffnung gegangen –
und erfahren, daß er lebt.

Weg über einen Graben

Um dem Grabgang der Frauen und ihrer Botschaft des leeren Grabes näherzukommen, haben wir zurückgegriffen auf ihren Weg mit Jesus. Die anfangs begeisterten Jüngerinnen hatten nun sein Sterben zu begleiten als Trauernde, Entsetzte, Leere. Treue und Liebe hielten sie davon ab, sich zu verstecken. Bräuche schützten sie vor dem Zusammenbruch. Sie bereiteten Salben, um dem Toten Ehre zu erweisen. Die Trauer in der Gruppe bewahrte jede einzelne. Trauer wurde zur Begleitung sowohl des Verstorbenen wie auch der Frauen. Inmitten von Sinnlosigkeit, Mutlosigkeit, Vergeblichkeit, Schmerz, Trauer, Nacht, Verzweiflung und Erschöpfung ist der Gang zum Grab eine letzte Zärtlichkeit. Der Stein ist weg, das Grab ist leer: Ausweglosigkeit. In dieser Leere offen werden für ganz Neues und erfahren, daß er lebt. Eine Erinnerung, die Wirklichkeit wird. Umlernen, ganz radikal.

Die Frauen werden verändert. Sie legen einen langen Weg zurück zwischen dem Tod Jesu und der Botschaft der Engel. Sie bleiben Begleiterinnen. Wir erleben ihre Treue als Sakrament; und die Auferstehung kann sich ereignen, sie ist vorbereitet. Der lange Weg der Frauen und die Liebe Gottes durchbrechen die Absage an das Leben: Jesus ist von den Toten auferstanden.

Exegetische Beobachtungen und synoptischer Vergleich

Bei Lukas sind die Geschehnisse um die Auferstehung Jesu auf einen Tag konzentriert und spielen (anders als bei Markus und Matthäus) in Jerusalem. Ein Leitgedanke seiner Konzeption ist das Aufzeigen der Kontinuität vorösterlicher Jüngerschaft zu nachösterlicher Kirche. Dazu paßt, daß die Jünger nicht fliehen, sondern »die Bekannten Jesu« (23,49) in der Nähe des Kreuzes stehen. Die Erscheinung der zwei »strahlenden Männer« im leeren Grab vor den Frauen bildet mit der Erscheinung der Engel vor den Hirten einen Rahmen für das Leben Jesu (Luk. 2,8–20). Was den Hirten verheißen war, ist jetzt erfüllt. Wie die Hirten den Engeln glaubten und danach handelten, so nehmen auch die Frauen die Engelsbotschaft auf. Das Ende der Episoden aber unterscheidet sich: Die Hirten finden ein Kind und staunende Eltern, die Frauen stoßen auf Apostel, die ihre Botschaft als Geschwätz abtun (Fander).

Einige Beobachtungen lassen uns der Exegetin Tetlow zustimmen, wonach Lukas zwar viel Material über Frauen überliefert, die Bedeutung der Frauen aber abschwächt.

Die drei anderen Evangelien leiten die Passionsgeschichte mit der Salbungserzählung ein (Joh. 12,1–11; Mark. 14,3–9; Matth. 26,6–13): Eine Frau vollzieht eine prophetisch zärtlich-liebevolle Geste an Jesus, die er als Salbung für sein Begräbnis versteht und einzigartig hochschätzt. Bei Lukas ist diese Erzählung von der Passion getrennt und zu einer moralisierenden Geschichte über eine Sünderin und die Großmütigkeit Jesu heruntergekommen. Damit entfällt bei ihm der Rahmen, den bei Matthäus und Markus die Salbungen am Beginn und Ende der Passion bilden. Damit entfällt auch die sakramentale Bedeutung vom Zerbrechen des Gefäßes und vom Ausfließen des Öls, das bei Markus und Matthäus das Schicksal Jesu symbolisch vorwegnimmt (ähnlich dem gebrochenen und ausgeteilten Brot).

Die Grabtradition, die nach allen Evangelien eine Frauentradition ist, wertet Lukas mit verschiedenen Mitteln ab. Die Namen der Frauen werden erst am Ende der Perikope genannt: Maria von Magdala, Johanna, Maria, die Mutter des Jakobus, und die übrigen, die mit ihnen waren. Die genaue Zahl der Frauen bleibt im unklaren. Lukas erwähnt nicht ausdrücklich eine Erscheinung des Auferstandenen vor einer Frau (evtl. sind in 24,33b Frauen mitgemeint – siehe unten). Die Erscheinungsfolge des Lukas lehnt sich an 1. Kor. 15,5 an. Es geht ihm darum, darzustellen, daß Simon der erste war, dem der Auferstandene erschienen ist. Dabei ist 24,11 der Angelpunkt der literarischen Konzeption: Infolge des Unglaubens der Apostel wird die Spannung bewahrt. Da es anscheinend keine ausführliche Erzählung für die Erscheinung vor Petrus gab, lenkt Lukas den Blick auf zwei andere männliche Figuren (die Emmaus-Jünger) – und plötzlich ist es geschehen.

Zu 24,5–7: Bei Markus und Matthäus versucht der Engel, das Erschrecken der Frauen aufzuheben durch die Formel: »Fürchtet euch nicht.« Er zeigt ihnen, daß er ihre Absicht versteht: »Jesus sucht ihr...« (Mark. 16,6). Bei Lukas wird aus dieser Aussage ein Fragesatz. Die Beruhigungsformel entfällt ganz. Damit erklären bereits die beiden »strahlenden Männer« den Weg der Frauen für unsinnig. In der folgenden Botschaft wird von Jesus nur mit Titeln gesprochen (»Lebender«, »Menschensohn«). Durch die stark christologische Ausformung der Engelsbotschaft geht Lukas auf Distanz zu den Gefühlen, die die Frauen mit Jesus verbinden. Diese klingen bei Markus und Matthäus durch und motivieren den Grabgang und die am Grab gemachte Erfahrung. Bei Markus und Matthäus verheißt der Engel eine Begegnung mit Jesus in Galiläa, bei Lukas erinnern die Boten die Frauen an die Leidensvorhersage Jesu, als er noch in Galiläa war. »Erinnert euch...«, damit ist vorausgesetzt, daß die Frauen die Leidensvorhersagen Jesu miterlebt haben. Lukas überliefert vier: in 9,22.44 und 17,25 sind die »Jünger« als Adressaten genannt, in 18,32 sind es »die Zwölf«. Wir folgern daraus, daß Lukas beim Wort »Jünger« Frauen miteinschließt.

Die starke Betonung der Erinnerung ist eine lukanische Besonderheit. Aufgrund ihrer Erinnerung verstehen die Frauen das leere Grab (auch Joh. 2, 22).

Obwohl die Frauen bei Lukas keinen Verkündigungsauftrag bekommen, verkünden sie trotzdem das Erfahrene »den Elf und allen übrigen«. Da sich laut Lukas die Jünger gar nicht zerstreut haben, ist die Erfahrung der Frauen am leeren Grab in seiner Konzeption nicht entscheidend für die neue Sammlung der Jünger (im Unterschied zu Markus und Matthäus).

Leider gibt der Evangelist keine Auskunft darüber, was der Unglaube der Apostel bei den Frauen ausgelöst hat. Gerade im Vergleich zu Matthäus und Markus zeigt sich, daß Lukas die Bedeutsamkeit von Frauen für die Theologie und Spiritualität der jungen Kirche herunterspielt. Dennoch überliefert auch er: Die Frauen finden dadurch, daß sie zu Jesu Grab gehen, daß sie ihn suchen (vgl. die Hohelied-Motivik bei Markus, Matthäus, Johannes), zuerst den Sprung über den Graben seines Todes. Sie überwinden ihre Trauer, indem sie sich erinnern und die Auferstehung verkündigen. Den Aposteln gegenüber muß jedoch der Auferstandene selbst die volle Initiative übernehmen, sie herausholen, sie am Weggehen hindern.

Die Erzählung von der Auffindung des leeren Grabes durch Maria von Magdala, Johanna, Maria mit der Erscheinung von Gottesboten einerseits und die Erscheinung des Auferstandenen vor allen Jüngern in Jerusalem andererseits könnten zwei aufeinanderfolgende Stadien des Auferstehungsglaubens spiegeln: die Grabtradition den Anstoß, das Aufkeimen, vielleicht noch von Skepsis begleitet; die Erscheinungserzählung ein späteres Stadium, in dem der Glaube an den Auferstandenen bereits klarer und breiter angenommen ist.

Die Grabeserzählung des Lukas im Licht einiger Kommentare

Viele Kommentare spielen die Bedeutung der Frauen herunter. Für Kessler beispielsweise ist in seinem umfangreichen Werk die Erscheinung des Auferstandenen vor Petrus eine Selbstverständlichkeit, von den Erscheinungen vor Frauen spricht er nur in vagen Modalverben. Man(n) kann auch über die Absicht der Frauen, den Leichnam zu salben, den Kopf schütteln:

»Es ist bei den klimatischen Verhältnissen Palästinas eine widersinnige Absicht, einen beigesetzten Toten am dritten Tag noch zu salben... Und es ist ein kaum mehr *erträgliches Maß an Gedankenlosigkeit,* daß die Frauen erst unterwegs auf den Gedanken kommen, daß ihnen der Stein zu schwer sei.« Fazit: »Solche Züge der Erzählung sprechen für ihren poetischen Charakter« (Kasper, zitiert bei Kessler, S. 120, Anm. 102).

Fitzmyer hält sie für »fromme, gesetzestreue jüdische Frauen, die zufällig in der Gefolgschaft Jesu waren«. Sie gingen aus Pflichtbewußtsein, um zu tun, wozu Josef von Arimathäa keine Zeit hatte (so Fitzmyer, S. 1542).

Und man kann sie sogar tadeln, daß sie überhaupt zum Grab gehen. Ihr Blick zu Boden (Luk. 24, 5) ist »Ausdruck der Ehrfurcht... wenn nicht sogar der Beschämung« (Kremer, S. 101; ähnlich auch Ernst, S. 652).

Und warum bloß verstanden sie das leere Grab nicht?

»Der Gedanke an die Auferstehung lag ihnen offenbar trotz aller Voraussagen (9, 22; 18, 32f) völlig fern. Jesus ist für sie gestorben, sie wollen ihm ›die letzte Ehre‹ erweisen und seinen Tod betrauern, wie es sich für fromme Frauen schickt. Daß der Herr lebt, kommt ihnen nicht im entferntesten in den Sinn« (Ernst, S. 652).

Doch ihr Frommsein ist ihnen von Vorteil. Wenn schon nicht Glaube vorhanden ist, so doch zumindest ein offenes Ohr: Ehrfurchtsvolles Hinhören hilft ihnen weiter (Kremer, S. 110f).

Bode stellt fest, daß Lukas bestrebt ist, die offiziellen Zeugnisse von der Auferstehung unabhängig von der Geschichte der Frauen zu halten (Bode, S. 67). Die Reaktion der Apostel hingegen – ihr Unglaube – erfährt Verständnis und Verteidigung. Ihre »kritische Distanz« ist angebracht und ihrer Autorität als Apostel förderlich (Kremer, S. 112). Der Evangelist läßt sich lediglich »von dem theologischen Postulat der apostolischen Zeugenpriorität leiten (1. Kor. 15, 5)« (Ernst, S. 654).

Schließlich nehmen in den Kommentaren die Überlegungen zum Vers 12 unverhältnismäßig viel Raum ein. In diesem Fall ist es auch nicht nötig, so vorsichtig zu sein, also ist das Staunen des Petrus bereits »ein Schritt über die Ratlosigkeit hinaus und sozusagen eine Vorstufe des Glaubens« (Kremer, S. 112).

Schweizer hält die Aufforderung der Boten an die Frauen, sich zu erinnern, für einen Irrtum, der Lukas bei der Umformung von Mark. 16, 7 unterlaufen sei (Schweizer, S. 243: »... *unpassendes* ›euch‹ [Mk 16, 7 richtig = den Jüngern]«). (Hervorhebung von uns.)

Diese breite, bittere, kritische Durchsicht einiger Kommentare zeigt die Folie, vor der wir als Frauen unseren Zugang zu jenen Frauen der Grabesgeschichte suchen müssen, zeigt den Graben, in dem wir uns (noch) befinden, zeigt auch den Graben zwischen Männern und Frauen in der Kirche.

Ostererfahrungen

Am Ende unserer gemeinsamen Auseinandersetzung mit dieser Perikope stehen wir immer noch ratlos vor einem Graben: Angesichts des zweitausendjährigen Totschweigens von Frauen vergessen wir beinahe die eigentliche Botschaft: Er lebt! Er ist auferstanden. Diese Botschaft erhält ihren Sinn aus den bisherigen Erfahrungen mit Jesus. Glaube wurzelt in der Erinnerung, ohne Erfahrung und deren Deutung ist kein Glaube möglich. Glaube wird zubereitet – wie die Salben der Frauen. Liebevoll, mit vielen Zutaten. Sorgfältig, ohne Hast und Eile. Aus den Pflanzen am Wegrand, dem gemeinsamen Weg.

Was geschah mit den Salben? Was haben die Frauen erlebt, daß sie Jesus nicht mehr salben wollten? Nur Tote salbt man. Salben – den Sieg des Todes, der Gewalt anerkennen. Abschließen mit den Hoffnungen, die er geweckt hat – zu Witwen werden. Unerträgliche Enge am Grab – und dann: Erinnerung als Auftrag. Die Frauen gehen – zu den Jüngern, um deren enge, verschlossene Türen zu öffnen.

Das Mitteilen dieser neuen Erfahrung ist Geste des Glaubens.

Offene Fragen

Warum erfahren die Frauen als erste Jesus als Lebendigen? Wie waren die Beziehungen der Frauen zu Jesus? Können wir uns an ihre Haltung zurückbinden?

Welche besondere Färbung geben die Grabesgeschichten

dem Osterglauben? Was entsteht, wenn wir bei ihnen unter eine pseudohistorische Analyseebene hinuntergraben?

Können die Männer der Kirche ihre Beteiligung an der Kränkung der Frauen – leeres Geschwätz – zugeben?

Können sie die grundlegende Bedeutung von Frauen für die Entstehung der Kirche und für die Kirche heute zulassen?

Sind wir als Frauen bereit, unsere grundlegende Bedeutung klarzumachen?

Arbeitsanregungen

Für Sie persönlich:

- Erinnern Sie sich in Ihrem Leben an Zeiten großer Trauer? Trennung, Abschied – wie sind Sie bisher mit solchen Belastungen umgegangen?
- Die Situation des leeren Grabes: Haben Sie sich schon einmal selbst wie ein leeres Grab gefühlt? Wann war das? Aus welchem Anlaß? Wie und wodurch sind Sie wieder »zum Leben« gekommen?
- Können Sie Ihre damaligen (vielleicht aktuellen) Empfindungen mit Farben ausdrücken? Mit Klängen? Mit Worten?
- Welche »Zutaten« brauchen Sie, um jemandem etwas glauben zu können, auch in Zeiten großer Hoffnungslosigkeit? Können Sie sie auflisten?

Für eine Gruppe:

- Bereiten Sie gemeinsam Salben und Öle zu. Erinnern Sie sich dabei an Ereignisse, wo Sie selbst gesalbt, eingecremt... wurden. Erinnern Sie sich auch an alle jene Situationen, in denen Jesus gesalbt wurde (jemand von Ihnen kann die betreffenden Bibelzitate vorlesen).
- Setzen Sie sich im Kreis um ein Plakat, in dessen Mitte ein Symbol für das Grab aufgezeichnet ist. Beschreiben Sie die Stationen Ihres Weges zum Grab: Was beschäftigt Sie dabei? Welche Fragen, Gefühle, Gedanken bewegen Sie? Beschreiben Sie oder zeichnen Sie Ihren Weg. Versuchen Sie anschließend, den Weg der anderen Gruppenmitglieder nachzugehen.
- Partnerübung: Das Grab ist leer, die letzte zärtliche Geste

zum Abschiednehmen nicht mehr möglich. Eine/r von beiden igelt sich ein (drücken Sie das durch Ihre Körperhaltung aus), vergräbt sich in Ratlosigkeit, Leere; die/der andere versucht, Sie zu öffnen – durch Gesten, durch Worte. Was empfinden Sie beide dabei?

- Teilen Sie die Gruppe in verzweifelte Männer und glaubende Frauen! Spielen Sie die Szene nach (»einige Frauen haben uns in Aufregung versetzt«): Welche Gefühle, welche Erkenntnisse tauchen dabei auf – auf beiden Seiten?
- Eine Katastrophe verwandelt sich in einen verheißungsvollen Neubeginn: Können Sie ein solches »Wunder« aus Ihrem Leben erzählen?

Verwendete Literatur

EDWARD L. BODE, The First Easter Morning. The Gospel Accounts of the Women's Visit to the Tomb of Jesus, Rome 1970.

JOSEF ERNST, Das Evangelium nach Lukas. Übersetzt und erklärt von... (Regensburger Neues Testament, Hrsg. O. KUSS), Regensburg 1977.

MONIKA FANDER, »Und ihnen kamen diese Worte vor wie leeres Geschwätz, und sie glaubten ihnen nicht« (Luk. 24,11). Feministische Lektüre des Neuen Testaments. Eine Reflexion, in: CHRISTINE SCHAUMBERGER/MONIKA MASSEN (Hrsg.), Handbuch Feministische Theologie, München 1986.

JOSEPH A. FITZMYER, The Gospel According to Luke (X-XXIV), Introduction, Translation, and Notes by... (The Anchor Bible), Garden City, N. Y. 1985.

HANS KESSLER, Sucht den Lebenden nicht bei den Toten. Biblische, fundamentaltheologische und systematische Sicht, Düsseldorf 1985.

JACOB KREMER, Die Osterevangelien. Geschichten und Geschichte, Klosterneuburg 1977.

EDUARD SCHWEIZER, Das Evangelium nach Lukas. Übersetzt und erklärt von... NTD 3, Göttingen 1982[18].

ELIZABETH M. TETLOW, Women and Ministry in the New Testament, Called to Serve, New York 1980.

Johannes 20, 1–2.11–18

Die Apostelin am Grabe

Ostersonntag

Ruth Habermann

Vorbemerkung

In die Geschichte von der Begegnung zwischen Maria von Magdala und dem auferstandenen Jesus (Verse 1–2.11–18) ist eine andere Geschichte eingeschoben: der sogenannte »Jüngerwettlauf«. Bemerkenswert ist, daß alle drei – Petrus, der Lieblingsjünger und Maria – als »Sieger« aus der Szene hervorgehen; jede beteiligte Person kommt auf ihre Weise zum Glauben an die Auferstehung. So hat der Evangelist aus einem Rivalitätsmotiv eine Geschichte ohne Verlierer entstehen lassen.

Zur Exegese

Wer war Maria von Magdala? Sie wird durch eine Herkunftsbezeichnung beschrieben; sie hat also keinen der christlichen Gemeinde bekannten männlichen Verwandten, vermutlich auch keinen Ehemann und keine Familie. Jedenfalls lebte sie innerhalb der Gruppe der Jesus-Nachfolger ohne Familienangehörige. Die Herkunftsbezeichnung »aus Magdala« setzt voraus, daß sie nicht mehr in Magdala, einem Dorf in der Nähe von Kapernaum am See Genezareth, lebte. Aus ihrer Anwesenheit in Jerusalem nach dem Tode Jesu läßt sich folgern, daß sie Jesus von Galiläa nach Jerusalem folgte, also von Anfang an in der Jüngergruppe mit dabei war (Schottroff, S. 10). Die Identifizierung mit der Sünderin von Luk. 7, 37 ist eine spätere Legendenbildung.

Maria von Magdala kommt früh, als es noch dunkel ist, zum Grab. Mit diesen knappen Worten, die wir einfach als Einleitung in die Geschichte hören, war den damaligen Hörern sofort klar, daß es sich um ein gefährliches Unternehmen handelte.

Kreuzigung war die Todesstrafe der Römer für politische Unruhestifter. Für Angehörige und Freunde hatte sie gefährliche Konsequenzen: Bestattung und Trauer waren verboten.

In vielen Fällen wird berichtet, daß Menschen, die über den Tod eines Hingerichteten weinen, selbst gekreuzigt werden. »Weder Verwandten noch Freunden wurde es vergönnt, heranzutreten, sie zu beweinen, ja nicht einmal sie länger zu betrachten«, berichtet Tacitus (Schottroff, S. 5).

Für eine Anhängerin Jesu, die sich nicht auf verwandtschaftliche Bindungen berufen konnte, war die Situation sicher besonders gefährlich. Wenn Maria von Magdala also frühmorgens heimlich zum Grab ging, so war dies sehr mutig. Es konnte dazu führen, ebenfalls gekreuzigt zu werden.

Maria von Magdala läuft zu Petrus und dem Lieblingsjünger, um ihnen zu sagen, daß der Leichnam Jesu nicht mehr im Grab liegt. Dann kehrt sie zurück. In den folgenden Versen kommt eine sehr nahe Beziehung zu Jesus zum Ausdruck; sie weint und sucht verzweifelt nach ihm. In ihrer großen Traurigkeit wird sich die johanneische Gemeinde wiedergefunden haben (siehe auch Joh. 16, 2).

Der Höhepunkt der Szene ist da erreicht, wo der Dialog am knappsten ist; da reden zwei miteinander, die nicht viele Worte brauchen (»Maria« – »Rabbuni«). Dann aber scheint Jesus zurückzuweichen: »Rühre mich nicht an.« Diese Wendung gibt der Geschichte einen geheimnisvollen Zug; und je öfter ich sie lese, desto mehr wächst mein Widerstand, diese Worte zu entzaubern. Und ich denke, daß ich mit diesem Gefühl dicht beim Text bin. »Berühren« bedeutet im Sprachgebrauch des Neuen Testaments Machtübertragung und Teilhabe an der berührten Person (vgl. z. B. die blutflüssige Frau, Mark. 5, 27f; aber auch 3, 1; 10, 13 u. a.). Wenn Jesus die Berührung durch Maria verweigert, sagt er damit: »Du kannst an dem, was ich jetzt bin, nicht Anteil haben.« So, als sei Jesus nun von einer anderen Welt als Maria. Dieses Motiv der Unberührbarkeit und Unnahbarkeit begegnet uns auch an anderen Stellen in der Bibel; z. B. 2. Mose 33, 20; 2. Mose 3, 5.

Zur Auslegungsgeschichte

Die reichliche Literatur zur Auslegung dieser Stelle läßt sich grob in zwei Hauptstränge gliedern: Zum einen eine ganz »handfeste« Auslegung: Maria faßt Jesus tatsächlich an, Jesus hat den Wunsch, von ihr loszukommen und von seinem Vater erhöht zu werden (z. B. Bauer, Zahn). Die andere Auslegungsrichtung meint, daß mit diesem Vers eine unmögliche Situation – daß nämlich der tote Jesus vor seinem eigenen Grab steht und mit einer Jüngerin redet – literarisch bewältigt werden solle. »Rühre mich nicht an« hieße dann: »Mich gibt es nämlich gar nicht.« (So Haenchen und Bultmann.)

Die erste Auslegung führt im wirklichen Verständnis nicht weiter, die zweite projiziert unsere Probleme mit dem Text, nämlich nach-aufklärerische Skrupel, in die Zeit des Neuen Testaments hinein; aber die Auferstehung der Toten war für die Menschen damals Gemeingut. Selbst ein dezidierter Gegner der Jesusbewegung wie Herodes rechnet fest mit der Auferstehung der Toten (Mark. 6,14).

Ich möchte den geheimnisvollen Satz stehen lassen; er soll die Unnahbarkeit und Heiligkeit Jesu unterstreichen und entzieht sich – wie viele Jesusworte in der johanneischen Überlieferung – einer weitergehenden Deutung.

Vers 17b wird uns vielleicht deutlicher, wenn wir uns vor Augen halten, wem diese Worte damals gesagt worden sind: Die johanneischen Gemeinden waren kleine, bedrohte Minderheiten inmitten eines seinerseits unterdrückten Volkes. Nach der johanneischen Auffassung mußte die jüdische Führung ständig damit rechnen, eben wegen dieser Christen von den Römern bedroht zu sein (11,48). Angst war das vorherrschende Lebensgefühl. Und Jesu Nähe und Beistand waren sicher oft nicht spürbar. Deswegen muß immer wieder daran erinnert werden, daß sie trotzdem mit Jesus durch Gott verbunden sind (so in 14,1–3 u. ö.).

Das, was mich an dieser Geschichte am meisten berührt – der Mut Marias, zur Grabstätte zu gehen, ihre Beharrlichkeit bei der Suche und ihre Beauftragung durch Jesus, das Evangelium zu verkünden –, findet in der mir bekannten exegetischen Literatur – außer bei L. Schottroff – keinen Niederschlag. Entweder wird Maria von Magdala als Statistin und Stichwortgeberin für Jesus erachtet, oder ihre »Torheit« (Bultmann, S. 531; Schulz, S. 242) wird belächelt. Und selbst wo sie positiv gesehen wird, gilt sie dem Ausleger doch nur als Objekt der »Würdigung« durch Jesus (Schulz, S. 244).

Feministische Dimension des Textes

Die Geschichte handelt von der Befreiung von Menschen durch eine befreite Frau. Maria von Magdala war eine Symbol- und Identifikationsfigur der ersten Christen; durchgehend alle Berichte über sie deuten auf eine nahe Beziehung zu Jesus hin, die auch standhielt, als die Jünger schon geflohen waren (Joh. 19, 25); sie erhielt als erste den Auftrag, das Evangelium zu verkünden.

Indem ich das Leben meiner längst gestorbenen Schwester zu rekonstruieren suche, wächst auch mein Leben. Sich an Maria von Magdala zu erinnern heißt für uns Frauen, die wir von unserer eigenen Geschichte abgeschnitten sind, die Wurzeln unseres Glaubens zu finden. Diese Wurzeln sind unsere Macht.

In Vers 17b muß eine historisch korrekte Übersetzung berücksichtigen, daß in einer patriarchalischen Kultur inklusiv gesprochen und geschrieben wurde. Daher ist »Schwestern und Brüder« die angemessene Übersetzung (Schüssler-Fiorenza, S. 44ff).

Predigtimpulse

Die beiden Schwerpunkte des Textes, die eine Predigt meines Erachtens aufnehmen sollte, sind die Beziehung zwischen Maria von Magdala und Jesus einerseits und die Bedeutung von Tod und Auferstehung Jesu für die Gemeinde andererseits.

Da erlebt eine Frau, was Auferstehung heißt: Sie handelt solidarisch mit Jesus noch nach seinem Tod, verstößt damit gegen das Gesetz und riskiert ihr eigenes Leben. Aber wider jedes Erwarten ist ihre Beziehung zu Jesus nicht zu Ende, sondern steht vor einem Neuanfang. Maria wird zur Schlüsselfigur für viele andere, ja für das Entstehen christlicher Gemeinden. Diese Geschichte ist erzählt worden, damit sich Menschen darin wiederfinden und sie zu ihrer eigenen Geschichte machen. Damit das auch heute gelingt, würde ich die Maria-Geschichte auch erzählend nahezubringen versuchen. Wenn ich an die Menschen in meiner Gemeinde denke, dann überwiegt – besonders bei den Frauen – das Empfinden eines eher passiven Verstricktseins in die Welt; sie erleben sich weniger als Gestalterinnen ihres Lebens, sondern mehr als Objekte ihrer Lebensgeschichte. Ihr Glauben wurde jahrhundertelang in diesen Schranken gehalten (»Wer nur den lieben Gott läßt walten ...«/ »Gib dich zufrieden und sei stille ...«). Die Maria-Geschichte ermutigt Frauen, scheinbar naturgegebene Tatbestände zu ändern und sich von Schatten und Gespenstern zu befreien.

Wo findet der zweite Schwerpunkt des Textes – Jesu Tod und Auferstehung – seine Entsprechung in unserer Situation? Für viele Gemeindeglieder ist das Bild von Jesu Erhöhung zum Vater fremd. Aber daß wir von tödlichen Mächten bedroht werden, ist mit Händen zu greifen. Die Todesmacht heute hat viele Arme, wie eine Krake: Ein Arm liegt hinter den Raketenzäunen, ein anderer umschlingt die nukleare Technologie – heute morgen, bevor ich mein Kind stillte, habe ich wieder einmal die Becquerel-Werte der Milch gelesen –; ein anderer Krakenarm schnürt Menschen die Kehle zu: Es ist die Angst, sie könnten ihren Arbeitsplatz verlieren. Und wieder ein anderer steht für das bedrohlich wachsende Loch in der Atmosphäre, für tote Flüsse und kahle, abgestorbene Bäume. Und es scheint, als wüchsen immer neue Todesarme. Diese Bedrohung ist allgegenwärtig, ob wir die Augen davor verschließen oder sie bekämpfen, ob wir sie klar analysieren können oder nur dumpf spüren.

Wir dürfen dem Tod, wo immer wir ihm begegnen, nicht die Macht überlassen. Fast alle Menschen in meiner Gemeinde haben mittelbar oder unmittelbar Erfahrungen mit Krebs. Das Wort wird meist nicht ausgesprochen, als hätte es eine magische Kraft. Nicht nur der Körper, sondern oft auch die ganze seelische Energie wird aufgefressen davon.

Katherine Mansfield, die selbst in noch jungen Jahren an Lungentuberkulose litt und schließlich daran starb, schrieb 1917 in ihr Tagebuch: »Ich möchte nicht sterben, ohne meiner Überzeugung Ausdruck gegeben zu haben, daß das Leiden überwunden werden kann. Was muß man tun? ... Man muß sich unterwerfen. Widersetze dich nicht. Nimm es an. Laß es dich überwältigen. Nimm es völlig an. Mache es zum Bestandteil deines Lebens. Alles, was wir wirklich annehmen im Leben, verwandelt sich. So muß Leiden zu Liebe werden« (Mansfield, S. 25).

Jeder Mensch hat eigene Übungsfelder für Mut und Beherztheit. Wo sind meine, welches könnten die der Gemeindeglieder sein?

Gedanken zum Fürbittengebet finden sich bei Bärbel von Wartenberg-Potter (Wir werden unsere Harfen nicht an die Weiden hängen, Stuttgart 1986, S. 104f); der Zusammenhang zwischen »privaten« und »globalen« Todesstrukturen wird da in vielen kleinen Beispielen von Frauenschicksalen eindrücklich beschrieben.

Zum Text passend ist meinem Empfinden nach das Lied »Wir haben Gottes Spuren festgestellt« (Diethard Zils/J. Akepsimas; zu finden u. a. in: Mein Liederbuch, Düsseldorf, o. J.).

Liturgische Texte

Eingangswort:
Steht auf, Schwestern und Brüder!
Steht auf, erhebt eure Herzen, erhebt eure Augen, erhebt eure Stimmen!
Gott, der Lebendige,
ruft uns zusammen
zum Bekennen, zum Feiern, zum Klagen, zum Singen und zum Streiten.
Laßt uns einander entgegengehen,
wie Gott uns entgegengeht.
Laßt uns anrufen den Namen Gottes! (Rice, S. 18)

Gebet:
In den Tagen der Angst und der Einsamkeit,
bei schwierigen Übergängen und in Bedrängnis
gibst du, Gott, mir Stärke.
Im Kampf für Wahrheit und Gerechtigkeit,
im Einsatz und in der Enttäuschung
machst du, Gott, mich gewiß.
Wenn ich traurig bin oder wenn ich lache,
bei den alltäglichen Dingen und bei der Arbeit
bist du, Gott, mein Begleiter.
Immer bist du, Gott,
die Freude in meinem Leben
und der Friede auf meinem Weg. (Reiser/Schoenborn, S. 41)

Segen:
Geht hin mit Maria.
Der Morgen erwacht.
Eure Verzweiflung wird sich wandeln
in Verstehen,
eure Traurigkeit in Mut
und eure Angst in Liebe.
Amen.

Verwendete Literatur

WALTER BAUER, Das Johannes-Evangelium, Tübingen 1925[2].

RUDOLF BULTMANN, Das Evangelium des Johannes. Kritisch-Exegetischer Kommentar über das Neue Testament, Göttingen 1984[20].

ERNST HAENCHEN, Das Johannes-Evangelium. Ein Kommentar, Tübingen 1980.

KATHERINE MANSFIELD, Tagebuch 1904–1922, München 1979.

ANTONIO REISER und PAUL GERHARD SCHOENBORN (Hrsg.), Sehnsucht nach dem Fest der freien Menschen, Jugenddienst-Verlag, Wuppertal 1982.

Elisabeth Rice-Zitat in: IBEN GJERDING und KATHERINE KINNAMON (Hrsg.), No longer Strangers – A Resource for Women and Worship, Genf 1983.

LUISE SCHOTTROFF, »Maria Magdalena und die Frauen am Grabe Jesu«, in: Evangelische Theologie 42, 1982, S. 3–25.

SIEGFRIED SCHULZ, Das Evangelium nach Johannes, Göttingen 1978.

ELISABETH SCHÜSSLER-FIORENZA, In Memory of Her. A Feminist Theological Reconstruction of Christian Origins, London/New York (1983) 1985[2].

THEODOR ZAHN, Das Evangelium nach Johannes, Leipzig 1912.

Apostelgeschichte 9, 36–43

Diakonie als Mission

Pfingstmontag oder thematischer Sonntag

Gerd Petzke

Auslegung des Textes

Zur Auslegungsgeschichte. Der Text gehört offensichtlich zu einem Zyklus von lokalen (?) Petrusüberlieferungen, deren »Mitte« die Erzählung von der Bekehrung des heidnischen Hauptmanns Kornelius ist (Apg. 9, 32–11, 18). Nur Schmithals (S. 98) behauptet unter dem lapidaren Hinweis auf Sprache und Stil, daß keine Quelle vorliege, sondern Lukas selbst die beiden Wundererzählungen Apg. 9, 32 ff geschrieben habe. Ob die Verbindung der beiden Wundererzählungen vorlag oder erst vom Verfasser der Apostelgeschichte vorgenommen wurde, läßt sich schwer entscheiden (zur Quellenfrage Haenchen, S. 287 f und Schneider II, S. 48 f). Die Notizen, die Petrus erst nach Lydda, dann nach Joppe und schließlich nach Caesarea führen, sind wahrscheinlich redaktionell.

Die traditionellen Auslegungen erschöpfen sich in der Regel in der Nachzeichnung des Textes als Wundererzählung. Immer wieder finden sich die fast gleichen Hinweise auf unumstrittene Einzelheiten, wie zum Beispiel Nachweis des Namens in beiden Sprachen, die Verbindung mit dem Kontext (»in jenen Tagen«, V. 37), die Entfernung zwischen Joppe und Lydda (drei Stunden), die Charakterisierung der Witwen als Arme, die typischen Züge einer Wundererzählung. Abhängigkeiten von den Totenauferweckungen des Elia (1. Kön. 17, 17 ff) und des Elisa (2. Kön. 4, 32 ff) werden unter anderem wegen der Erwähnung des Obergemaches behauptet. Nur unter dieser Voraussetzung kann dann z. B. Haenchen (S. 286) vermuten, daß sich Petrus nur deshalb nicht auf Tabitha legen könne wie Elia und Elisa, weil es sich bei ihr um eine Frau handele (ist es bei einem Manne weniger »anstößig«?). Beobachtungen, die den Rahmen einer Wundererzählung sprengen, werden zwar gemacht, aber nicht weiter verfolgt: etwa der Hinweis auf die soziale Aktivität der »Jüngerin« (vgl. 9, 36.39.41), die Erwähnung der verschiedenen Gruppierungen der Gemeinde (Jünger, Männer, Heilige, Witwen). Die Ausleger beschränken sich auf die Thematik der Erzählung als Wunder, ordnen sie entsprechend ein und sehen ihren Sinn darin, daß Lukas durch die Wunder den Apostel Petrus – vor allem im Blick auf die umstrittene, mit Kornelius einsetzende Heidenmission – beglaubigen will. Da diese Erzählung als Wunder in keiner Weise aus dem üblichen Rahmen fällt, ist es nicht weiter erstaunlich, daß dieser Text keine erkennbare Wirkungsgeschichte aufweist.

Zur Begrifflichkeit – insbesondere die »mathätria« Tabitha. Da gibt es durchaus Anlaß, weiter zu fragen. Lukas scheint, wie auch sonst in seinen beiden Werken, ein starkes Interesse an der Armenfrömmigkeit zu haben. Warum wird Tabitha so ausführlich in ihrer sozialen Tätigkeit beschrieben (früheren Auslegern ist dies aufgefallen; Schneider [II, S. 48] verweist auf Dibelius und Bauernfeind)? Warum treten die Witwen neben den Heiligen als eine besondere Gruppe auf? Die Begrifflichkeit ist deshalb genauer zu untersuchen.

Der Begriff »mathätria« (Jüngerin) tritt in der biblischen Literatur nur hier auf. Der außerchristliche Sprachgebrauch deutet auf »Jüngerin« oder »Schülerin«. Nach den Evangelien ist nicht auszuschließen, daß Jesus Jüngerinnen hatte. Trotzdem neigt Rengstorf (S. 465) wegen des angeblich allgemeinen Sprachgebrauchs in der Apostelgeschichte (was so nicht zutrifft) dazu, die Übersetzung »Christin« zu wählen. Warum gilt dies dann nicht für die männliche Entsprechung »mathätai« in Vers 38? Hier werden offensichtlich Jünger von den übrigen Christen (»hagioi«) unterschieden. Fällt es nur schwer, zuzugeben, daß in den Gemeinden um Jerusalem neben männlichen Jüngern (Jesu?) auch weibliche bekannt waren? Was sonst veranlaßt den Schreiber des Textes, den seltenen Begriff »mathätria« zu wählen? Die »mathätai« in Vers 38 scheinen eine führende Position zu haben; sie entscheiden, Männer zu Petrus zu senden. Ebenso hat offensichtlich Tabitha eine hervorragende Position: nur wegen ihrer sozialen Tätigkeit oder auch als Jüngerin Jesu? Was spricht eigentlich dagegen?

Die Bezeichnung »hagioi« für Christen ist aus der paulinischen Literatur geläufig. In der Apostelgeschichte kommt sie außer in unserem Textzyklus nur in 26, 10 vor. Der Begriff bezeichnet dann wohl die Gesamtheit der getauften Christen in Joppe.

Nach Apg. 6, 1 sind die Witwen der Hellenisten Anlaß für die Wahl der Diakone. Haenchen (S. 215) vermutet, daß vielleicht die Zahl der hellenistischen Witwen besonders hoch war, weil viele Juden an ihrem Lebensabend nach Jerusalem übersiedelten, dort aber keine Verwandten hatten. In unserem Text wird die Not der Witwen betont; sie sind auf Tabitha angewiesen, die möglicherweise selbst eine, wenn auch vermögende, Witwe war, da ihr Mann nicht erwähnt wird (Thraede, S. 97f).

Für die weiteren Überlegungen ist festzuhalten, daß in unserem Text neben dem Wunder auch die soziale Tätigkeit in der Gemeinde eine Rolle spielt. Wir erhalten Einblick in eine frühchristliche Gemeinde. Allerdings erkennen wir auf der Textebene der Apostelgeschichte bereits Rollen und Situationen, die eine unterschiedliche Bewertung der Geschlechter und ihrer Tätigkeiten anzeigen. Neben dem männlichen wundertätigen Missionar sehen wir die weibliche Jüngerin, die sich um den Bereich der Diakonie an den Ärmsten der Gemeinde (ebenfalls Frauen) kümmert, wobei natürlich zu vermuten bleibt, daß Tabitha darüber hinaus als Jüngerin durchaus missionarisch tätig war (vgl. Harnack, S. 589ff, Schüssler-Fiorenza, S. 160ff, bes. S. 167). In Apg. 6, 2 wird die diakonische Tätigkeit von der missionarischen getrennt und ihr deutlich untergeordnet, in Vers 5f durch Handauflegung an männliche Diakone delegiert; deren Tätigkeit als Diakone wird allerdings in der Apostelgeschichte nirgends ausgeführt; 6, 8ff (andere Tradition?) charakterisiert Stephanus eindeutig als Missionar. Faktisch zeigt unser Text Tabitha in diakonischer Funktion.

Männliche missionarische Tätigkeit – weiblicher diakonischer Dienst?

Auf der Textebene läßt sich also, im Unterschied, so ist zu vermuten, zur geschichtlichen Entwicklung, eine patriarchalische Verteilung der Rollen erkennen. Der männliche Missionar, durch wunderbare Machttaten beglaubigt, ist der Held der Geschichte. Petrus und Paulus sind die agierenden Personen in der

Apostelgeschichte, so wie andere Männer in weiteren bekannten Apostelakten der christlichen Frühzeit. Nicht umsonst wird in der Forschung vom sogenannten »theios-*anär*-Motiv« (Gottes*mann*-Motiv) gesprochen. Eine der wenigen Ausnahmen ist Thekla (vgl. Die Taten des Paulus und der Thekla, bei Schneemelcher, S. 243 ff): Thekla verbrennt nicht im Feuer, die wilden Tiere greifen sie nicht an, sie verkündet das Wort Gottes, und viele kommen durch sie zum Glauben.

Auch sonst agieren Männer in unserer Erzählung: »mathätai« (Jünger) treffen die Entscheidung, Boten – ebenfalls Männer – zu Petrus zu senden.

Auf der anderen Seite ist Tabitha als vermögende Frau nicht nur durch ihre Arbeit sozial tätig. Frauen zählen zu den Ärmsten in der Gemeinde. Die schlechte soziale Lage der Witwen im Altertum, vor allem in der östlichen Hälfte des Mittelmeerraumes, ist bekannt. In der Hebräischen Bibel werden die Witwen neben den Waisen als diejenigen benannt, die der besonderen Fürsorge bedürftig und dem Schutz Gottes unterstellt sind. Bolkestein und Stählin belegen die Not der Witwen, die sich aus ihrer rechtlosen Situation ergibt. Eine Witwe hatte zum Beispiel in Palästina keinen Anspruch auf Unterhalt durch die Familie des Mannes. Witwer stellten demgegenüber kein soziales Problem dar. Da unser Text die Beschreibung der Tätigkeit der Tabitha auf ihre soziale Funktion beschränkt, läßt sich die volle Rolle der Tabitha nicht mehr erkennen. Daß die Trennung von Mission und Diakonie auf die redaktionelle Arbeit zurückzuführen ist und nicht unbedingt die historische Situation wiedergibt, zeigen auch andere Texte. Röm. 16 nennt eine Reihe von Frauen, die von Gemeinde zu Gemeinde reisen, also Außenkontakte pflegen und missionarisch tätig sind (vgl. Phöbe, Priska, Junia). In 1. Kor. 12, 4–11 wird die Tätigkeit in den Gemeinden nicht nach Geschlechtern aufgeteilt, sondern unabhängig davon nach Begabungen (einschließlich der Gabe zu heilen und der Verfügung göttlicher Kräfte – vgl. V. 9 f – wie sie der »theios anär« besaß).

Gott bewirkt nach diesem Text alles in allen (V. 6), offensichtlich also nicht nur in den männlichen Christen. Anders in 1. Tim. 3: Dort wird das »Amt« des Bischofs und des Diakons an den Mann gebunden. Die Apostelgeschichte steht offensichtlich näher bei 1. Tim. als bei Paulus. Merkwürdig bleibt allerdings die theoretische Anbindung des diakonischen »Amtes« an den Mann im Gegensatz zur berichteten praktischen diakonischen Tätigkeit der Frauen.

Die diakonische Tätigkeit der Frauen in der Gemeinde hat eine lange Tradition. Thraede (S. 91 ff) verweist darauf, daß dies schon in den jüdischen Gemeinden Praxis war. Trotz des offenkundigen lukanischen Interesses an der Armenfrömmigkeit wird in der Apostelgeschichte jedoch der missionarische Dienst, auf Männer beschränkt, als höherwertig angesehen, auch wenn in 6, 1 ff Männer – zumindest nominell – das »Amt« der Diakonie übernehmen. Bei Paulus sind – wenigstens in der Theorie nach 1. Kor. 12 – alle Dienste gleichwertig. Selbst in 1. Kor. 14 wird die Prophetie (Predigt?) – wenn auch im Unterschied zu 1. Kor. 12 hervorgehoben – allen Gemeindegliedern zugetraut. Hängt dies damit zusammen, daß bei Paulus die Wundertaten nicht die große Rolle spielen wie in den Textkreisen, in denen nur Männer die Wundertaten vollbringen? Es bleibt erstaunlich, daß trotz 1. Kor. 12 keine einzige Wundertat einer missionierenden Frau im kanonischen Schrifttum erzählt wird.

Gleichberechtigung in unseren Gemeinden – wie am Anfang der Kirche!

In unseren heutigen Gemeinden hat sich nicht viel geändert. In den Kirchenvorständen erhöht sich zwar die Zahl der Frauen, aber im Verhältnis zu ihrer Aktivität in den Gemeinden sind sie immer noch unterrepräsentiert. Für die leitenden und verwaltenden Positionen werden überwiegend Männer gewählt, für die sozialen Aktivitäten stellen sich fast nur Frauen zur Verfügung. Man überprüfe nur die Zusammensetzung der Diakonieausschüsse, Besuchskreise und ähnlicher sozial tätiger Gruppen. Frauen haben immer noch Schwierigkeiten, in Leitungsfunktionen gewählt zu werden; Pfarrerinnen stoßen wiederholt auf gefühlsmäßige Widerstände bei Kollegen und älteren Gemeindegliedern.

In der Gesellschaft stehen – wie in alter Zeit – die Witwen am Ende der Bedürftigkeitsskala und sind oft auf Sozialhilfe angewiesen. Trotz mancher Anläufe hat sich ihre grundsätzliche Benachteiligung kaum geändert (vgl. Rentenproblematik).

In der Reflexion über unseren Text muß deutlich werden, daß in den christlichen Gemeinden ursprünglich Frauen und Männer gleichberechtigt lebten und wirkten, wie die Predigt Jesu und manche paulinische Texte erkennen lassen. Unser Text zeigt bereits die Wirkung des patriarchalischen Einflusses der Gesellschaft. Wer in der Rettung der sozial tätigen Tabitha eine Würdigung ihrer sozialen Tätigkeit sehen will oder eine Würdigung der Nächstenliebe (darauf läuft letztlich Peschs Interpretation hinaus, vgl. S. 325f), der bestärkt nur die bestehende Diskriminierung. Tabitha erfüllt letztlich dann nur die Funktion, »Objekt« des Wunderhandelns zu sein, auch wenn damit die Armenfürsorge bestätigt werden sollte. Das Wunder, vor allem, wenn es nur zur Beglaubigung des männlichen Missionars dient, wie in der antiken Missionspraxis üblich (vgl. Petzke, dort weitere Literatur), drückt in unserem Text keineswegs die Hoffnung der Gemeinde auf Veränderung aus, wie zum Teil in den Evangelien. Dahinter steht vielmehr das patriarchalisch geprägte Geschichtsbild von der Ausbreitung des christlichen Glaubens durch männliche, wunderwirkende Missionare. Wahrscheinlich hat jedoch die diakonische Praxis der ersten Christen wesentlich stärker missionarisch gewirkt (vgl. Harnack, S. 170ff). Die geschichtliche Wirklichkeit sah wohl so aus: Frauen und Männer waren gleichberechtigt diakonisch-missionarisch tätig und verbreiteten den christlichen Glauben (in den außerkanonischen Schriften ist dies noch länger erkennbar). Auf den Text zugespitzt: Wahrscheinlich hat Tabitha mehr für die Ausbreitung des Glaubens in Joppe getan (und das würde ihre hervorgehobene Stellung erklären) als der durchreisende Petrus.

Unser Text kann als Negativbeispiel dazu anregen, über diese Entwicklung nachzudenken, wie es trotz des emanzipatorischen Ansatzes der Botschaft Jesu, der sich bei Paulus noch teilweise durchhält, zu einem Gemeindeleben kommt, in dem männliche und weibliche Tätigkeiten so unterschiedlich gewertet werden. Gleichzeitig sind auch Überlegungen anzustellen und Aktionen anzuregen, die diese Entwicklung rückgängig machen können.

Anregungen für Gottesdienst und Gemeindearbeit

Der Text, in Verbindung mit 1. Kor. 12 als Lesung, kann dazu dienen, über das Verhältnis von Mission und Diakonie in der Gemeinde nachzudenken und die geschlechtsspezifische Aufteilung der Rollen zu hinterfragen. Pfingstmontag – Thema Charisma, Geist und seine Wirkung auf alle Gemeindeglieder (intendiert Gleichberechtigung, wie die charismatischen Strömungen bestätigen) –, ein Missionssonntag – Thema Verhältnis von Mission und Diakonie – oder ein thematischer Gottesdienst sind geeignet. Diese Thematik kann auch unter Einbeziehung anderer biblischer Texte (z. B. 1. Tim.) im Rahmen der biblischen Gemeindearbeit angesprochen werden. Von der eigenen Gemeindesituation ausgehend, kann verdeutlicht werden, daß die übliche Aufteilung der Tätigkeiten nicht ursprünglich beabsichtigt war, sondern eine Folge der Anpassung an die patriarchalische Gesellschaft ist. Ein Prozeß, der natürlich den männlichen Christen entgegenkam und durch die männliche Geschichtsschreibung verfestigt wurde.

Dann steht bei der Behandlung des Textes nicht mehr das Wunder des Petrus im Mittelpunkt, sondern die Tätigkeit der Tabitha, die als Jüngerin Jesu (?) missionarisch und diakonisch wirkte. Sie repräsentiert die Einheit von Mission und Diakonie in der Nachfolge Jesu. Vom Objekt des Wundergeschehens wird sie zum Subjekt der Erzählung als vollgültiges Mitglied der Gemeinde in Joppe und damit zugleich als Vorbild für die Frauen und Männer unserer Gemeinden.

Verwendete Literatur

Kommentare von H. Conzelmann, E. Haenchen, R. Pesch, W. Schmithals und G. Schneider.

Hans Bolkestein, Wohltätigkeit und Armenpflege im vorchristlichen Altertum, 1939, Nachdruck Groningen 1967.

Adolf v. Harnack, Die Mission und Ausbreitung des Christentums in den ersten drei Jahrhunderten, Leipzig 1924[4], Nachdruck 1965.

Gerd Petzke, »Die historische Frage nach den Wundertaten Jesu«, in: NTS 22, 1975/76, S. 180–204.

Karl H. Rengstorf, »manthano (ktl.)«, in: ThWB IV, S. 392–465.

Wilhelm Schneemelcher (E. Hennecke), Ntl. Apokryphen in deutscher Übersetzung, II. Bd., Tübingen 1964[3].

Elisabeth Schüssler-Fiorenza, In Memory of Her. A Feminist Theological Reconstruction of Christian Origins, New York (1983) 1985[2].

Gustav Stählin, »chära«, in: ThWB IX, S. 428–454.
Klaus Thraede, »Ärger mit der Freiheit. Die Bedeutung von Frauen in Theorie und Praxis der alten Kirche«, in: G. Scharffenorth (Hrsg.), Freunde in Christus werden..., Gelnhausen/Berlin 1977, S. 31–192.

Apostelgeschichte 16, 11–15

Lydia

Sexagesimae / Missionssonntag

Ruth Albrecht und Franziska Müller-Rosenau

Zur Exegese

Nach der gängigen Perikopenordnung Reihe VI wird die Bekehrungsgeschichte der Lydia für den Sonntag Sexagesimae vorgeschlagen (Gorski/Schrage, S. 217–225; Fürst, S. 130 bis 133). Unter dem Gesichtspunkt der Mission schien sie auch geeignet, an Missionssonntagen gepredigt zu werden (Bassermann, S. 83–92), und wurde deshalb in den großen Textzusammenhang von V. 9–15 gestellt (Hoerschelmann). Da sich unser Augenmerk jedoch auf die Erzählung über eine *Frau* richtet, schlagen wir folgende Abgrenzung vor: die Verse 11–15; Vers 40 sollte in die exegetische Vorbereitung miteinbezogen werden. Die revidierte Lutherübersetzung von 1984 halten wir für eine brauchbare Arbeitsgrundlage.

Im lukanischen Gesamtwerk der Apostelgeschichte stellt diese Perikope ein Mosaiksteinchen der Ausbreitung der Christusbotschaft von Jerusalem bis zum Zentrum des damaligen weltpolitischen Horizonts, Rom, dar. Wo immer es dem Verfasser möglich war, hat er durch ausführliche Erzählungen und gestaltete Szenen dieses theologische Interesse verfolgt. In den Versen 11–15 sind verschiedene Erzählstränge miteinander verflochten, die einen umständlichen Rahmen für eine Gemeindegründungslegende in Philippi darstellen.

Vers 12: Paulus und seine Reisebegleiter treffen in Philippi – vom kleinasiatischen Festland kommend – auf eine blühende römische Kolonie. Die christliche Gemeinde, die dort entsteht, wird zu jener Gemeinde werden, der Paulus sich am meisten verbunden fühlt.

Vers 13: Ein wesentliches Strukturelement der paulinischen Mission nach der Apostelgeschichte ist die Anknüpfung an die Synagoge und an jüdische Lebensformen. Deshalb wird in zahlreichen Kommentaren diskutiert, was unter »proseuché« zu verstehen sei (Schmidt, S. 373; Zahn, S. 573). Daß der Text hier keine Männer erwähnt, bringt die Kommentatoren in arge Verlegenheit und führt sie zu nicht belegbaren Vermutungen: »An der Gebetsstätte angekommen, verkündet Paulus seine Botschaft den Frauen, die sich eingefunden hatten. Die Männer werden wohl nicht ganz gefehlt haben (Wikenhauser, S. 188). Die Spekulation macht auch vor Autorinnen nicht halt, die versuchen, die kritischen Impulse Feministischer Theologie in positiver Weise weiterzuführen. Aus der Bestimmung, wonach zu einem Minjan, das heißt einem regulären Synagogengottesdienst, mindestens zehn jüdische Männer gebraucht werden (Strack-Billerbeck, S. 153), zieht Susanne Heine weitreichende Schlüsse: »Offensichtlich gab es in Philippi nur wenige Juden, jedenfalls weniger als zehn Männer und einige Frauen« (Heine, S. 92). Für das Verständnis der vorliegenden Perikope sind solche Vermutungen völlig entbehrlich. Sie verraten mehr über die Absichten der Interpretatoren als über den Text. In Vers 13 ist von Frauen die Rede, die sich am Fluß zum Gebet versammeln; ob es sich dabei um Jüdinnen, Proselytinnen oder Gottesfürchtige handelt, wissen wir nicht.

Vers 14: Eine dieser Frauen wird näher charakterisiert. Gegenüber den spärlichen Angaben in Vers 13 bezeichnet Lukas diese Frau sehr genau. Genannt werden ihr Name Lydia (Zahn, S. 574f; Stählin, S. 218), ihr Herkunftsort Thyatira, eine Stadt auf dem kleinasiatischen Festland, ihr Beruf als Purpurhändlerin und ihre Beziehung zum Judentum als Gottesfürchtige. Doch auch diese Detailfreudigkeit des Lukas stellt die Kommentatoren nicht zufrieden. Eine Reihe von ihnen vermutet, daß Lydia eine Witwe gewesen sei, die das Unternehmen ihres verstorbenen Mannes weitergeführt habe (Ramsau, S. 176; Steinmann, S. 189). Dieses Schicksal teilt Lydia mit einer ebenfalls selbständigen, vermögenden Frau, von der Lukas in 8, 1–3 berichtet: Johanna, die Frau des Finanzministers Chusa (Moltmann-Wendel, S. 138). In diesen Überlegungen und Zuschreibungen erkennen wir das Bemühen, Frauen über Männer zu definieren, und wo dies nicht geschehen ist, es in den Text nachträglich hineinzutragen.

Thyatira in Lydien, die Herkunftsstadt der Lydia, war für die Herstellung von Purpurstoffen berühmt. Wolle und andere

Stoffe, die mit Purpur (= Farbstoff der Purpurschnecke) gefärbt waren, zählten zu den kostbaren Luxusgütern der Antike (Wilsdorf, S. 462). Der Purpurmantel war Attribut des königlichen oder kaiserlichen Herrschers (vgl. Mark. 15, 17.20 – die Verspottung Jesu); mit Purpur wurden Togen verbrämt und mit Purpur-Tapeten Gemächer ausgekleidet. Purpurhandel war ein einträgliches, blühendes Geschäft, so daß Lydia mit Recht für eine reiche Frau gehalten werden kann.

Mit den »sebómenoi« sind in der Apostelgeschichte »Gottesfürchtige« gemeint, Heiden, Männer und auffallenderweise viele Frauen, die sich den ethischen Monotheismus des Judentums aneigneten und die Synagogengottesdienste besuchten, ohne jedoch ganz zum Judentum überzutreten (Foerster, S. 168–195). Schon das rabbinische Judentum war in der Beurteilung dieser Gottesfürchtigen unterschiedlicher Ansicht. So begnügte sich das hellenistische Judentum in seiner Mission damit, möglichst viele Gottesfürchtige an sich zu binden, während die palästinisch-jüdische Mission darauf drängte, Proselyten durch Taufe und Beschneidung zu gewinnen. Diesen Konflikt erbte die junge christliche Mission: Die Judenchristen waren der Meinung, daß Anteil an dem in Christus gewirkten Heil nur diejenigen haben könnten, die dem Volk Israel durch Beschneidung und Beachtung der Thora angehörten. Auf sie mußte deshalb die Taufe der Gottesfürchtigen und deren volle Anerkennung als Christen, wie sie in unserer Perikope erzählt wird, als Affront wirken.

Ihnen und all denen gegenüber, die den Zugang zum Heil in Christus durch Bedingungen geregelt sehen möchten, betont Lukas, daß Gott über alle religiösen, ethnischen, sozialen und geschlechtsbedingten Grenzen hinweg sich seine Gemeinde sammelt.

Wenn Lukas in seinem Werk mit besonderer Vorliebe vermögende und selbständige Frauen schildert, die sich der Christusbotschaft öffnen, so verbirgt sich dahinter eine Erzählabsicht: In der Gestalt der Lydia verdichten sich Erfahrungen und Aufbruchsbewegungen von Frauen des ausgehenden ersten christlichen Jahrhunderts. Diese Aufbrüche sind nicht mehr diejenigen, die Frauen in der unmittelbaren Jesusnachfolge vollzogen. Neben dem Lebensmodell des asketischen Wanderradikalismus, in dem Frauen und Männer als besitzlose und geistbegabte Apostelinnen und Apostel, Prophetinnen und Propheten, Lehrerinnen und Lehrer umherzogen, bildet sich am Ende des ersten Jahrhunderts eine elitäre Gruppe von männlichen Traditionsträgern, Aposteln und Presbytern. Für Frauen sind noch diakonische und prophetische Aufgaben in den Gemeinden offen. Die Mehrzahl der Christen bleibt in ihren Häusern und damit in den bestehenden sozialen Bindungen und Strukturen. Während die Gemeinden von umherziehenden Aposteln gegründet werden, übernehmen die ansässigen christlichen Frauen und Männer die Leitungs- und Organisationsaufgaben dieser Gemeinden.

Vers 15: Das Haus der Lydia (Michel, S. 122–161) wird zum Kristallisationspunkt der christlichen Gemeinde in Philippi (vgl. V. 40). Lydia kann als Leiterin dieser Hausgemeinde betrachtet werden.

Überlegungen zur Auslegung

»So war denn der erste europäische Christ... eine Frau« – mit dieser Bemerkung kommentiert G. Stählin den Bericht über die Purpurkrämerin in Philippi (Stählin, S. 217). Auch manchen anderen Autoren ist die Mühe anzumerken, die ihnen die Gestalt Lydias bereitet, steht sie doch an einer herausragenden Stelle in der Konzeption der Apostelgeschichte. Lydia wird apostrophiert als »der erste europäische Mensch« (Hoerschelmann, S. 1), der sich zum Christentum bekehrte. Ein beliebtes und bekanntes Muster, um selbständige Frauen in den Griff zu bekommen, ist die schroffe Gegenüberstellung von Antike und Christentum. So schreibt Walther Fürst zu unserer Perikope: »Auch hier legt Lukas einen in der Antike ungewohnten Respekt gegenüber der Frau an den Tag« (Fürst, S. 131). Diese Darstellung läßt sich anhand der vorliegenden Quellen über die Rolle von Frauen in der antiken und spätantiken Gesellschaft nicht halten. Wenn die christliche Mission sich an Frauen wandte, traf sie vielmehr auf eine religiös interessierte und engagierte Gruppe. »Viele Frauen hatten sich im Streben nach Selbständigkeit, die ihnen sonst in anderen Bereichen weitgehend versagt war, den orientalischen Religionen, vornehmlich dem Isis- und Kybelekult, zugewandt... Es war also nichts Besonderes gegenüber anderen Religionen in damaliger Zeit, daß auch im Christentum das weibliche Element von Anfang an einen starken Teil der Gemeinden ausgemacht hat« (Gülzow, S. 200).

Lydia darf nicht zu einem einmaligen Einzelfall stilisiert werden, sondern sie steht stellvertretend für die in hellenistischer Zeit in Produktion und Handel selbständig und allgemein anerkannt tätigen Frauen (Thraede, Sp. 199; Harnack, S. 589–611). Wenn wir über reiche Frauen mehr erfahren als über Frauen der unteren Sozialschichten, so liegt das in der Geschichtsschreibung begründet, die bestimmte Informationen auswählte und andere beiseite ließ. Zum Haus der Lydia (V. 15) gehörten vermutlich auch Dienerinnen und Sklavinnen, diese werden aber nicht eigens erwähnt.

Predigtimpulse

»Es muß im Leben mehr als alles geben!« (Sendak) ist der Titel eines Kinderbuches. Das Leben der Lydia kann unter diesem Motto interpretiert werden. Eine begüterte Frau, die Anschluß an eine Religionsgemeinschaft gefunden hat, ist mit ihrer Suche noch nicht am Ende. In den Augen ihrer Zeitgenossen, die sie vielleicht beneidet haben, scheint sie bereits alles zu haben. Lydia findet dieses »mehr als alles« in der Nachfolge Jesu und in der christlichen Gemeinschaft, die daraus erwächst.

Wie bereits andere Autoren (Gorski/Schrage, S. 219; Fürst, S. 132) schlagen wir vor, die Bekehrung der Lydia in narrativer Form zu predigen. Lukas selber hat die ersten Spuren dazu in seiner szenischen Verdichtung gelegt. Geno Hartlaub gibt in ihrem Brief-Roman einige gute Anregungen zu einer erzählerischen Ausgestaltung.

Beispiel eines Predigtbeginns. Lydia erzählt: Wenn nun auch fast zwanzig Jahre seit jenem Nachmittag vergangen sind, so ist er mir doch in sehr lebhafter Erinnerung. Vom Küstengebirge kam ein leichter Wind herab, eine kühle Brise, die diese Stunden nach der Mittagshitze angenehm machte. Ich saß zusammen mit meinen Freundinnen und einigen Frauen aus der Stadt, die ich nicht kannte, unten am Fluß. Es war Sabbat, jener Tag, an dem die Juden in unserer Stadt ihre Läden geschlossen halten. – Die jüdischen Frauen waschen ihre Wäsche nicht, sie gehen nicht auf den Markt, ja selbst die jüdischen Kinder lärmen am Sabbat nicht so laut wie sonst in den Gassen. Überhaupt sind die Juden eigenartige Leute bei uns, sie kleiden sich so altmodisch; die Frauen gehen verschleiert, als ob sie im tiefsten Orient seien; die Männer legen Gebetsschals um und tragen lange Bärte. – Das alles fiel in Philippi sehr auf; denn Philippi ist fast so etwas wie eine Weltstadt: Auf dem Markt konnten meine Küchensklaven Gewürze aus Indien, Austern und Honig kaufen. Täglich brachten die Fischer Krabben aus der Ägäis zum Markt und wunderbare Fische. – Und dann die vielen Blumen! Philippi ist ja berühmt wegen der Blumen. Ich denke noch an die Umzüge bei den Götterfesten, wenn die Straßen mit Blumen überschüttet wurden.

Kein Wunder also, daß auch ich in dieser Stadt, in der Teppiche, Glas und Alabaster in Fülle angeboten werden, zu einigem Wohlstand gekommen war. Purpur und andere Luxusstoffe verkauften sich gut. Mein Unternehmen florierte, das Betriebsklima war gut, denn ich konnte hohe Löhne zahlen...

Verwendete Literatur

Heinrich Bassermann, Moderne Predigtbibliothek, Reihe 6, 3, Stuttgart 1908.

Werner Foerster, Artikel »sebómenoi«, in: ThWNT 7, 1964.

Walther Fürst, Göttinger Predigtmeditationen, GPM 38, 1983/1984.

R. Gorski und Wolfgang Schrage, GPM 36, 1981/1982.

Henneke Gülzow, »Soziale Gegebenheiten der altkirchlichen Mission«, in: Heinzgünter Frohnes und U. Knorr (Hrsg.), Kirchengeschichte als Missionsgeschichte, Band 1, München 1974.

Adolf von Harnack, Die Mission und Ausbreitung des Christentums in den ersten drei Jahrhunderten, Leipzig 1924[4].

Geno Hartlaub, Freue dich, du bist eine Frau. Briefe der Priscilla, Freiburg 1983.

Susanne Heine, Frauen der frühen Christenheit, Göttingen 1986.

Werner Hoerschelmann, Predigt am Sonntag Sexagesimae, 26. 2. 1984, Hamburg, unveröffentlichtes Manuskript.

Otto Michel, Artikel »oikos«, in: ThWNT 5, Stuttgart 1954.

Elisabeth Moltmann-Wendel, Ein eigener Mensch werden, Gütersloh 1980[2].

William Mitchell Ramsay, Paulus in der Apostelgeschichte, Gütersloh 1898.

HERMANN SCHMIDT, GPM 32, 1977/1978.
MAURICE SENDAK, Higgelti Piggelti Pop! oder Es muß im Leben mehr als alles geben!, Zürich 1980.
ALPHONS STEINMANN, Die Apostelgeschichte, Die heiligen Schriften 4, Bonn 1934[4].
H. L. STRACK und P. BILLERBECK, Kommentar zum NT aus Talmud und Midrasch, Band 4, München 1961.
GUSTAV STÄHLIN, Die Apostelgeschichte, NTD 5, Göttingen 1962.
KLAUS THRAEDE, Artikel »Frau«, in: RAC 8, Stuttgart 1972.
ALFRED WIKENHAUSER, Die Apostelgeschichte, Regensburger NT 5, Regensburg 1961.
HELMUT WILSDORF, Artikel »Purpur«, in: Lexikon der Antike, Berlin 1977.
THEODOR ZAHN, Die Apostelgeschichte des Lukas, Kommentar zum NT 5, Erlangen 1921.

Epheser 5, 21–33

Mißbrauch führt zu Mißhandlung

Epiphanias

Susan B. Thistlethwaite

Einführung

Feministische Bibelexegese setzt voraus, daß die Gültigkeit des Feminismus als Weltanschauung nicht auf die »Erfahrung von Frauen« begrenzt ist. Der Feminismus als Weltanschauung erhebt den Anspruch, daß alle Menschen die Ergebnisse feministischer Forschung zu beachten haben. Dieser Anspruch wird jedoch nicht von dem Standpunkt aus erhoben, der die Erfahrung von Frauen universalisiert, das heißt darauf besteht, daß bestimmte Aussagen für alle Menschen gleichermaßen und für alle Zeit wahr sind. Der Anspruch ist vielmehr in der besonderen Prägung der mannigfaltigen Erfahrungen verankert, die Frauen als Unterdrückte machen, und er stützt sich auf die Verbindung zwischen diesen Erfahrungen von Unterdrückung und anderen Kämpfen um Gerechtigkeit und Freiheit.

Aus einer feministischen Exegese von Eph. 5, 21–33 ergibt sich die Einsicht, daß die Kämpfe der Menschen um Befreiung in einem wechselseitigen Zusammenhang stehen. Die Weisung, sich unterzuordnen, beginnt nicht in Kapitel 5, und sie endet auch nicht mit der Ausführung der Metapher von Haupt und Leib für die Beziehung zwischen Mann und Frau in der Ehe. Die Unterordnung, die im ganzen Text gefordert wird, ist eine Unterordnung aufgrund von Klasse, Rasse, Geschlecht und Alter. Um diese wechselseitigen Zusammenhänge zu untersuchen, beginnen wir jedoch mit der speziellen Erfahrung, die Frauen mit der Unterordnung in der Ehe machen.

Die besonderen Merkmale der Kämpfe von Frauen Heute: Mißhandelte Frauen

Wie ich an anderer Stelle schon sagte, ist Eph. 5, 21–33 ein sehr schwieriger Abschnitt für mißhandelte Frauen, die sich bemühen, Selbstachtung zu gewinnen und ihr Leben in den Griff zu bekommen (Thistlethwaite, S. 104–106). Eine erste, vorläufige Untersuchung dieser Passage mildert extreme Fehlinterpretationen, indem sie zeigt, daß »sich unterordnen« (V. 21) nicht bedeutet, sich speziell physischer Gewalt unterzuordnen: »Keiner hat je seinen eigenen Leib gehaßt, sondern er nährt und pflegt ihn, wie auch Christus die Kirche« (V. 29). Ehemänner werden ermahnt, ihre Frau so zu lieben »wie ihren eigenen Leib« (V. 28).

Aber physische Gewalt ist nicht die einzige Form von Mißhandlung. Verbale Einschüchterung, Entzug finanzieller Mittel und bewußte Demütigung sind ebenfalls kennzeichnend für Beziehungen, in denen Gewalt herrscht. Eine Frau berichtete, daß ihr Mann sie bewußt davon abhielt, bei Familienfesten pünktlich zu sein, und sie dann dazu zwang, sich bei ihren Verwandten für das Zuspätkommen zu entschuldigen. Diese Art von Unterwerfung scheint mit der Epheserpassage in Einklang zu stehen, da nur die Frauen ermahnt werden, ihren Mann zu »ehren«.

Zu einer feministischen Exegese dieses Textes ist es notwendig, daß wir erkennen, welchen Platz er innerhalb der Bibel einnimmt und welche Rolle dieser besondere Schwerpunkt im Epheserbrief in der Kirchengeschichte spielte. In den deuteropaulinischen Briefen können wir eine Abwendung vom egalitären Ethos der Jesusbewegung beobachten. Der Epheserbrief wurde etwa um dieselbe Zeit geschrieben wie der Kolosserbrief, in dem die Unterordnung der Frauen unter ihre Männer ebenfalls betont wird. Dies ist die erste der sogenannten Haustafeln, eine Reihe von Ermahnungen zum häuslichen Gehorsam in den frühchristlichen Gemeinden (Mann–Frau, Eltern–Kinder, Herren–Sklaven).

In Kol. 3, 11 werden Frauen aus der ansonsten vollständigen Wiederholung der Taufformel aus Gal. 3, 28 ausgespart: »Wo das geschieht, gibt es nicht mehr Griechen oder Juden, Beschnittene oder Unbeschnittene, Fremde, Skythen, Sklaven oder Freie, sondern Christus ist alles und in allen.« »Nicht Mann und Frau« scheint zu einer früheren Vision von Gleichheit zwischen Menschen in Christus zu gehören.

Im Epheserbrief ist die Haustafel auf die Beziehung zwischen Ehemännern und Ehefrauen begrenzt und mit einer Theologie über Christus und die Kirche verknüpft. Dies trägt dazu bei, die kulturelle Vorstellung von Unterordnung, die die Haustafel enthält, mit einer theologischen Legitimation von Herrschaft und Unterwerfung im Haushalt Gottes zu verstärken. Während die negative Ermahnung des Kolosserbriefes (»seid nicht aufgebracht gegen sie« [die Ehefrauen]) milder formuliert wird (»liebt« eure Frauen), wird die unterlegene Position sowohl der Frauen als auch der Kirche zementiert.

Dies ist in der Bibel nicht das einzige Muster für die Beziehung zwischen Gott und den Menschen. Es ist ein Muster, das als Antwort auf die Gesellschaftskritik von Christinnen und Christen entwickelt wurde, deren neugefundene Freiheit sich besonders im Verhalten christlicher Frauen und Sklaven widerspiegelte. Die religiöse Sanktionierung der Unterordnung von Frauen in den Haustafeln ist eine der wichtigsten Legitimierungen der Mißhandlung von Frauen und muß von den Frauen in Frage gestellt werden, damit sie ihr Leben in den Griff bekommen. Eine Frau berichtet von der traditionellen Antwort des Klerus:

»Nun ja, er hat mit uns beiden gesprochen und sich etwa eine Stunde lang hingesetzt und über unsere finanzielle Situation geredet und darüber, wie sich ein Kind auf eine Ehe auswirkt, und über ähnliche Dinge. Dann hat er das Ehegelöbnis angesprochen – »zu lieben, zu ehren und zu gehorchen, bis der Tod uns scheidet«. Und ich debattierte über den Punkt Gehorsam, weil ich denke – weil ich zu der Zeit dachte, gehorchen ist in gewisser Hinsicht in Ordnung, aber wir Frauen können nicht das ganze Leben lang gehorchen. Ich meine, wenn ich ihn bitten würde, mit dem Spielen aufzuhören, dann würde er mir nicht gehorchen, aber ich habe all seinen Anordnungen zu folgen. Dazu wollte der Geistliche nichts sagen« (Dobash und Dobash, S. 33–34).

Im Gegenteil, wir müssen anfangen, über Gehorsam zu sprechen und über die Rolle, die er in der kulturellen Anpassung der Religion an gesellschaftliche Sitten, insbesondere an das Patriarchat, gespielt hat. Wir müssen Kraft finden, diese Vorstellung von Gehorsam gegenüber männlicher Autorität abzulehnen, und dies geschieht, indem wir zu unserem Zorn über das Leid stehen, das Frauen im Gehorsam erfahren haben, der von Eph. 5, 21–33 zur Pflicht gemacht wird.

Die Verbindungen zu Klasse, Rasse und Alter

Im 20. Jahrhundert ist die patriarchalische Exegese von Eph. 5, 21–33 differenzierter geworden. Der Schritt zwischen Kapitel 5 und 6 wurde mehr und mehr zu einer Scheidewand der Interpretation. Eph. 5 wird weiter dahingehend interpretiert, daß der Text ein positives Modell für die Ehe und durch die Ehemetapher für die Kirche anbietet. Mit Eph. 6 wird jedoch nicht auf die gleiche Weise verfahren. Es ist zu schwierig, politisch und gesellschaftlich dafür einzutreten, daß die Beziehung zwischen Herren und Sklaven als Modell für die Beziehung zwischen Christus und der Kirche zu sehen ist. Dies ist allenfalls in den fanatischsten konservativen religiösen Kreisen möglich (Scott Bartchy, S. 50–80; Mission Journal 5, S. 10–14; Barth).

Dies läßt sich anhand der Behandlung von Eph. 6, 5–9 in der Sammlung von Lesungstexten für die Liturgie zeigen, die in Nordamerika am häufigsten verwendet wird, in *The Common Text Lectionary*. Während des zweiten Jahres enthält dieses Lektionar eine Lesungsfolge, die den Epheserbrief und die Johannesbriefe umfaßt. Aber während die Lesungsfolge Eph. 5, 21 einschließt, überspringt sie Kapitel 6, 5–9, was für eine *lectio continua* ungewöhnlich ist.

Die Kapitelaufteilungen wurden im Kanon nachträglich vorgenommen und waren nicht Teil des ursprünglichen Textes des Epheserbriefes. Der Autor trifft keine inhaltliche Unterscheidung zwischen Kapitel 5 und 6. Die Ehemetapher ist eindeutig als Parallele zur Beziehung zwischen Herren und Sklaven gedacht und sollte auch so behandelt werden.

Eine feministische Exegese muß herausarbeiten, in welchem Klassen- und Rassenzusammenhang ein Text steht. Die Sklaverei war Grundlage der vorkapitalistischen Zivilisation in der griechisch-römischen Welt. Die Versklavung unterworfener Völker ermöglichte es dem Römischen Reich, durch billige Arbeitskräfte die Volkswirtschaften des Mittelmeerbeckens zu beherrschen (Leatt u. a., S. 3). In ähnlicher Weise wurde auch die Ehefrau als Sklavin und Arbeitskraft betrachtet (Spr. 31, 10 ff). Indem der Autor des Epheserbriefes gerade dieses Herrschaftsmuster, das heißt die Ausbeutung von Arbeitskräften, wählt, verrät er, in welchem Maße die mittleren und oberen Schichten der griechisch-römischen Gesellschaft die Kontrolle über das Selbstverständnis der Kirche gewonnen hatten.

In der Kirchengeschichte reflektierte einmal der Satz »sie hatten alles gemeinsam« (Apg. 4, 32) das Modell wirtschaftlicher wie auch kirchlicher Organisation. Eine solche gemeinschaftliche Form der Organisation ist mit Taufformeln verknüpft, die die Überwindung hierarchischer und ökonomischer Abgrenzungen betonen (Gal. 3, 28).

In seinem ausgezeichneten Kapitel über den Umgang mit der Bibel in Südafrika *The Use of the Bible in South Africa* argumentiert Jerry Mosala, daß es notwendig ist, die ideologische Bindung des Lesers oder der Leserin eines Bibeltextes und seine oder ihre Verpflichtung gegenüber bestimmten Klassen- und Rasseninteressen kritisch zu untersuchen. Aber überdies, so sagt er, produzieren Klasse, Rasse und Geschlecht Ideologien, die *innerhalb* des Textes in Konflikt stehen. Ideologie, so bemerkt Mosala, ist »eine Harmonisierung von Widersprüchen auf eine Weise, daß die Klasseninteressen einer Gruppe universalisiert und für andere Klassen annehmbar gemacht werden« (Mosala u. a., S. 194). In Eph. 5, 21–33 werden die besonderen Klasseninteressen wohlhabender, Sklaven besitzender Männer als Modell für die Beziehung zwischen Christus und der Kirche universalisiert und so als Ersatz für eine andere, mehr egalitäre gesellschaftliche, politische und ökonomische Vision dargeboten. Ferner haben nachfolgende Interpretatoren dieses Textes, die die gleichen Klassen- und Rasseninteressen und ebenfalls die Beherrschung des anderen Geschlechts zum Ziel haben, den wohlmeinenden Patriarchalismus der Liebesrhetorik im Epheserbrief mit einem glänzenden Anstrich überzogen und diesen Text dazu benutzt, all die körperlichen und seelischen Demütigungen der Sklaverei, das Schlagen von Frauen und die Mißhandlung von Kindern zu rechtfertigen.

In dieser Epheserauswahl geht es auch um die Mißhandlung und wirtschaftliche Ausbeutung von Kindern. Eph. 6, 1–4 ist eine weitere Variation zu dem Leitthema von Herrschaft und Unterwerfung, das der Autor dieses Briefes aufgestellt hat. Kinder waren im ersten und zweiten Jahrhundert nach Christus ein wertvoller ökonomischer Faktor. Sie waren die einzige Altersversicherung; ihre Arbeitskraft wurde in einem vorwiegend auf der Landwirtschaft basierenden Wirtschaftssystem gebraucht. Die Kontrolle, der sich Kinder zu unterwerfen haben, wird durch denselben, sich auf Liebe berufenden, Patriarchalismus wie in Eph. 5,21–33 gemäßigt, aber Herrschaft, nicht Freiheit ist das Thema.

Eph. 6,1–4 und 5–9 haben in der Geschichte einen langen Weg hinter sich. Die Weisung, daß Kinder gehorsam zu sein haben, wird von Alice Miller als Text angeführt, der dazu benutzt wurde, die Mißhandlung von Kindern zu rechtfertigen (Miller, S. 113–117, S. 117–124). Eph. 6,5–9 wurde in den Vereinigten Staaten ausgiebig in Predigten verwendet, die die »peculiar institution«, die Versklavung schwarzer Amerikaner vor und während des Bürgerkrieges, unterstützten, und der Text diente später zur Rechtfertigung der Jim-Crow-Gesetze, die die Schwarzen weiterhin benachteiligten (Smith, S. 54–55, S. 129–165).

Es ist die Enthüllung dieses Kampfes, die Eph. 5,21–33 zu einem so nützlichen Text für die feministische Exegese macht. Die Bibel ist ein Dokument der Befreiung, aber auch des Versuches, die Fülle von Gottes Gegenwart in der Geschichte zu leugnen. Dem revolutionären Umsturz aller Herrschaftsformen, die sich auf eine Hierarchie von Klassen, Rassen und Geschlechtern stützen, widersetzen sich jene, deren eingewurzelte Interessen diese Revolution angreift, *und dieser Widerstand formt einen Teil der biblischen Sammlung selbst.* Als Feministinnen dürfen wir niemals unsere Exegese von all den Kämpfen um Befreiung trennen, und wir müssen bei unseren Bemühungen um eine befreiende Exegese in der Zeit der Abfassung des Kanons ansetzen.

Aus dem Englischen übersetzt von Hilgegard Schneck

Verwendete Literatur

S. SCOTT BARTCHY, »Power, Submission, and Sexual Identity among the Early Christians«, in: C. ROBERT WETZEL (Hrsg.), Essays on New Testament Christianity, A Festschrift for Dean E. Walker, Cincinnati 1978.

MARKUS BARTH, Ephesians, Anchor Bible 34a, Garden City, N. Y. 1974.

The Common Text Lectionary, New York 1981.

R. EMERSON DOBASH und RUSSELL DOBASH, Violence against Wives, New York 1979.

»Human Sexuality and Our Identity«, in: Mission Journal, 5, 1983.

JAMES LEATT, THEO KNEIFEL und KLAUS NURNBERGER (Hrsg.), Contending Ideologies in South Africa, Kapstadt und Johannesburg 1986.

ALICE MILLER, Am Anfang war Erziehung, Frankfurt/M. 1981.

ITUMELENG JERRY MOSALA und BUTI TLHAGALA (Hrsg.), The Unquestionable Right to be Free, Maryknoll, N. Y. 1986.

H. SHELTON SMITH, In His Image, But...: Racism in Southern Religion, 1780–1910, Durham, N. C. 1972.

SUSAN B. THISTLETHWAITE, »Every Two Minutes: Battered Women and Feminist Interpretation«, in: LETTY RUSSELL, Feminist Interpretation of the Bible, Philadelphia 1985. Die deutsche Übersetzung dieses Buches wird im Herbst 1988 im Chr. Kaiser Verlag, München, erscheinen.

Offenbarung 12, 1–9 und 13–17

Die Himmelsfrau

21. Sonntag nach Trinitatis

Ruth Schmidt-Zillessen

Übersetzung nach Walter Jens

1 Da! Das Zeichen! / Die Himmelserscheinung!
Ein riesiges Mal tat sich auf, / Und sichtbar wurde:
Die Frau,
umstrahlt von der Sonne, / der Mond: zu ihren Füßen,
auf ihrem Haupt / ein Kranz aus zwölf Sternen.
2 Ihr Leib war gewölbt: / sie ist schwanger, / die Frau,
sie schreit in Kindsnot, / gequält von den Wehen / und der Not
des Gebärens.
3 Und da! Das andere Zeichen! / Ich sage euch, und das ist wahr:
Ein riesiger Drache erschien / in roten Flammen,
ein Tier, das sieben Schädel hatte / zehn Hörner und sieben Diademe
auf seinen Köpfen.
4 Sein Schweif peitscht / ein Drittel der Sterne vom Himmel
und schleudert sie auf die Erde.
Doch schon tritt der Drache / ihr gegenüber / auf die Frau zu,
die gebären soll,
und wartet auf ihre Not, / um das Kind zu verschlingen.
5 Die Frau gebar ein Kind, / einen Sohn, der einmal
mit dem eisernen Stab in der Hand / die Erdenvölker weiden soll.
Und das Kind ist bewahrt! / Entrückt zu Gott und seinem Thron!
6 Und seine Mutter: In die Wüste geflohen, / an einen Ort,
den Gott ihr zubereitet hat. / Behütet sollte sie sein
und, für zwölfhundertundsechzig Tage, / mit Nahrung versorgt.
7 Und schon brach der Kampf aus, / der Krieg in den Himmeln.
Michael und seine Engel / kämpften gegen den Drachen,
und der Drache, mit seinen Engeln, / kämpfte gegen Michael.
8 Aber siegen – weil er zu schwach war – / konnte er nicht:
Keine Stätte war mehr für den Drachen und seine Engel / kein Ort
in den Himmeln.
9 Hinab auf die Erde / wurde der mächtige Drache geworfen,
die uralte Schlange, / die Teufel heißt und Satanas,
Mordengel der Welt, / Verderber der Menschen,
und seine Boten / wurden hinabgeschleudert mit ihm.
13 Als aber der Drache sah, / daß er verworfen war,
hinabgeschleudert zur Erde,
jagte er der Frau nach, / die ihren Sohn geboren hatte, / verfolgte sie,

14 aber erreichte sie nicht, / denn der Frau wurde das Flügelpaar /
des großen Adlers gegeben: damit sie über die Wüste zu der Stätte flöge,
wo sie, fern von der Schlange, / verborgen bliebe
für eine Zeit, für zwei Zeiten, / für eine halbe Zeit.
15 Da spie die Schlange / einen Strahl Wasser hinter der Frau her,
wie einen mächtigen Strom, / damit sie von der reißenden Flut
fortgeschwemmt würde.
16 Aber die Erde half der Frau, / öffnete ihren Schlund
und schluckte und schlang das Wasser hinunter.
17 Da wurde das Untier zornig, / der Drache, / und machte sich auf,
um Krieg gegen ihre Kinder zu führen: / gegen alle
die Gottes Gebote befolgen / und festhalten an Jesu Vermächtnis.

Die Vision von der Himmelsfrau

Etwa in der Mitte der Offenbarung wird von einer großen Vision berichtet: der Himmelsfrau und ihrem Schicksal. Es ist ein im NT einzigartiger Text. In neun Bildern wird die Geburt ihres Knaben, seine Gefährdung durch den Chaosdrachen, dessen Sturz durch Michael, die Siegesfeier im Himmel, die Verfolgung der Frau durch den Drachen, ihre Flucht und Bewahrung in der Wüste dramatisch dargestellt. Johannes, Apokalyptiker und Prophet, versucht mit Hilfe dieser und vieler anderer Visionen eine ihn und seine Gemeinde bedrängende Gegenwart zu erfassen, zu verstehen und auf Zukunft hin zu verarbeiten; etwa zur Zeit Domitians (81–96). Die Auseinandersetzung mit dem Kaiserkult, mit Macht und Ohnmacht der Gemeinde, die Frage nach dem Sinn leidvoller Erfahrungen schlägt sich in seinen Texten nieder. Mancherlei fremde Traditionen, wie sie damals im Vorderen Orient zusammentrafen und der judenchristlichen Gemeinde bekannt waren, sind in ihnen bewahrt. Johannes läßt sich auf eine Flut von Bildern ein und gibt sie in einer visionär-erregten Sprache weiter. Meines Erachtens handelt es sich in ihnen nicht nur um rational eingesetzte Metaphern für geschichtliche Erfahrung, sondern auch um Gestaltungen aus dem kollektiven Unbewußten der damaligen Zeit, wie sie einem erregten, prophetischen Geist als »Offenbarung« zugänglich werden können. Ihr Gesamtsinn ist nicht nur über die rationale Methode der häufig praktizierten, sogenannten zeitgenössischen Exegese, sondern auch mit Hilfe tiefenpsychologischer Methoden zu erheben. Dabei hat sich der religionsgeschichtlich orientierte Kommentar von Ernst Lohmeyer als hilfreich erwiesen.

Die Überlieferung

Die Überlieferung der Textgestalt von Offb. 12 ist erstaunlich unproblematisch. Es bestand offenbar kein Bedürfnis, an diesem Text etwas zu ändern. Er konnte damals auf mehr Verständnis rechnen als zur heutigen Zeit. Die Geburt des Messiaskindes stand durch alle Zeiten im Zentrum der Exegese. Sie leitet das apokalyptische Endzeitdrama und den Beginn der Gottesherrschaft ein. Die Bedeutung der Frauengestalt ordnete sich diesem Skopus unter. Sie wurde von ihrer Mutterrolle her verstanden.

Die Faszination, welche diese Frauengestalt auf den Betrachter ausübt, macht es nötig, ihr mehr Aufmerksamkeit zu schenken. Die Exegeten weisen auf einen weiten Traditionshintergrund hin. Als Deutung setzte sich durch, daß die Frau die verfolgte Gemeinde repräsentiert, aus deren Mitte der Messias und der Christus hervorgeht. Im Bild der Frau leidet sie unter Verfolgung und wartet als urchristliche Gemeinde auf die endgültige Rettung und auf Befreiung vom Druck widergöttlicher politischer Mächte. Die Auseinandersetzung ist zur Zeit der Offenbarung in vollem Gang. Über die politische Bedeutung des Drachen hinaus ist er aber auch Metapher für alles, was Leben, Hoffnung und Zukunft radikal bedrohen und zerstören kann. Als Erzfeind Gottes zerreißt er die lebendigen Zusammenhänge der Schöpfung. Dieser letzten Bedrohung wird durch den Michaelskampf am Himmel die Spitze abgebrochen. Die Hochspannung der Auseinandersetzung wird dadurch nur gemildert. Bis in unsere Gegenwart hinein bleibt die Frage weiter offen: Wie wird Gott auf allen Ebenen Frieden schaffen zwischen den feindlichen Gegensätzen? Welche Rolle kommt der Gemeinde dabei zu? Wie sieht der Weg zum Frieden aus? Geht es um Kampf und Vernichtung der anderen Seite, oder gibt es eine andere Art der Überwindung, durch Opfer und Hingabe? Beide Möglichkeiten reiben sich in Offb. 12. Es handelt sich um einen versteckten Wertekonflikt.

Für den ersten Weg steht der Michaelskampf mit seinen brutalen Machtspielen auf Erden. Für den zweiten steht der Weg der Frau. Es ist der Weg der »Weisheit Gottes«. Dieser Alternative möchte ich als Hypothese nachgehen.

Der Weg der Frau als Weg der »Weisheit Gottes«

Die Überlieferung einer Messiasgeburt am Himmel ist fremdartig und steht in Spannung zur Überlieferung der Evangelien. Ungewöhnlich ist die Gesamterscheinung als kosmische Göttin, die Trennung der Frau von ihrem Kind, die Flucht mit den Adlerflügeln, der hilfreiche Eingriff der Erde. Die Himmelsfrau erleidet eine Erniedrigung vom Himmel auf die Erde und muß in der Wüste bewahrt werden. Ihre Beziehung zum göttlichen Vater des Kindes, der den Knaben (»'arsén«) an sich nimmt, erscheint sehr verborgen und gebrochen.

Lohmeyer (S. 105) weist auf die Vermischung vieler mythologischer Bildelemente hin. Die Erscheinung der kosmischen Göttin am Himmel ist aus ägyptischen und astrologischen Isistraditionen vertraut. Die gefahrvolle Geburt mit dem Drachen als Gegenspieler ist im Isis-Horus-Typhon-Mythos zu Hause bzw. in der griechischen Leto-Python-Sage. Außerdem liegen triftige Hinweise auf die Sophia-Tradition des nachexilischen Judentums vor. Die Herabkunft vom Himmel, Erniedrigung und Flucht, aber auch die bräutliche Vollkommenheit des Anfangs sind mit der Gestalt der Weisheit-Sophia verbunden. Von jeher galt die Weisheit als Gottes Gespielin, Tochter und Braut. Sie ist eine »zweite Person« Gottes, seine Manifestation nach der weiblichen Seite hin, die mit ihm an der Erneuerung des Kosmos arbeitet und als Mittlerin des schöpferischen, erhaltenden, erlösenden Handelns Gottes den Kontakt zum Menschen wahrt (zur Chokma-Sophia-Tradition vor allem Mulack, S. 172ff). Der Hinweis auf die »Kinder der Frau« (V. 17) paßt zur Bezeichnung der Frommen als »Kinder der Weisheit«. In der späteren Apokalyptik wird die Weisheit zur Mutter des Messias. Alle diese Hypostasierungen gehen schließlich auf die endzeitliche Gemeinde über.

Das eindrückliche erotische Bild von der Verbindung Gottes mit einer ebenbürtigen Partnerin, das im Hintergrund dieser

Vision flüchtig aufscheint, entgleitet wieder, läßt sich nicht festhalten. Aber es zeigt, was verlorenging. Immerhin hält die Offenbarung an einer noch ausstehenden Hochzeit fest: Kapitel 21 f. Das letzte Bild der Offenbarung ist das der Heiligen Hochzeit. Das Bild der verlorenen himmlischen Partnerin aber ist im Unbewußten lebendig geblieben bis in die Mariologie hinein. Noch einmal wird in diesem Text das gebrochene Verhältnis der jüdisch-christlichen Tradition zur weiblichen Daseinsweise deutlich. Ausdrücklich wird das männliche Kind zum Vater entrückt. Ver-Söhnung findet statt, Hochzeit aber steht noch aus. Immerhin wird sie mit einer letzten Vollendung in Zusammenhang gebracht. Die archetypische Hochzeit ist noch nicht reif. Die Schwäche der weiblichen Position wird eindrucksvoll ausgeglichen durch den kräftigen Beistand der Erde: ein archaischer Zug, ein Rückgriff auf schlummernde »weibliche« Kräfte, die sich plötzlich regen (V. 16). In der Offenbarung ist das Endbild der Hochzeit in Entwicklung begriffen. Die Hochzeit des Lammbräutigams, das heißt Gottes in seiner Tiergestalt, und die Hochzeit des Messias mit der bräutlichen, heiligen Stadt sind beide dem Menschlichen nicht ganz adäquat, sondern gleichsam nach unten und oben verzogen. Zwischen diesen Extremen muß noch etwas »Humanes« entwickelt werden. Dennoch bringt die Vorstellung von der Hochzeit des Lammes einen Fortschritt. Das Lamm ist die Schwachstelle der streitbaren patriarchalischen Hierarchie. Es rückt in den Mittelpunkt als blutiges Lämmlein. Dies Bild sorgt dafür, daß die Kampf- und Vergeltungsbereitschaft der himmlischen Heerscharen von einer sanfteren, schmerzempfindlichen Haltung her unterlaufen wird. Das Lamm, das Messiaskind, die Frau und ihre Geburt gehören in ihrer Verletzlichkeit zusammen. Dahinter ist der beziehungsstiftende Archetyp der Sophia, umherwandernd und das Menschliche suchend, wirksam.

Logos und Sophia

Theologiegeschichtlich ist das anbrechende zweite Jahrhundert die Zeit, in der Logoschristologie und Sophiatheologie nebeneinander hergehen und miteinander konkurrieren. Der vorliegende Text mag im Vorfeld endgültiger Entscheidung für die erstere entstanden sein. Als sich die westliche Theologie im Gegensatz zur Ostkirche einer weiblichen Repräsentanz im Gottesbild beraubte, hat sie nicht nur Frauen um Differenzierung und Entwicklung ihrer weiblichen Identität gebracht. Logos und Sophia sind beide ein geschwisterliches Paar. Ursprüngliche Hoheit und ihre Entäußerung von Macht verbinden sie miteinander. Aber der Logos bleibt am »Geistvater« orientiert, die Sophia in der Hingabe an das Zusammenspiel starker und schwacher Kräfte, das heißt an menschlichen Möglichkeiten. Neben der Ablehnung durch die westliche Theologie hat die Sophia Aufnahme in der Ostkirche gefunden. In ihrer schlichten, reifen Gestalt als »Frau Hochwürden« (wie eine alte Dame ihre Pfarrerin betitelte) blickt sie aus der Apsis der Hagia Sophia, wurde sie zum Herzstück ostkirchlicher Pneumatologie und Frömmigkeit. Im Westen half Offb. 12 die Mariologie üppig auszugestalten. Maria: Himmelskönigin, Mutter, Braut, Mittlerin. Ihre Entfaltung zu größerer Eigenständigkeit blieb ihr durch die »Klammer der Christologie«, in der sie leben muß, verwehrt, auch und besonders im protestantischen Raum. Das derart an seiner Entfaltung gehinderte Urbild, der weibliche Partner der Heiligen Hochzeit oder das ebenbürtige Geschwisterpaar behindert Frauen und Männer darin, das zu werden, was sie einander sein könnten und sollten. Das Urbild des himmlischen Paars aus dem Hohenlied Salomos ist in der Offenbarung wie aus weiter Ferne zu hören in den sehnsüchtigen Rufen der Liebenden nach einander: Komm! (22, 17f u. ö.)

Die Wirkung der Sophia

Was bedeutet es eigentlich, vom Archetyp der Sophia beeindruckt zu sein und ihren Geist in sich wirken zu lassen? Dies läßt sich andeutungsweise erheben, wenn man die Gestalt der Sophia meditiert. Ich sehe sie so: bewegt von dem, was Menschen voneinander und über die Welt erfahren. Mitwisserin will sie sein, nicht um mit diesem Wissen zu herrschen, sondern um zu helfen. Sophia dient mit ihrem Wissens- und Erfahrungsvorsprung. Sie sucht Beziehung zu allem Geschaffenen und zum Schöpfer, auch wenn sie abgelehnt wird. Sie sucht das Verlorene und Zerstreute, um zerbrochene Beziehungsgefüge wieder heil zu machen. Sie ist für Austausch auf allen Ebenen und will nicht ohne die anderen sein. Vielleicht ist der Kirchentag eine vorübergehende Wohnung, ein Marktplatz für Sophia (Luk. 7, 31 ff), wo im Vorübergehen Hohes und Tiefes, Freuden und Sorgen ausgetauscht werden und wo Solidarität geübt wird. Menschen bekämpfen einander nicht mehr, sondern wollen einander bestärken. Der Jesus des Johannesevangeliums scheint durchdrungen vom Geist der Sophia. Hildegard von Bingen lebt spürbar mit dem archetypischen Bild der Sophia, wenn sie Gotteserkenntnis, Wissenschaft und Kräutertherapien in einen fließenden Zusammenhang bringt und ihren Schwestern und Brüdern davon mitteilt. Wir suchen heute nach Heilszeichen und heilenden Zusammenhängen, die unsere Selbsttötung und den Mord an der Erde verhindern. In Katastrophenzeiten muß Sophia in ihrer Verborgenheit aufgesucht werden (das Suchmotiv gehört zu ihr). Sie vermag vielleicht überdimensionale heillose Probleme auf ein menschliches Maß zu bringen.

Zur praktischen Gestaltung

Ich könnte mit diesem Text eine Bildmeditation halten zum Thema: »Gesichter der Maria« und dabei den Schwerpunkt »Sophia« setzen. Dias müssen dazu gemäß dem, was die Interpretin bewegt und was sie vermitteln möchte, ausgewählt werden. Das Ziel ist, den Boden zu bereiten für ein vertieftes Selbstverständnis bei Frau und Mann.

In das derzeitige Katastrophenbewußtsein hinein kann die sammelnde und erneuernde Gestalt der Jesus-Sophia gepredigt werden, die in der Offenbarung beängstigenden Gewalten gegenübergestellt wird. Mit einer Vorbereitungsgruppe können Symbolhandlungen überlegt werden, die das Verbinden unserer Umweltwunden im einzelnen darstellen und anregen.

Kurt Marti, So zart ist die Gottheit

Spricht der eine: »Alles, was man über Gott sagen kann, ist Gott.«
Spricht der andere: »Alles, was man sagen kann, ist nicht Gott.«
Spricht Meister Eckhart: »Beide reden wahr!«
Und ich denke: So zart also ist die Gottheit!
Die Zangen der Logik fassen sie nicht.

Verwendete Literatur

ROLAND BERGMAIER, »Altes und Neues zur Sonnenfrau am Himmel«, in: ZNTW 73, 1982, S. 97–109.

CHRISTIANE BUSCH, Gemeinde gemeinsam entdecken. Bilder, Texte, Gedanken zur Offenbarung, Calw/Stuttgart 1980.

WALTER JENS, Das A und O. Die Offenbarung des Johannes, © Radius-Verlag, Stuttgart 1987.

ERNST LOHMEYER, Die Offenbarung des Johannes, Tübingen 1953.

KURT MARTI, Ungrund Liebe. Klagen – Wünsche – Lieder, © Radius-Verlag, Stuttgart 1989.

CHRISTA MULACK, Die Weiblichkeit Gottes, Stuttgart 1983.

ROSEMARY RADFORD-RUETHER, Maria – Kirche in weiblicher Gestalt, München 1980.

ANTON VÖGLE, »Mythos und Botschaft in Apk 12«, in: G. JEREMIAS, H. W. KUHN und H. STEGEMANN (Hrsg.), Tradition und Glaube. Festgabe für K. G. Kuhn, Göttingen 1971.

MARIA WARNER, Maria – Geburt, Triumph, Niedergang, Rückkehr eines Mythos?, München 1982.

Anhang

Zwei Beispiele

1. Mose 1, 1–2, 4a

Hört die Frauen

Frauenforum Kirchentag Frankfurt 1987

Ute Knie, Heidi Rosenstock und Eva Renate Schmidt

Vorbemerkung

An vier Inseln werden die vier Elemente der Schöpfung symbolisiert durch Farben, Tücher, Wandbehang und Instrumente.
Geist und Wind als grün gestaltete Insel, begleitet von der Querflöte.
Licht und Energie als gelb gestaltete Insel, begleitet von der Gitarre.
Wasser als blaue Insel, begleitet vom Klavier.
Erde als braune Insel, begleitet vom Kontrabaß.
Die nachfolgende Bibelarbeit kann wie angegeben mit verteilten Rollen gelesen werden.

Einleitung

RENATE: 1. Mose 1 ist ein Schöpfungslied, ein liturgischer Text. Wir haben uns von diesem Stil bewegen und führen lassen. Wir werden deshalb mit euch diesen liturgischen Zyklus, das Entstehen der Schöpfung, nacherleben, wiederentdecken.

Bevor wir mit der Arbeit am Schöpfungsbericht selbst beginnen, wollen wir sehen, wo es Parallelen gibt zwischen uns heute und den Menschen damals vor zweieinhalbtausend Jahren, die in der Gefangenschaft, im Exil lebten.

HEIDI: Die Menschen damals fragten: Wie hat es eigentlich angefangen mit unserer Schöpfung?

UTE: Solche Fragen nach dem Anfang stellen wir uns alltäglich, wenn wir nicht weiterwissen.

HEIDI: Die Menschen damals fürchteten sich, waren in einer Krise im Exil, verbannt, weit weg von zu Hause und fragten: Gibt es Gott, um uns zu befreien?

UTE: Auch wir leben heute in einer Krise. Bedroht durch tausendfachen atomaren Tod erleben wir Zerstörung der Schöpfung, Gewalt, Ausbeutung und Unterdrückung. Unsere Schwestern und Brüder in Südafrika sagen: Jetzt ist der Wendepunkt, der Kairos, um nein zu sagen.

HEIDI: Unsere Vor-Mütter und Vor-Väter hatten Angst und fürchteten eine Sintflut.

UTE: Wir heute haben Angst vor einer Sintstrahlung.

HEIDI: Unsere Vor-Mütter und Vor-Väter fürchteten ein Sintchaos.

UTE: Ein Sintchaos, das fürchte ich auch!

HEIDI: Unsere Vor-Mütter und Vor-Väter fragten: Wie verläßlich ist Gott?

UTE: Wie erfahren wir Gott heute?

HEIDI: Die Menschen damals komponierten ein Schöpfungslied – wider alle Verzweiflung.

Bibelarbeit

UTE: Wir wollen mit euch diese gute alte Schöpfungsgeschichte heute wieder entdecken. So fängt sie an:

STIMME: Am Anfang schuf Gott Himmel und Erde.

RENATE: Halt! Halt! Das ist nur die Überschrift. Alles beginnt mit einem großen Tohuwabohu. Alles zappelt, wimmelt, es ist eng, gibt Druck, ein Gewimmel wie hier. Niemand weiß, wo geht's hin, was wird entstehen? Laßt uns das nun auch machen, was wir eben hier erleben. Ruckelt euch auf eurem Platz zurecht und zappelt ruhig ein bißchen. Fühlt die Enge zu eurem

Nachbarn oder eurer Nachbarin, stoßt euch gegenseitig etwas an, damit ihr die Bedrängnis hier auch spürt, und murmelt dabei das hebräische Wort: Tohuwabohu, Tohuwabohu, Tohuwabohu. Damit fängt die Schöpfungsgeschichte an.

In diesem Tohuwabohu haben wir als eine erste Ordnung Zeit, Raum und Ruhe entdeckt.

UTE: Ich bin Frau Zeit!

HEIDI: Ich bin Raum!

RENATE: Ich spreche für die Ruhe. Ich möchte euch das sagen, was mich nachdenklich macht, wenn ich zur Ruhe komme.

UTE: Nehmt euch Zeit.
HEIDI: Nehmt euch Raum.
RENATE: Nehmt euch Ruhe.

STIMME: Am Anfang schuf Gott Himmel und Erde. Und die Erde war wüst und leer, und es war finster auf der Tiefe, es war ein Tohuwabohu, und Gottes Geist schwebte über den Wassern.

UTE: Zeit? Das war alles vor meiner Zeit. Mich gibt es noch nicht. Noch keine Lebenszeit, weder Tage, Monate noch Jahre. Keine Uhr, kein Ticken und Weckerklingeln, weder Sanduhr noch Sonnenuhr. Kein Küchenwecker, keine Stechuhr, um Arbeitszeit zu messen, und kein Radiowecker zum Aufstehen. All das ist vor meiner Zeit.

HEIDI: Ich als Raum warte im Tohuwabohu. Ich will Raum werden.

RENATE: Wenn ich zur Ruhe komme, steigen in mir Gedanken auf: Es gibt einen Anfang *vor* dem Anfang. Ehe ich bin, werde ich schon erwartet. Die Ruach, Geist Gottes, schwebt. Es gibt etwas über dem Chaos des Anfangs und will bewegen.

Laßt uns alle einmal tief Luft holen. (Pause.) Achtet beim Ein- und Ausatmen auf den Rhythmus des Ein und Aus. Ein und Aus. Achtet auf das Aufnehmen und Loslassen. Achtet darauf, wie der Atem euch bewegt.

GEIST-INSEL: (Querflöte fängt an zu spielen, paßt sich dem Rhythmus des Ein- und Ausatmens an.)

STIMME: Und Gott sprach: »Es werde Licht!« Und es ward Licht. Und Gott sah, daß das Licht gut war. Da trennte Gott das Licht von der Finsternis und nannte das Licht Tag und die Finsternis Nacht. Und Gott sprach: »Es werden Lichter an der Feste des Himmels, die da unterscheiden Tag und Nacht und geben Zeichen, Zeiten, Tage und Jahre, und seien Lichter an der Feste des Himmels, daß sie scheinen auf die Erde. Und es geschah so. Und Gott machte zwei große Lichter, ein großes Licht, das den Tag regiere, und ein kleines Licht, das die Nacht regiere, dazu auch die Sterne. Und Gott setzte sie an die Feste des Himmels, daß sie scheinen auf die Erde und den Tag und die Nacht regieren und scheiden Licht und Finsternis. Und Gott sah, daß es gut war.

UTE: Ich, als die Zeit, finde mich in der Unterscheidung von hell und dunkel, Licht und Finsternis, düster und heiter, Anfang und Ende.

Aus dem Dunkel der Nacht habe ich den Tag geboren. Der erste Geburts-Tag meines zeitlichen Empfindens. Ich kenne das Morgen-Grauen. Kennt ihr auch die Angst davor, daß uns die Augen aufgehen? Jeden Tag neu? Ab jetzt ist Zeit: Ich bin da, geboren.

Ab jetzt folgt auf Abend Morgen, nach dem Morgen wird Tag und Nacht. Abend, Nacht, Morgen, Tag, Abend, Nacht. (Pause.)

Meine kleinen Zeiträume sind Tag und Nacht. Meine großen Zeiträume sind berechnet nach den Gestirnen. Nach Mond, Sonne und Sternen. Ab jetzt ist meine Zeit begrenzt. Und meine Zeit schafft Raum, Lebens-Raum.

HEIDI: Noch gehe ich mit der Zeit, sie ist meine Schwester. Ich gehe mit ihr vom Aufgang der Sonne bis zu ihrem Niedergang.

RENATE: Die Lichter, Sterne, Mond und Sonne, geben uns Zeichen, erleuchten unseren Weg. Sie sind Erinnerungs- und Wegzeichen. So verläßlich wie ihre Wiederkehr ist die Treue Gottes. Es gibt jetzt nicht nur einen Anfang, sondern auch ein Ende, das wieder zum Anfang führt.

UTE: Nehmt euch mal einen Augen-Blick Zeit, schließt eure Augen, und es wird Nacht. Erlebt das Dunkel. Erlebt den Übergang von der Nacht zum Morgen-Grauen. Bevor ihr eure Augen wieder öffnet, blinzelt. Mit jedem Augen-Blick habe ich die Möglichkeit, meine Augen zu öffnen oder zu verschließen. Erfahrt diesen Wechsel mit euren eigenen Augen-Blicken. Denn ich trage die Zeit in meinen Augen.

LICHT-INSEL: (Gitarre fängt an zu zupfen, bis schließlich die Flöte mit einstimmt.)

Stimme: Und Gott sprach: »Es werde eine Feste zwischen den Wassern, die da scheidet zwischen den Wassern.« Da machte Gott das Firmament und schied das Wasser unter der Feste von dem Wasser über der Feste. Und es geschah so. Und Gott nannte die Feste Himmel.

Heidi *(mit Gebärden):* Gott gibt mir eine Feste. Und ich sehe, ich bin Anfang und Ende, oben und unten, links und rechts, hier und dort. Meinen Raum erfahre ich nur, wenn ich Grenzen setze. Findet eure eigenen Grenzen durch verschiedene Gebärden. Dabei könnt ihr spüren, was es heißt: Ich grenze aus, ich grenze ein, ich schicke weg, ich ziehe heran. Der Abstand zwischen uns ist der Raum, den ich brauche. Die deutlichste Grenze, die ich erfahre, sind Tod und Geburt. Unser Schöpfungslied singt den Lobpreis der Geburt.

Stimme: Und Gott sprach: »Es wimmle das Wasser von lebendigem Getier, und Vögel sollen fliegen auf Erden unter der Feste des Himmels.« Und Gott schuf große Walfische und alles Getier, das da lebt und webt. Und Gott sah, daß es gut war.

Heidi: Meine Räume sind das Weltall, die Himmel und die Wasser. Die Mondin am Himmel und die Wasser bleiben Schwestern, sie spielen mit ihren Kräften. Die Mondin wiegt die Wasser, Ebbe und Flut, Ebbe und Flut. In den Himmeln wohnen kleine lebendige Wesen mit Flügeln und in den Gefäßen mit Wasser wimmeln lebendige Wesen mit Seelen. Alle nach ihrer Art: Zwischen Himmel und Wasser gibt es noch viele, die Wohnung suchen.

Ute: Nach den Gezeiten des Wassers lebe ich. Ich ströme, überfließe und fließe zurück. Wie Ebbe und Flut. Im Rhythmus mit dem Mond, im Rhythmus mit der Mondin lebe ich zyklisch. Erstes Lebendiges wird aus dem Wasser, dem Fruchtwasser, geboren. Alle Wesen haben nun ihre Zeit, wenn sie nicht gewaltsam getötet werden. Alles hat jetzt seine Zeit: Gebären und Sterben, Einatmen und Ausatmen, Kommen und Gehen, Flüchten und Standhalten, Aufhören und Anfangen.

Renate: Das Wasser erinnert mich an die Quellen meines Lebens: Wenn ich mich eingeengt und ziellos fühlte, machten andere Platz für mich. Wenn ich sprachlos war, gab mir ein Wort, eine Gebärde wieder Leben. Wenn ich niedergeschlagen und traurig war, stand mir jemand bei und richtete mich auf. Immer wieder bestätigt sich das, was mir im Wort der Wassertaufe zugesagt wurde: Gott liebt das Leben.

Seit wir aus dem Wasser gezogen sind, sind wir aufs Schöpfen angewiesen. Wir können selber zur Quelle gehen und uns holen, was wir brauchen.

Steht auf und schöpft. Schöpft, so viel ihr könnt. Fügt eure Hände zusammen und sammelt – gebt es zurück zur Erde – schöpft und gebt es weiter – schöpft und nehmt es auch für euch, schöpft weiter. (Diese Sätze werden begleitet von Gebärden.)

WASSER-INSEL: (Das Klavier beginnt zu spielen.)

RENATE: Und siehe, es ist gut.

STIMME: Und Gott sprach: »Es sammle sich das Wasser unter dem Himmel an besondere Orte, daß das Trockene sichtbar werde.« Und es geschah so. Und Gott nannte das Trockene Erde. Und Gott sprach: »Es lasse die Erde aufgehen Gras und Kraut, das Samen bringe, und fruchtbare Bäume auf Erden, die alle nach ihrer Art Früchte tragen, in denen ihr Same ist.« Und es geschah so.

Und Gott sprach: »Die Erde bringe hervor lebendiges Getier, ein jedes nach eigener Art: Vieh, Gewürm und Tiere des Feldes.«

Und so geschah es.

Und Gott machte die Tiere des Feldes, ein jedes nach eigener Art. Und Gott sah, daß es gut war.

HEIDI: So gibt mir Gott die Erde zum Gestalten. Ich bin die Mutter für viele Räume. Ich teile sie ein in Wohngemeinschaften, in Urwälder, Steppen, Inseln, Wüste, Berge und Täler. Ich gebe Raum für Horden, Familien, Gruppen, Völker, Staaten. Ich arbeite. Ich teile in Räume für Pflanzen und Tiere, Bakterien und Pilze und Viren, jedes nach eigener Art kann Wohnung nehmen in mir und auf mir. Ich teile und teile und teile in Samen und Ei. Ich teile in Zellen, Moleküle, Atome und mache dann halt. Halt! Keine weitere Spaltung! Keine Kernspaltung! Meine Räume sind offen und geschlossen zugleich. Das ist mein Geheimnis. Ich teile es mit meiner Schwester, der Zeit.

UTE: Wir beide, Zeit und Raum, bilden jetzt Zeit-Räume. Ich bin beeinflußt durch das Klima wie Sonnenwärme und Kälte, Wind und Regen, Sommer und Winter.

HEIDI: Mit mir und in mir läßt die Erde werden und vergehen. Ich gebe Fruchträume für Neues und Räume, in denen ich Vergangenes auflöse...

RENATE: ...und verwandle. Es gibt neben dem Wachstum nun auch die Vergänglichkeit, die wieder zu neuem Leben führt. Gott gibt Macht ab und teilt sie mit der Erde. Gott macht einen Vertrag mit der Erde, sie wird seine Partnerin und Mitarbeiterin. Beide übernehmen eine Treue- und Fürsorgepflicht.

Hier wird ein zweiseitiger Bund vorbereitet als Modell für die Partnerschaft zwischen Gott und Mensch. Wohin gehört nun die Erde? Zu Gott oder zu uns Menschen?

UTE: Die Erde hat ihre eigene Zeit. Die Zeit der Brache, des Wachsens und des Fruchtbringens. Mich ermutigt die Verheißung: »Solange die Erde steht, soll nicht aufhören Saat und Ernte, Frost und Hitze, Sommer und Winter, Tag und Nacht.«

Es gibt nun Vergangenes, Gegenwart und Zukunft.

RENATE: Von nun an bis in Ewigkeit.

ERD-INSEL: (Der Baß fängt an zu improvisieren, allmählich fallen alle anderen Instrumente mit ein.)

STIMME: Und Gott sprach: »Lasset uns Menschen machen.«

RENATE: Gott und die Erde schaffen die Erdkreatur.

STIMME: »Lasset uns Menschen machen, ein Bild, das uns gleich sei.«

RENATE: Gott *und* die Erde schaffen die Erdkreatur zum Bild Gottes. Sehet, welch ein Mensch in der Frau. Sehet, welch ein Mensch im Mann. Sehet, welch ein Gott als Schöpferin und als Schöpfer. Alle Menschen sind Abbild Gottes. Alle Menschen:

die Frau, die gestern abend vergewaltigt wurde;
die Mexikanerin in ihrer fensterlosen Küche;
die Opfer der Hiroshima-Bombe;
Schwarze, verbannt in die Homelands Südafrikas;
Bischöfinnen, wenn es sie gibt.
Alle Menschen sind Abbild Gottes.

STIMME: »Lasset uns Menschen machen, ein Bild, das uns gleich sei: die da gesetzt sind über die Fische im Meer und über die Vögel unter dem Himmel und über das Vieh und über alle Tiere des Feldes und über alles Gewürm, das auf Erden kriecht.« Und Gott schuf Menschen sich zum Bilde, zum Bilde Gottes schuf sie Gott, und schuf sie als Frau und Mann.

UTE: Ich, die Zeit, war vor den Menschen da und werde auch nach den Menschen dasein. Ihr Menschen, ihr Frauen und Männer, hört doch, ihr seid nicht Anfang und Ende der Zeit, sondern nur ein kleiner Teil im kosmischen Geschehen.

Ihr Menschen könnt mich, die Zeit, nicht besitzen, obwohl ihr ständig versucht, mich einzusparen. Ihr könnt keine Zeit-Sparkassen einrichten oder mich auf die hohe Kante legen. Ihr könnt mich nur liebevoll verschenken.

Nimm dir doch eine Handvoll Zeit. Laß sie durch die Hände rinnen. Meine Zeit liegt in deinen Händen.

HEIDI: Gott nimmt in den Menschen Raum, Wohnung in mir. Ich bin Abbild Gottes, eine Frau, nehme auf, bringe hervor. Wir selbst können nun Wohnungen bauen. Räume zum Arbeiten und Ruhen, Räume zum Träumen, Denken und Spielen. Räume, geschlossen und offen. Ich entscheide, was in mir lebt, was draußen bleibt. Ich kann aufbrechen und gehen wie viele vor mir. Wir bauen Wiegen und Särge, Baracken und Paläste, Zelte, Dome und Hüttenkirchen, goldene Käfige und Gefängnisse. Räume mit und ohne Gott. Räume, in denen wir gebären, sterben, leiden, kämpfen, aufstehen und protestieren. Das sind keine Räume mit einem privaten Herrgottswinkel, sondern Räume, die Gott mit uns zusammen ganz erfüllt.

RENATE: Seht Gott. Sie beauftragt uns. Sie setzt uns über die Erde. Sie setzt uns nicht über die Sterne. Sie beauftragt uns auch nicht zu einem Krieg der Sterne. Wir sind auch nicht gesetzt über die Zeit und den Raum. Beide gehören zu dem, was wir nicht vermehren können. Der Auftrag Gottes bezieht sich auch nicht auf die Herrschaft des Menschen über den Menschen. Kein Mensch darf über einen anderen herrschen. Kein Mann über eine Frau. Keine Frau über einen Mann. Weiße nicht über Schwarze, Schwarze nicht über Schwarze, Schwarze nicht über Weiße.

UTE: Wir sind gleichzeitig geschaffen, Frauen und Männer. Ich bin das Abbild Gottes, eine Frau. Ich bin nicht Adams Rippe. Ich bin das Abbild Gottes, am Morgen, Mittag und Abend meines Lebens, ich bin, die ich bin, die ich sein werde.

RENATE: Gott richtet uns auf durch diese Beauftragung. Wir sind zu Mit-Schöpferinnen gemacht. Wir sind beauftragt, für diese Erde zu sorgen, für ihre Grundrechte zu kämpfen, sie zu verwalten und sie nicht zu zerstören.

Gott ist mehr als *Mann* oder *Frau*. Solange wir Gott nur als Vater oder Herr ansprechen, tragen wir bei zur Vergötzung und Verherrlichung des Männlichen in unseren Kirchen. *Frauen* und *Männer*, diese Beauftragung bedeutet Kampf und Ausdauer.

Richtet euch auf, steht alle auf. Ihr seid ein Abbild Gottes. Schaut euch um in diesem Raum – schaut euch gegenseitig an. Ihr seht ein Abbild Gottes.

(Die Musikerinnen machen einen Klangteppich mit Vokalen, alle summen mit, Töne gehen von Insel zu Insel.

Murmelphase im Plenum zum Thema: Ich bin Abbild Gottes.)

Trialog zwischen Zeit, Raum, Ruhe

STIMME: Und Gott sah, daß es gut war.

RENATE: War es wirklich gut, Schwestern?

HEIDI: Gut vorbereitet ist sie, unsere Schöpfung; wie ein gut gedeckter Tisch, an dem alle Platz haben.

UTE: Aber ich will dir meine Ängste sagen: Ich habe das Gefühl, die Zeit läuft gegen uns. Die Menschen sollten die Schöpfung vollenden, und sie sind dabei, sie fertigzumachen.

RENATE: Noch leben wir in der Bewegung des Geistes, der Ruach, die über der Schöpfung schwebt. Aber es könnte wieder ein Chaos ausbrechen, ein von uns gemachter atomarer Super-GAU, den wir nicht mehr kontrollieren können und der uns alle zerstört.

HEIDI: Wir geben uns mit unseren Lebensräumen und unserem Lebensstandard nicht zufrieden. Wir räubern in anderen Ländern der Zweidrittel-Welt.

UTE: Ihr meint ein neues Sintchaos, selbstgemacht von uns?

Abwechselnd: Hungerbombe,
Gift und Müll,
Pseudokrupp,
Erstickungsanfälle von Kindern,
die Luft ist vergiftet,
Kindermißbildungen nach Atomversuchen im Pazifik,
künstlich hergestellte Menschen,
Leihmütter,

Genmanipulation,
die Bäume sterben,
tote Fische im Rhein,
verseuchte Brunnen in Afrika,
verstrahltes Gemüse,
Tiere sterben aus,
auch Pflanzen,
abgeholzte Amazonaswälder,
Slums und Elendsviertel,
Loch in der Ozonschicht.

RENATE: War's gut für unsere Erde, Schwestern?

HEIDI: Wir vergewaltigen die Erde.

UTE: Wir betonieren sie zu.

RENATE: Wir füllen sie mit Müll und zerreißen sie durch unterirdische Atomtests.

HEIDI: Himmel und Erde werden zur Hölle.

UTE: Durch die Hungerbombe.

RENATE: Durch die Atombombe.

UTE: Durch chemische Keule und Krieg der Sterne.

LIED: Guter Gott, steh uns bei.

RENATE: Und für uns Frauen, ist's für uns gut?

HEIDI: Wir haben Angst vor Gewalt. Kinder und Frauen werden mißhandelt und geschlagen, weltweit.

UTE: Ich fürchte die ungeschriebene nächtliche Ausgangssperre für Frauen.

RENATE: Zwei Drittel, die bei uns Arbeitsplätze suchen, sind Frauen. Die Hälfte aller arbeitslosen Frauen bei uns bekommen weder Arbeitslosengeld noch Arbeitslosenhilfe.

UTE: Schaut euch doch den ganzen Kuchen an: Frauen leisten zwei Drittel der Weltarbeitszeit, sie haben ein Zehntel des Welteinkommens und ein Prozent Anteil am Weltbesitz.

HEIDI: Da bleiben nur die Krümel für uns. Das heißt doch, die Armut ist weiblich.

RENATE: Auch in der Kirche sind wir Frauen enteignet.

HEIDI: Die Kirche wird von uns Frauen gefüllt und von Männern verwaltet.

UTE: In der Kirche wollen wir nicht einfach die Hälfte des Kuchens, sondern einen anderen Kuchen.

HEIDI: Wir wissen, daß die ganze Schöpfung seufzt und in Geburtswehen liegt, bis jetzt (Röm. 8, 19–20).

UTE: Menschen haben den Menschen den Krieg erklärt.

RENATE: Die Menschen haben der Natur den Krieg erklärt.

HEIDI: Wir zerstören uns selbst.

UTE: Halt!

RENATE: Im Namen der Schöpfung rufen wir HALT!

Im Namen der Erde rufen wir halt!

Im Namen des Wassers rufen wir halt!

Im Namen des Lichtes rufen wir halt!

Im Namen der Luft rufen wir halt!

(Wird von je einer Frau von den verschiedenen Inseln gerufen.)

RENATE: Wir Menschen hier rufen halt! Laßt uns alle dreimal rufen. Die ganze Halle: halt, halt, halt!

(Kurze Stille.)

UTE: Wir Frauen nehmen das nicht länger hin.

HEIDI: Wir stehen auf gegen einen gewaltsamen Tod.

RENATE: Wir stehen auf für das Leben.
Gottes gute Schöpfung und wir alle brauchen eine Atempause.

STIMME: Gott vollendete am siebten Tag die Schöpfung und ruhte am siebten Tag von allen Schöpfungswerken. Und Gott segnete den siebten Tag und heiligte ihn, weil Gott an ihm ruhte von allen Werken, die Gott geschaffen und gemacht hat. So sind Himmel und Erde geworden, als sie geschaffen wurden.

UTE: Und Gott nahm einen Schöpflöffel voll Zeit und teilte sie aus, wie eine Mutter die Suppe.

Dir gebe ich eine Atempause.

Und dir gebe ich einen neuen Geburts-Tag; den Tag deines Bewußtseins für deine Mitwelt.

Und dir gebe ich satte Lebenszeit für *alle* Menschen der Erde.

Und dir gebe ich Recht auf Arbeit.

Und dir gebe ich einen wöchentlichen Feiertag.

HEIDI: Gott gibt uns ein Recht auf Lebensraum. Dieser Lebensraum ist zum Teilen da.

RENATE: Die Arbeit ist abgeschlossen, der Sabbat beginnt. An jedem siebten Tag erinnern wir uns daran, daß Gott für uns alle Zeiten der Ruhe vorgesehen hat, der Sabbat als das große Atmenholen von Erde, Mensch und Tier. Wir können alles ruhen lassen: die Arbeit, die Schulden, uns Zeit nehmen für uns selbst, für unsere Beziehungen. Zeiten der Ruhe, das sind Zeiten, in denen wir verzichten können, verzichten auf: besser, mehr, schöner, größer. Zeiten der Ruhe heißt auch: Der Raubbau an unserer Schöpfung, an unserem Körper, an unserer Seele darf aufhören. Sabbat, das ist die Zeit, anderen die Schulden zu erlassen, Abhängigkeiten aufzugeben, selber versöhnt zu werden. Sabbat ist das Fest der Freigelassenen. Sabbat ist die Zeit, anzuhalten, sich selbst zu unterbrechen, die Arbeit zu lassen, dazusein, sich zu erinnern, der Schöpfung nachzusinnen, eine Schöpfungspause zu machen, schöpferische Pause. Dasein dürfen.

Aus der Kraft, die uns in dieser Pause zuwächst, sinnen wir nach, allein und miteinander, über unsere Betroffenheit, über das, was uns angeht. Wir denken nach über den Ort, an dem jede und jeder von uns sich einbringen will.

Gruppengespräche
Gruppengespräche an den Inseln. In den Gruppen werden einzelne Botschaften aufgeschrieben; jeweils zur Überschrift:
Wir protestieren.
Wir unterstützen.
Wir fordern.

Botschaften
Nach den Gruppengesprächen können von den einzelnen Inseln Botschaften verlesen werden. Das Plenum antwortet je nach Inhalt mit: »Kyrie, guter Gott, steh uns bei«; »Du Gott stützt mich, du Gott stärkst mich, du Gott machst mir Mut«; »Hört auf die Frauen, hört, hört auf!«

Speziell für diese Bibelarbeit entwickeltes Liedmaterial kann bei Monika Astrid Kittler, Siemensstr. 11, 6000 Frankfurt 70 bestellt werden.

Frauen und Kirche

Wir protestieren: Gegen das männliche Gottesbild in unserer Kirche, / gegen die Sündenbockrolle, die Eva zugeschrieben wird / gegen Hierarchie in der Kirche.

Wir fordern: Gleiche Chancen für Frauen in Kirche und Politik / eine frauengerechte Sprache in Gottesdienst und Kirche / in jeder Landeskirche ein Frauenreferat / Aufhebung des Lehrverbots für feministische Theologinnen / Pröpstinnen und Bischöfinnen oder Umwandlung in Teamleitungen, an denen Frauen beteiligt sind / mehr Solidarität unter uns Frauen / frauengerechte Kirchenlieder.

Wir erwarten: Ich möchte als Frau im Gottesdienst vorkommen / ich möchte als Gemeindeglied miteinbezogen werden in eine neue Theologie / ich möchte nicht von der Kanzel herab für dumm verkauft werden / die Kirche soll feministische Theologinnen unterstützen / eine weibliche Sicht des Evangeliums / mehr Spiritualität / eine Kirche, die sich für Menschenrechte einsetzt.

Frauen und Gesellschaft

Wir protestieren: Gegen die geheime nächtliche Ausgangssperre für Frauen / gegen Vergewaltigung / gegen Gewalt in der Ehe / gegen Diskriminierung der lesbischen Frauen und der Aidskranken / gegen jegliche Unterdrückung / dagegen, daß Männer bestimmen, wie Frauen sein sollen.

Wir fordern: Mehr Teilzeitarbeit für Männer und Frauen / flexible Öffnungszeiten für Kindergärten / Versicherungsschutz für Hausfrauen / Richterinnen in Vergewaltigungsprozessen.

Frauen und Umwelt

Wir protestieren: Gegen Genmanipulationen, Atomwaffen, Rüstungsexport / gegen rasches Wachstum / gegen Hoffnungslosigkeit und Resignation.

Wir fordern: Alternative Energieprogramme / getrennte Wassersysteme für Trink- und Brauchwasser / getrennte Mülltonnen / umweltbewußte Erziehung / wir unterstützen die Idee eines Sabbatjahres für die Menschen zum Atemholen und zur Befreiung aus patriarchalen Strukturen.

Botschaften mittelamerikanischer Frauen

Gott ist ein revolutionärer Gott, der sich entschieden hat für die, die leiden, das heißt nicht, daß er die Herrschenden ausschließt, aber er stellt sie in Frage.

Frauen aus El Savador:
Wir wollen die Armut der Menschen in El Salvador benennen und rufen alle Christen und Christinnen auf, sich zu solidarisieren und praktische Hilfe zu leisten. Wir Frauen möchten eine Regierung, die uns und allen späteren Generationen eine wirklich lebenswerte Zukunft garantiert: kein Krieg, kein Ausverkauf der Natur, keine Diskriminierung.

Wir Frauen aus Mittelamerika fordern mehr Raum, mehr Positionen und mehr Wort.

(Die Bibelarbeit schließt mit einem Friedensgebet der Musikerinnen.)

2. Samuel 21, 1–14

Da nahm Rizpa ein Sackgewand und breitete es aus

Morgenandacht zum Volkstrauertag im Hessischen Rundfunk

Heidi Rosenstock

Erzählungen vom Krieg

»Wie ist das gewesen«, so fragen meine Töchter oft. Sie hören unseren Erzählungen aufmerksam zu.

Ich erzähle von meiner Angst im Luftschutzkeller, vom dumpfen Brummen der heranfliegenden Flugzeuge, dem flakkernden Licht, dem Bombeneinschlag und von meinen Haßgefühlen gegen die Tiefflieger, die uns Kinder auf freiem Feld beschießen.

Das alles bleibt Erzählung, bis wir eines Tages die Briefe meiner gefallenen Brüder in der Hand halten. Meine Mutter hat sie gesammelt. Wir lesen Briefe von 18jährigen jungen Männern, die von der Schulbank auf den Kasernenhof und von dort in die Schützengräben der Front mußten. In einem Brief schreibt der Bruder fast erstaunt: »Wir können die Gesichter der Russen ganz nahe im Schützengraben sehen. Sie sehen aus wie wir, nur die Stahlhelme sind anders.«

Von beiden Brüdern gibt es letzte Briefe. Briefe, deren Inhalte merkwürdig übereinstimmen. Sie fragen nach den Apfelbäumen im Garten, ob die kleine Schwester auch mutig sei.

Ein neues Wort taucht auf im Abschiedsgruß: »In Treue, euer Sohn.« Treue? Ich überlege heute, ist das die Sehnsucht, der Wunsch an die Daheimgebliebenen, nicht vergessen zu werden?

Treue und Trauer – sind das Gefühle, die zusammengehören?

Ist es die Treue zu den verlorenen Brüdern, die mich in jedem Jahr bewegt, zu den Feierstunden an die Ehrenmäler zu gehen, suchend – fragend – nein, so doch nicht?

Was gibt unserer Trauer einen Sinn? Was gibt der Trauer meiner Mutter einen Sinn? Ich erinnere mich an ihre Fassungslosigkeit, an ihre Zusammenbrüche, an ihre lange getragenen Trauerkleider und an ihren Zorn, ihre Ohnmacht. Wo ist Gott?

Die Geschichte der Rizpa

Ich möchte Ihnen von einer Frau aus der Hebräischen Bibel erzählen. Man hatte ihr die Söhne getötet, aber sie läßt sich das nicht bieten, ihre Trauer, ihre Treue führt sie zum Protest. Wieder einmal ist ein großer Krieg vorbei. Das Königreich leidet unter einer Dürrekatastrophe, die zu einer entsetzlichen Hungersnot führt. David, der König, fragt Gott: »Was soll ich nun tun?« Er hört die Antwort: »Auf dem Hause deines Vorgängers liegt noch eine Blutschuld, die mußt du sühnen.« David versteht, will die Ursachen der Not beseitigen und sucht nach Sühneopfern. Er bietet den ehemaligen Feinden sieben Männer aus dem Hause Sauls als Sühneopfer an. Er bestimmt auch die zwölf Söhne des Saul als Opfergabe.

Und Rizpa, eine Nebenfrau des Saul, muß erleben, daß ihr die Söhne genommen werden. Rizpas Söhne und die anderen Opfer werden gehängt. Ihr Sterben dauert einige Tage. Dem Opfergedanken ist Genüge getan, aber die Dürre dauert an.

Was tut die Mutter der Söhne?

Nur zwei Verse im 2. Buch Samuel berichten von Rizpa, der Nebenfrau Sauls: »Da nahm Rizpa, die Tochter Aijas, ein Sackgewand und breitete es für sich aus auf dem Fels am Anfang der Ernte, bis Regen vom Himmel auf die Toten troff, und ließ am Tage die Vögel des Himmels nicht an sie kommen noch des Nachts die Tiere des Feldes. Und es wurde David angesagt, was Rizpa, die Tochter Aijas, Sauls Nebenfrau, getan hatte.«

David läßt daraufhin die Toten des Krieges und die Sühneopfer heimholen und in den Familiengräbern bestatten. Das Kapitel schließt: »Danach wurde Gott dem Lande gnädig.«

Die Geschichte der Rizpa, eine Randgeschichte? Es ist die Geschichte einer scheinbar ohnmächtigen Frau, einer wehrlosen Witwe, die nicht gefragt wird. Ihre Söhne, ihre Sicherheit fürs Alter werden ihr genommen; sie werden umgebracht. Sie dürfen nicht einmal den Heldentod sterben; David benutzt sie als Sündenböcke, um eine alte Rechnung zu begleichen. Diese

Frau tut, was ihr zu tun übrig bleibt. Sie bleibt bei den Toten, sie wacht, sie schützt die Leichen. Sie läßt nicht zu, daß Leben, das sie einmal genährt, behutsam gepflegt hat, würdelos endet. Das ist ihre Treue. Sie muß auch Unterstützung von anderen Menschen erfahren haben, Menschen, die sie dort auf dem Berg besucht haben, ihr etwas zum Essen gebracht haben. Sie wehrt am Tage die Geier ab, in der Nacht die Schakale. Sie schützt die verwesenden Leichen vor der Sonne. Sie ist allein mit den Toten.

Ich kann mir vorstellen, daß sie gefragt hat: Wo ist Gott? Für mich ist Gott in ihrer Beharrlichkeit, in ihrer Treue. In ihrer Trauer lebt eine göttliche Kraft, die sich lange nicht erschöpft. Mag sein, daß sich die anderen Menschen beeindrucken ließen. Jedenfalls melden sie den stummen Protest der Rizpa dem König, und – David reagiert.

Rizpa gibt der Todesgeschichte eine Wende in einen Weg, der den nächsten Abgrund vermeidet, der aus der Hungersnot und dem Sterben herausführt in eine neue, eine lebendige Geschichte.

Wem gilt unsere Trauer, unsere Treue?

Wie erweisen wir dem Leben einen Dienst, heute am Volkstrauertag, 40 Jahre nach unserem letzten Krieg? Wir müssen uns fragen: Haben die Tränen der Mütter Platz in unseren Feierstunden? Frauen halten dort keine Ansprachen.

So bleiben unsere Fragen: Unsere Trauer, unsere Treue, wem gilt sie? Den in den Konzentrationslagern Umgekommenen? Den russischen Gesichtern unter den Stahlhelmen? Ich möchte eine Erinnerung beleben und lebendig halten, die von ganz innen kommt, die mit meiner Geschichte zu tun hat, die zu meinen Toten spricht: Ich will nicht, daß ihr heute noch für irgendwelche politischen Ideen benutzt werdet. Ich will nicht zulassen, daß Millionen Tote gegeneinander aufgerechnet werden. Ich vertreibe die zerstörerischen Gedanken, die Schakale und Geier, die euch in Freund und Feind zerteilen wollen. Es gab und gibt sie nicht, die Felder der Ehre. Aber es gibt eine tiefe beschützende Trauer, eine barmherzige Treue zu den Verlorenen. Wenn wir so erinnern, gewinnen wir vielleicht die Kraft, unsere alten Feindbilder zu begraben.

Was können wir tun? Wir Frauen können wie Rizpa wachen und bleiben. Wir können für den Frieden der Toten protestieren. Unsere Treue, unsere Trauer soll Aufsehen erregen, um endlich die Herrschenden zu überzeugen: Wir wollen unsere Kinder und Männer nicht für eure Ziele opfern. Da machen mir die argentinischen Frauen, die Matres von der Plaza de Mayo, Mut, die jahrelang schweigend zum Regierungsgebäude zogen. Mutig und mahnend trugen sie die Bilder der verschwundenen Männer und Söhne. Sie sind die Rizpas unserer Tage.

Ich wünsche mir heute, daß wir mit unserer Trauer Männern und Frauen Mut machen können, die Sehnsucht nach Frieden weiterzutragen.

Darum bitten wir: Friede sei mit uns. Gott schenke uns in unserer Trauer die beharrliche Kraft, zu wachen, zu mahnen, und die Hoffnung, daß er unserer Erde gnädig sei.

Die Herausgeberinnen

Eva Renate Schmidt

Geboren 1929, ist Pfarrerin und Studienleiterin für Gemeindeberatung in der Evangelischen Kirche in Hessen und Nassau (EKHN), Stellvertretender Präses der Kirchensynode und Mitglied der Kirchenleitung der EKHN. Sie ist Theologin und Gestalttherapeutin sowie ausgebildet in Organisationsentwicklung und Supervision.

Mieke Korenhof

Geboren 1942 in Amersfoort/Niederlande; dort aufgewachsen. Humanistisches Gymnasium. Aufenthalt in der Schweiz (Ökumene). Studium der Theologie (Utrecht, Berlin, Heidelberg). Freiberuflich tätig in Heidelberg. Schwerpunkte: Ökumene, Friedensfragen, Feministische Theologie. 1975–1981 Mitglied des LWB-Projektes »Frauen als Innovationsgruppen«. Beiträge zu feministischer Exegese, zu Frau und Ökumene. Mitarbeit an den »Predigtstudien«. Übersetzungen aus dem Niederländischen und dem Englischen.

Renate Jost

Geboren 1955. 1974–1980 Studium in Bethel, Göttingen, Marburg. 1981–1982 Studium Feministische Theologie am Union Theological Seminary in New York (Abschluß als STM – Master of Sacred Theology). Seit 1984 Gemeindepfarrerin in Frankfurt, daneben u. a. Mitarbeit in Feministischen Werkstätten und Fortbildungsseminaren, gemeinsam mit Dr. Christel Keller-Wendtorff Lehrauftrag für Feministische Theologie an der Universität Frankfurt.

Die Autorinnen und Autoren

ALBRECHT, RUTH, DR.	Vikarin, Hamburg.
ARBEITSGEMEINSCHAFT INNSBRUCK	
– FRICK-PÖDER, RUTH	Institut für alttestamentliche Bibelwissenschaft, Universität Innsbruck.
– HEIZER, MARTHA, DR.	Institut für Katechetik und Religionspädagogik, Universität Innsbruck.
– HOLZKNECHT, HELENE	Religionslehrerin, Innsbruck.
– PISSAREK, HERLINDE-ANNA	Institut für alttestamentliche Bibelwissenschaft, Universität Innsbruck.
– PÖDER, GABRIELE	Probelehrerin, Innsbruck.
– WAGENLEITHNER, BERNADETTE	Religionslehrerin, Kematen.
BAL, MIEKE, PROF. DR.	Institut für theoretische Literaturwissenschaft, Universität Utrecht/Niederlande. Zur Zeit an der Universität Rochester/USA (Dept. of Comparative Literature).
BALZ-COCHOIS, HELGARD	Pfarrerin der Württembergischen Landeskirche. Zur Zeit beurlaubt zur Aufarbeitung ihrer zehnjährigen Lehrtätigkeit in Afrika (1973–1983).
BAUER, ANDREA	Gemeindepfarrerin, Worms.
ELLMENREICH, RENATE	Gemeindepfarrerin, Frankfurt. Dissertationsvorhaben zur Feministischen Theologie.
FUHRMANN, WILHELM	Pfarrer i. R., Redaktor der Bremer Kirchenzeitung, Bremen.
GEBHARDT, ESTHER	Gemeindepfarrerin, Frankfurt.
GERSTENBERGER, ERHARD S., PROF. DR.	Ev.-Theol. Fakultät, Universität Marburg.
HABERMANN, RUTH	Gemeindepfarrerin, Lampertheim.
KESSLER, RAINER, DR.	Wiss. Mitarbeiter an der Kirchl. Hochschule Bethel, Lehrbeauftragter der Universität Frankfurt.
KNIE, UTE	Gemeindepfarrerin, Frankfurt.
KÖHLER, HANNE	Gemeindepfarrerin, Neu Isenburg.
LANGER, HEIDEMARIE	Leiterin der Ev. Frauenarbeit, Lübeck.
LOSCH, ANITA	stud. theol., Erzieherin, Gemeindepädagogin, Gelnhausen.
LÜNEBURG, ELISABETH	Theologin, Dissertationsvorhaben zur Feministischen Theologie.
MAY, MELANIE A., DR.	Pfarrerin, Elgin/USA.
MÜLLER-ROSENAU, FRANZISKA	Gemeindepfarrerin, Melle.

Navè-Levinson, Pnina, Prof. Dr.	Jerusalem. Von 1967–1986 Lehrtätigkeit an der Universität Heidelberg.
Petzke, Gerd, Dr.	Pfarrer, Lehrbeauftragter der Universität Frankfurt.
Radford-Ruether, Rosemary, Prof. Dr.	Garrett Ev. Theol. Seminary, Evanston/USA.
Ringe, Sharon H., Prof. Dr.	Meth. Theol. School, Delaware/USA.
Rosenstock, Heidi	Prädikantin, Gemeindeberaterin, Schwalbach.
Rupprecht. Friederike, Dr.	Pfarrvikarin, Karlsruhe.
Schmidt-Zillessen, Ruth	Krankenhausseelsorgerin, Bad Krozingen.
Schottroff, Luise, Prof. Dr.	Ev.-Theol. Fakultät, Gesamthochschule Kassel.
Thistlethwaite, Susan B., Prof., Dr.	Theol. Seminary, Chicago/USA.
Wacker, Marie-Theres, Dr.	Kath.-Theol. Fakultät, Universität-Gesamthochschule Paderborn.

Literatur zur Feministischen Theologie
Eine Auswahl

BAL, MIEKE, Femmes imaginaires. L'Ancien testament au risque d'une narratologie critique, Utrecht/Paris 1986.

BARZ, MONIKA/LEISTNER, HERTA/WILD, UTE, Hättest Du gedacht, daß wir so viele sind? Lesbische Frauen in der Kirche, Stuttgart 1987.

BERG, SIGRID/BERG, HORST K. (Hrsg.), Frauen. Biblische Texte verfremdet, München 1987.

BØRRESEN, KARI ELISABETH, Subordination et equivalence. Nature et rôle de la femme d'après Augustin et Thomas d'Aquin, Oslo/Paris 1968.

– Anthropologie médiévale et théologie mariale, Oslo/Paris 1971.

BROOTEN, BERNADETTE/GREINACHER, NORBERT (Hrsg.), Frauen in der Männerkirche, München/Mainz 1982.

BROOTEN, BERNADETTE, Women Leaders in the Ancient Synagogue. Inscriptional Evidence and Background Issues, Chico/California 1982.

BÜHRIG, MARGA, Die unsichtbare Frau und der Gott der Väter. Eine Einführung in die feministische Theologie, Stuttgart 1987.

– Spät habe ich gelernt, gerne Frau zu sein. Eine feministische Autobiographie, Stuttgart 1987.

CAPELLE, CATHÉRINE, L'Égalité des sexes selon Saint Paul, Paris 1974.

CONRAD WAHLBERG, RACHEL, Jesus according to a Woman, New York 1975.

– Jesus and the Freed Woman, New York 1978.

CRAIG-FAXON, ALICIA, Frauen im Neuen Testament. Vom Umgang Jesu mit Frauen, München 1979.

CRÜSEMANN, FRANK, »... er aber soll dein Herr sein. Die Frau in der patriarchalischen Welt des Alten Testamentes«, in: Als Mann und Frau geschaffen. Exegetische Studien zur Rolle der Frau (Kennzeichen 2, hrsg. v. GERTA SCHARFFENORTH u. a.), Gelnhausen/Berlin/Stein 1978, S. 13–106.

DALY, MARY, Kirche, Frau und Sexus, Olten (1968) 1970^2.

– Jenseits von Gottvater, Sohn & Co. Aufbruch zu einer Philosophie der Frauenbefreiung, München (1980) 1982^2 (englisch: Boston 1973).

DAUTZENBERG, GERHARD / MERKLEIN, HELMUT / MÜLLER, KARLHEINZ (Hrsg.), Die Frau im Urchristentum, Freiburg/Basel/Wien 1983.

DINZELBACHER, PETER/BAUER, DIETER R. (Hrsg.), Frauenmystik im Mittelalter, Ostfildern/Stuttgart 1985.

Eva, wo bist Du? Frauen in internationalen Organisationen der Ökumene. Eine Dokumentation, Kennzeichen 8, hrsg. v. GERTA SCHARFFENORTH u. a., Gelnhausen/Berlin/Stein 1981.

FRITSCH, SYBILLE / VON WARTENBERG-POTTER, BÄRBEL, Die tägliche Erfindung der Zärtlichkeit. Gebete und Poesie von Frauen aus aller Welt, Gütersloh 1986.

GAUBE, KARIN / PECHMANN, ALEXANDER, Magie, Matriarchat und Marienkult. Frauen und Religion – Versuch einer Bestandsaufnahme, Hamburg 1986.

GERBER, UWE, Die feministische Eroberung der Theologie, München 1987.
GERSTENBERGER, ERHARD S./SCHRAGE, WOLFGANG, Frau und Mann. Biblische Konfrontationen, Stuttgart/Berlin/Köln/Mainz 1980.
GÖSSMANN, ELISABETH, Die streitbaren Schwestern. Was will die feministische Theologie?, Freiburg 1981.
– »Theologische Frauenforschung: Das Menschenbild des Mittelalters und die Stellungnahme der zeitgenössischen Frau. Hildegard von Bingen, Elisabeth von Thüringen, Mechthild von Magdeburg«, in: Zentraleinrichtung zur Förderung von Frauenstudien und Frauenforschung an der FU Berlin (Hrsg.), Frauenstudium – Frauenforschung, Berlin 1983.
– (Hrsg.), Das Wohlgelehrte Frauenzimmer, Archiv für philosophie- und theologiegeschichtliche Frauenforschung, Bd. 1, München 1984.
– (Hrsg.), Eva – Gottes Meisterwerk (ebd. Bd. 2), München 1985.
GÖTTNER-ABENDROTH, HEIDE, Die Göttin und ihr Heros. Die matriarchalen Religionen in Mythos, Märchen und Dichtung, München (1980) 1984[6].
– Die tanzende Göttin. Prinzipien einer matriarchalen Ästhetik, München 1982.
HALKES, CATHARINA J. M. / BUDDINGH, DAAN (Hrsg.), Wenn Frauen ans Wort kommen. Stimmen zur feministischen Theologie, Gelnhausen/Berlin/Stein 1979. Nachdruck Reinbek 1987.
HALKES, CATHARINA J. M., Gott hat nicht nur starke Söhne. Grundzüge einer feministischen Theologie, Gütersloh (1980) 1985[4].
– Suchen, was verloren ging. Beiträge zur feministischen Theologie, Gütersloh 1985.
HARTLAUB, GENO, Freue dich, du bist eine Frau. Briefe der Priscilla, Freiburg 1983.
HEINE, SUSANNE, Frauen der frühen Christenheit. Zur historischen Kritik einer feministischen Theologie, Göttingen 1986.
–Wiederbelebung der Göttinnen? Zur systematischen Kritik einer feministischen Theologie, Göttingen 1987.
HEISTER, MARIA-SYBILLA, Frauen in der biblischen Glaubensgeschichte, Göttingen 1984.
HESCHEL, SUSANNAH (Hrsg.), On Being a Jewish Feminist. A Reader, New York 1983.
HEYWARD, CARTER, Und sie rührte sein Kleid an. Eine feministische Theologie der Beziehung, Stuttgart 1986.
HOCHGREBE, VOLKER / PILTERS, MICHAELA (Hrsg.), Geteilter Schmerz der Unterdrückung. Frauenbefreiung im Christentum?, Stuttgart 1984.
JELSMA, AUKE J., Heilige und Hexen. Die Stellung der Frau im Christentum, Konstanz 1977.
KAHL, SUSANNE (Hrsg.), Die Zeit des Schweigens ist vorbei. Zur Lage der Frau in der Kirche, Gütersloh 1979.
– (Hrsg.), Was meinst du dazu, Gott? Gebete von Frauen, Gütersloh 1984.
KAHL, SUSANNE / LANGER, HEIDEMARIE / LEISTNER, HERTA / MOLTMANN-WENDEL, ELISABETH (Hrsg.), Feministische Theologie-Praxis. Ein Werkstattbuch. Arbeitshilfen 3, 1981.
KASSEL, MARIA (Hrsg.), Feministische Theologie, Stuttgart 1988.
KRATTIGER, URSA, Die perlmutterne Mönchin, Zürich 1983.

Kirchenkanzlei der EKD im Auftrag des Rates der EKD (Hrsg.), Die Frau in Familie, Kirche und Gesellschaft. Eine Studie zum gemeinsamen Leben von Frau und Mann, Gütersloh (1979) 1980[2].

KORENHOF-SCHARFFENORTH, MIEKE (Hrsg.), Aus dem Brunnen schöpfen... Geschichten aus der Hebräischen Bibel und dem Neuen Testament. Von Frauen erzählt und ausgelegt, Neukirchen-Vluyn 1986.

KÜCHLER, MAX, Schweigen, Schmuck und Schleier. Drei neutestamentliche Vorschriften zur Verdrängung der Frauen auf dem Hintergrund einer frauenfeindlichen Exegese des Alten Testamentes im antiken Judentum, Fribourg/Göttingen 1986.

KRUSE, INGEBORG, Unter dem Schleier ein Lachen. Neue Frauengeschichten aus dem Alten Testament, Stuttgart 1986.

LANGER, HEIDEMARIE/LEISTNER, HERTA/MOLTMANN-WENDEL, ELISABETH, Mit Mirjam durch das Schilfmeer. Frauen bewegen die Kirche, Stuttgart 1982.

LANGER, HEIDEMARIE/LEISTNER, HERTA/MOLTMANN-WENDEL, ELISABETH/SCHÖNHERR, ANNEMARIE, Wir Frauen in Ninive. Gespräche mit Jona, Stuttgart 1984.

LISSNER, ANNELIESE (Hrsg.), Du läßt dich finden in uns selbst. Mit neuen Worten beten, Freiburg 1987.

LÜTHI, KURT, Gottes neue Eva. Wandlungen des Weiblichen, Stuttgart/Berlin 1978.

MC FAQUE, SALLY, Speaking in Parables. A Study in Metaphor and Theology, Philadelphia 1975.

– Metaphorical Theology. Models of God in Religious Language, London 1983.

MOLTMANN-WENDEL, ELISABETH (Hrsg.), Frauenbefreiung. Biblische und theologische Argumente, München (1978) 1986[4].

– Ein eigener Mensch werden. Frauen um Jesus, Gütersloh (1980) 1981[2].

– Freiheit–Gleichheit–Schwesterlichkeit: Zur Emanzipation der Frau in Kirche und Gesellschaft, München 1984[4].

– (Hrsg.), Frau und Religion. Gotteserfahrungen im Patriarchat, Frankfurt (1983) 1984[2].

– Das Land, wo Milch und Honig fließt. Perspektiven einer feministischen Theologie, Gütersloh 1985.

MOLTMANN-WENDEL, ELISABETH / SCHÖNHERR, ANNEMARIE / TRAITLER, REINHILD, Seid fruchtbar und wehrt Euch. Frauentexte zum Kirchentag, München 1986.

MORTON, NELLE, The Journey is Home, Boston 1985.

MULACK, CHRISTA, Die Weiblichkeit Gottes. Matriarchale Voraussetzungen des Gottesbildes, Stuttgart/Berlin 1983.

– Maria. Die geheime Göttin im Christentum, Stuttgart 1985.

– Jesus – der Gesalbte der Frauen. Weiblichkeit als Grundlage christlicher Ethik, Stuttgart 1987.

PAGELS, ELAINE, Versuchung durch Erkenntnis. Die gnostischen Evangelien, Frankfurt 1981 (englisch: New York 1979).

PARVEY, CONSTANCE F. (Hrsg.), Die Gemeinschaft von Frauen und Männern in der Kirche. Ein Bericht der Konsultation des ÖRK – Sheffield 1981, Neukirchen-Vluyn 1985.

PASERO, URSULA/PFÄFFLIN, URSULA (Hrsg.), Neue Mütterlichkeit. Ortsbestimmungen, Gütersloh 1986.
PHILLIPS, JOHN A., Eva. Von der Göttin zur Dämonin, Stuttgart 1987.
PFISTER, HERTA, Der an uns Gefallen findet. Frauen im Alten Testament, Freiburg 1986.
PLASKOW, JUDITH, Sin, Sex and Grace. Women's Experience and the Theology of Reinhold Niebuhr and Paul Tillich, Yale University 1975.
RAMSEY MOLLENKOTT, VIRGINIA, Women, Men and the Bible, Nashville 1977.
– Gott eine Frau? Vergessene Gottesbilder der Bibel, München 1985.
RUETHER, ROSEMARY RADFORD/MC LAUGHLIN, ELEANOR (Hrsg.), Women of Spirit. Female Leadership in the Jewish and Christian Traditions, New York 1979.
RUETHER, ROSEMARY RADFORD (Hrsg.), Religion and Sexism, Images of Women in the Jewish and Christian Traditions, New York 1974.
– Frauen für eine neue Gesellschaft. Frauenbewegung und menschliche Befreiung, München 1979 (englisch: New York 1975).
– Maria. Kirche in weiblicher Gestalt, München 1980 (englisch: London 1979).
– Sexismus und die Rede von Gott. Schritte zu einer anderen Theologie. Gütersloh 1985 (englisch: Boston 1983).
– Unsere Wunden heilen, unsere Befreiung feiern. Rituale in der Frauenkirche, Stuttgart 1988 (amerikanisch: San Francisco 1985).
RUSSELL, LETTY M., Human Liberation in a Feminist Perspective. A Theology, Philadelphia 1974.
– (Hrsg.), Als Mann und Frau ruft er uns. Vom nichtsexistischen Gebrauch der Bibel, München 1979 (englisch: Philadelphia 1976).
– Feminist Interpretation of the Bible, Philadelphia 1985.
SCHARFFENORTH, GERTA, »Freunde in Christus«. Die Beziehung von Mann und Frau bei Luther im Rahmen seines Kirchenverständnisses, in: Freunde in Christus... Die Beziehung von Mann und Frau als Frage an Theologie und Kirche (Kennzeichen 1, hrsg. v. GERTA SCHARFFENORTH u. a.), Gelnhausen/Berlin/Stein 1977, S. 183–302.
SCHAUMBERGER, CHRISTINE/MAASSEN, MONIKA (Hrsg.), Handbuch Feministische Theologie, München 1986.
SCHIRMER, EVA, Mystik und Minne. Frauen im Mittelalter, Berlin 1984.
– Müttergeschichten. Frauen aus dem Alten Testament erzählen von ihrem Leben, Offenbach 1986.
SCHÖPSDAU, WALTER (Hrsg.), Mariologie und Feminismus, Göttingen 1985.
SCHOTTROFF, WILLY/STEGEMANN, WOLFGANG (Hrsg.), Traditionen der Befreiung. Sozialgeschichtliche Bibelauslegungen. Bd 2: Frauen in der Bibel, München/Gelnhausen/Berlin/Stein 1980.
SCHOTTROFF, LUISE/SCHOTTROFF, WILLY (Hrsg.), Wer ist unser Gott? Beiträge zu einer Befreiungstheologie im Kontext der »ersten« Welt, München 1986.
SCHÜSSLER-FIORENZA, ELISABETH, In Memory of Her. Theological Reconstruction of Christian Origins, New York (1983) 1985².
SÖLLE, DOROTHEE/SCHOTTROFF, LUISE, Die Erde gehört Gott. Texte zur Bibelarbeit von Frauen, Reinbek 1985.

SÖLLE, DOROTHEE, Lieben und Arbeiten. Eine Theologie der Schöpfung, Stuttgart 1985.
– Das Fenster der Verwundbarkeit, Stuttgart 1987.
SOMMER, NORBERT (Hrsg.), Nennt uns nicht Brüder! Frauen in der Kirche durchbrechen das Schweigen, Stuttgart 1985.
SORGE, ELGA, Religion und Frau. Weibliche Spiritualität im Christentum, Stuttgart (1985) 1987².
SWIDLER, LEONARD, Biblical Affirmations of Woman, Philadelphia 1979.
THYEN, HARTWIG, »... nicht mehr männlich und weiblich ...« Eine Studie zu Gal 3, 28, in: Als Mann und Frau geschaffen. Exegetische Studien zur Rolle der Frau (Kennzeichen 2, hrsg. v. GERTA SCHARFFENORTH u. a.), Gelnhausen/Berlin/Stein 1978, S. 109–208.
THRAEDE, KLAUS, »Ärger mit der Freiheit. Die Bedeutung von Frauen in Theorie und Praxis der alten Kirche«, in: Freunde in Christus werden ... Die Beziehung von Mann und Frau als Frage an Theologie und Kirche (Kennzeichen 1, hrsg. v. GERTA SCHARFFENORTH u. a.), Gelnhausen/Berlin/Stein 1977, S. 31–182.
TRIBLE, PHYLLIS, God and the Rhetoric of Sexuality, Philadelphia 1978.
– Mein Gott, warum hast Du mich vergessen! Frauenschicksale im Alten Testament, Gütersloh 1987 (englisch: Philadelphia 1984).
WACKER, MARIE-THERES (Hrsg.), Der Gott der Männer und die Frauen, Düsseldorf 1987.
WALTER, KARIN, Frauen entdecken die Bibel, Freiburg 1986.
v. WARTENBERG-POTTER, BÄRBEL, Wir werden unsere Harfen nicht an die Weiden hängen. Engagement und Spiritualität, Stuttgart 1986.
– (Hrsg.), Aufrecht und frei. Was Frauen heute in der Bibel entdecken, Offenbach 1986.
WEILER, GERDA, Ich verwerfe im Lande die Kriege. Das verborgene Matriarchat im Alten Testament, München 1983.
WENCK, INGE, Gott ist im Mann zu kurz gekommen. Eine Frau über Jesus von Nazareth, Gütersloh 1982.
WINTER, URS, Frau und Göttin. Exegetische und ikonographische Studien zum weiblichen Gottesbild im alten Israel und dessen Umwelt, Fribourg/Göttingen 1983.
WOLF, CAROLA (Hrsg.), Macht und Ohnmacht der Frauen in der Kirche. 15 persönliche Erfahrungen, Stuttgart 1983.
– (Hrsg.), Zum Beispiel ich. Ein Lesebuch für Frauen, Gütersloh 1983.
WOLFF, HANNA, Jesus der Mann. Die Gestalt Jesu in tiefenpsychologischer Sicht, Stuttgart (1975) 1976².
WÖLLER, HILDEGUNDE, Ein Traum von Christus. In der Seele geboren, im Geist erkannt, Stuttgart 1987.

Themahefte zu feministischer Theologie, Frau und Kirche
(können in jeder Buchhandlung bestellt werden)
Concilium 12/1, 1976.
Concilium 16/4, 1980.
Evangelische Theologie 42, 1982, 1.
Der evangelische Erzieher 34, 1982, 6.

Ökumenische Rundschau 31, 1982.
Judaica 41, 1985.
Theologia Practica 22, 1987, 2.

Bibelstellenregister

Vorschläge zur Verwendung der Texte

a) Sonn- und Feiertage im Kirchenjahr

b) Besondere Anlässe

Feministisch gelesen

Ausgewählte Bibeltexte für Gruppen und Gemeinden,
Gebete für den Gottesdienst
herausgegeben von *Eva Renate Schmidt, Mieke Korenhof*
und *Renate Jost*

Band II, 297 Seiten, kartoniert, ISBN 3 7831 0949 3

Im zweiten Band «Feministisch gelesen« werden weitere 27 Texte aus der Hebräischen Bibel und dem Neuen Testament aus feministischer Perspektive ausgelegt und für die Praxis in den Gemeinden erschlossen. Er ist eine Fundgrube für überraschende Akzente der Bibelauslegung. Denn die Bibel erzählt von vielen Frauen. Nicht wenige von ihnen sind in Geschichten verwickelt, die ihren schlechten Ruf begründen: Lots Töchter, Batsheba, Tamar oder Potiphars Frau. Hier wird zum ersten Mal unternommen, diesen Frauen Gerechtigkeit widerfahren zu lassen. Aber auch »positive« Frauengestalten wie Lea und Rahel, Michal, Hanna oder Rut erscheinen noch einmal in ganz neuem Licht.

Ingeborg Kruse

Mädchen, wach auf!

Frauengeschichten aus dem Neuen Testament

223 Seiten, kartoniert, ISBN 3 7831 0964 7

Eine Reise durch das heutige Israel wird für Ingeborg Kruse eine Reise in die Vergangenheit, in die Zeit Jesu. Sie begegnet Frauen, die ihn gekannt haben, die durch ihn aus Rollenzwängen und Unmündigkeit geweckt wurden. Die engagierte Suche nach der verdeckten Geschichte der Frauen fördert erschrekkendes Leid zu Tage, aber auch starke und geistbegabte Frauengestalten.

Kreuz Verlag

Hildegunde Wöller
Ein Traum von Christus
In der Seele geboren, im Geist erkannt
250 Seiten, gebunden, ISBN 3 7831 0869 1

Hildegunde Wöller entwirft hier ein Christusbild, das ungewohnte Wege geht. Auf dem Hintergrund des Mythos vom Helden und der mythischen Gestalt der Sophia erzählt die Autorin die Geschichte von Jesus, dem Christus, unter Fragestellungen von heute. Die Autorin entwirft hier ein Christusbild, das über die traditionellen Engführungen hinausweist. Glaube an Christus ist zu wenig, es geht um die Erfahrung des Christus in jedem einzelnen und um die Erkenntnis, zu welcher der Heilige Geist befähigt.

Die Geschichten des Neuen Testaments geben zuletzt auch Hinweise auf das Verstehen der Gegenwart und Zukunft. Was heute als Bewußtseinsveränderung oder Paradigmawechsel bezeichnet wird, stellt die Autorin in den Zusammenhang mit dem Wachsen des Reiches Gottes. Christus, sagt sie, ist »Symbol einer Menschheit, die im Werden ist«.

Feministische Theologie
Perspektiven zur Orientierung
Herausgegeben von *Maria Kassel*
320 Seiten, kartoniert, ISBN 3 7831 0914 0

Das Handbuch strebt nichts geringeres als einen fundamentalen Perspektivenwechsel an. Es zeigt in gründlicher Darstellung die Fortschritte in der feministisch-theologischen Grundlegung (Bibel, Spiritualität, Gottesbilder), in der Einzelforschung (Ruach, Sophia, Sexualität, Tod und Auferstehung, Gnosis) als auch in der theologisch-kirchlichen Praxis (Ökumenische Bewegung, Frauen an der kirchlichen Basis).

Das Buch dokumentiert diesen Perspektivenwechsel, »bei dem zum einen altbekannte Formen und Inhalte theologischen Denkens in einem neuen, weibliche religiöse Werte erhellenden Licht erscheinen, und bei dem zum anderen neue Inhalte von und neue Wege zu theologischer Erkenntnis entdeckt werden« (Maria Kassel im Vorwort).

Kreuz Verlag